贸易救济性质研究

褚霞 著

法律出版社
LAW PRESS · CHINA

前言

贸易救济作为反倾销、反补贴、保障措施等国际贸易问题的总称,是我国加入世界贸易组织并不断融入世界经济过程中被提出来的。当前,对这一类新出现的国际贸易政策措施,学术界对它的探讨主要集中在概念、国际规则条款、国家法律、行政制度等方面,以及贸易救济下的三个主要领域:反倾销、反补贴和保障措施,从这些研究成果来看,主要是对贸易救济进行描述性、可操作性的探讨,贸易救济这个重要的国际贸易领域尚缺乏深入的理论探讨以及基于理论的政策分析。因此,有必要对贸易救济进行深入的理论了解和研究,这样我们才不至于常常陷入“不识庐山真面目,只缘身在此山中”的困境,才能够回答学术意义上的“贸易救济是什么”等问题,才能够在国际贸易的大背景下寻找到贸易救济的准确位置,并以此为WTO体制下的贸易救济体系的完善以及我国贸易救济战略与政策提供新的指导思路和观察视野。

贸易救济是国际贸易实践中一个比较具体的领域,但它跟各种各样的贸易理论都或多或少有联系。本书从贸易救济的概念与性质入手,揭示贸易救济的二重性,即贸易救济这一公平贸易政策的范畴具有自由贸易和贸易保护的双重性质,本书在此基础上,对贸易救济二重性进行系统深入的理论和政策研究。

贸易救济是我国加入世界贸易组织之后产生的重要的国际贸易问题,并成为常态化的国际贸易现象。我国商务部相应成立进出口公平贸易局、产业损害调查局等部门,发布我国贸易救济年度报告,2014 年 4 月正式组建贸易救济调查局。我国理论界对贸易救济的系统性研究则在 2005 年前后开始,之后也逐渐成为国际贸易、法律研究领域的常态化现象。在过去 10 年的时间里,我国贸易救济的研究取得了一系列的成果,理论体系、制度体系日臻完善。在这些成果中,本书对贸易救济问题所做的思考,特别是从贸易救济理论本质的角度提供的认识框架,仍然具有一定的独特性、创新性。在交付出版的书稿中,笔者对书中涉及的贸易救济的主要数据、事件进行了修订和更新。

目录

导　论

一、研究的背景和意义

(一)世界各国采用贸易救济措施次数不断增加

由于传统的关税、非关税壁垒等作为产业保护手段受到 WTO 规则的限制,各国越来越多地使用反倾销、反补贴、保障措施等 WTO 允许的贸易救济措施来保护国内产业,这些措施已成为各国保护本国产业的流行手段和发展趋势。根据 WTO 统计,近年来,全世界范围发生的反倾销、反补贴、保障措施案件经历了波浪式增长并居高不下的过程(见表 1)。

表 1　1995 ~ 2012 年全球发起的贸易救济数量(单位:件)

年份	1995	1996	1997	1998	1999	2000	2001	2002	2003
反倾销	157	225	243	256	354	292	364	312	232
反补贴	10	7	16	25	41	18	27	9	15
保障措施	2	5	3	10	15	25	12	34	15
年份	2004	2005	2006	2007	2008	2009	2010	2011	2012
反倾销	212	96	195	150	213	201	143	166	208
反补贴	8	6	9	11	16	28	16	25	23
保障措施	14	4	—	—	10	25	20	11	25

数据来源:世界贸易组织(WTO)。

从事国际贸易相关业务的人士也感受到贸易保护主义的威胁,根据英国《金融时报》的调查,认为保护主义在增加的人占多数，认为贸易门槛过高的人占多数，也有相当比例的人支持保护国内产业，维护国家利益（见表2）。

表2　对贸易保护主义的一个调查

<table>
<tr><th>项目</th><th>调查结果</th><th>项目</th><th>调查结果</th></tr>
<tr><td>保护主义在发达国家正大幅或适度增加</td><td>高于50%</td><td>保护主义在发达国家市场已经减少</td><td>16%</td></tr>
<tr><td>发展中国家保护主义增加</td><td>约39%</td><td>发展中国家保护主义减少</td><td>33%</td></tr>
<tr><td>支持出于“国家安全利益”的保护</td><td>>50%</td><td rowspan="2">对本国贸易门槛态度
总体满意
贸易门槛过高
投资门槛过高
保护幼稚产业
废除各种保护</td><td rowspan="2">
多数
36%
31%
30%
20%</td></tr>
<tr><td>支持出于“国家经济利益”的保护</td><td>25%</td></tr>
<tr><td>被贸易保护阻碍的概率</td><td>20%</td><td>贸易和投资政策决定企业业务流向</td><td>75%</td></tr>
<tr><td>赞成自由贸易</td><td>多数</td><td>希望提高门槛</td><td>少数</td></tr>
</table>

资料来源：英国《金融时报》。全球286位高管接受了此次调查，其中几乎有一半是本企业的最高管理者。援引自世界有色金属，2007.1，p.42。调查结果＝声称人数/总调查人数×100%。

（二）贸易救济对我国国际贸易影响巨大

作为新兴的世界贸易大国，我国近年来对外贸易发展势头迅猛。中国相继成为世界第一大贸易国和第一大出口国，对外贸易的依存度也不断增强。其中，外贸依存度从1990年的30.0%增加到2004年的70.3%。[1]

与此同时，我国与其他国家（地区）的贸易摩擦也正在向多元化方向发展，其表现形式由过去较为单一的关税措施向非关税措施（反倾销、反补贴、技术壁垒、知识产权、绿色壁垒等形式）转变。其中，作为世贸组织所允许的合法保护国内产业的救济手段，反倾销、反补贴、保障措施等被各成员广泛运用，使我国出口贸易经历了严峻的挑战。据世贸组织统计，1995～2004年，世贸组织成员共启动2643起反倾销调查、176起反补贴调

〔1〕《中国统计年鉴》。外贸依存度＝外贸规模/GDP×100%；出口依存度＝出口额/GDP×100%。

查。其中，国外对华反倾销立案411起，占世贸组织成员反倾销总立案数的15.6%，居各世贸组织成员之首。回顾入世的经历，贸易摩擦日趋增多、影响越来越大，是中国大多数贸易界人士最直接的感受。随着中国经济的崛起，入世过渡期完成和后过渡期开放速度的提速，中国面临的压力将更大。

2014年1月，商务部介绍2013年中国商务运行情况时指出中国连续18年成为遭遇反倾销调查最多国家，以及连续8年遭遇反补贴调查最多的国家，中国仍然是贸易保护主义的最大受害国。2013年，我国贸易摩擦的形势并没有趋缓，共有19个国家和地区对我们发起了贸易救济调查，总共有92起，比2012年增长了17.9%。反倾销调查有71起，反补贴调查有14起，保障措施调查有7起。除此之外，美国还对我国发起了"337"调查19起，比2012年的18起增加了1起。除了发达经济体立案增幅继续大幅度上升以外，新兴工业国家和发展中国家立案也呈增长趋势。

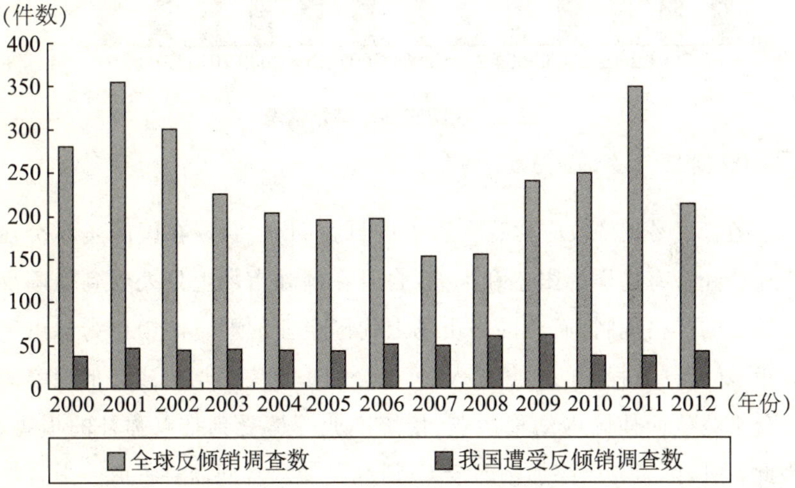

图1　国外对华反倾销案件统计

数据来源：商务部贸易救济调查局。

入世后大量的外国企业和跨国公司登陆中国，与我国的企业展开广泛的竞争。同时，由于进口关税大幅降低，大多数非关税措施的取消和服务领域的逐步开放，市场竞争愈发激烈。部分海外生产商为拓展中国市场，不惜采取低价倾销的方式，扰乱中国正常的竞争秩序，损害中国产业的合法权益。截至2006年3月底,中国对进口产品共发起反倾销调查43起,其中已结案33起,图2反映了2000～2012年我国反倾销情况。有关调查显示,反倾销措施的实施有力地维护了公平竞争市场秩序,涉案产品低价进口冲击中国市场的势头明显减弱,为受损害产业的恢复和发展创造了良好的环境。

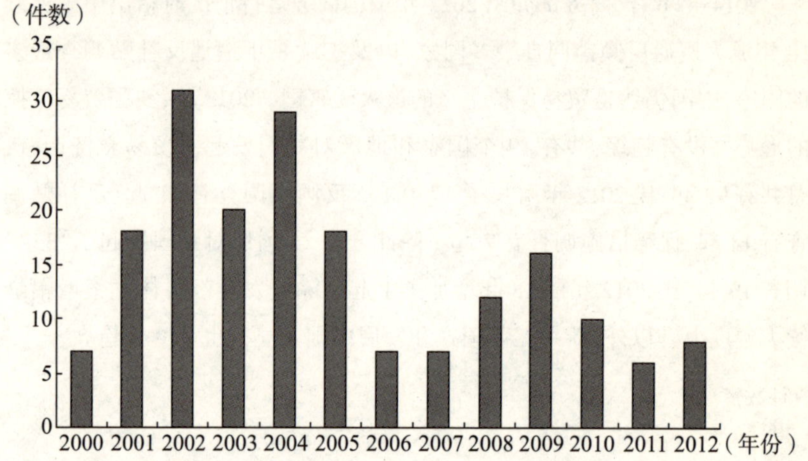

图2　我国实施反倾销情况

数据来源:商务部贸易救济调查局。

随着贸易救济效应对我国影响的日益明显,我国在国际贸易交往中还会经常有这样的困惑和无奈:自身在国外市场上处处受到他国反倾销法的严格规制,而对国内市场上他国企业的严重倾销行为却束手无策,随着开放程度的不断深入,可能会因进口突然增加或其他国家的不公平竞争而使国内幼稚产业、传统产业等遭受到难以弥补的损害。因此,在国际贸易摩擦加剧的今天,研究贸易救济问题对争取公平合理的国际贸易环境,维护我国产业经济安全,保护企业合法权益发挥着至关重要的作用。我国政府和企业在应对国外贸易救济措施上虽然也做了一些工作,但依然存在许多问题亟待解决。例如,如何认识贸易救济?贸易救济与贸易政策是什么关系?如何规范贸易救济?如何建立完善我国贸易救济制度,增强其对外积极开拓市场、对内保护国内产业的主动防御功能?等等。

二、研究现状与研究目的

对于我国来说,尽管倾销、补贴、保障措施等国际贸易现象已广为人知,学术界对反倾销、反补贴和保障措施各个领域的研究日益增加和深入,且在诸多问题上颇有建树。然而,将贸易救济体系作为一个总体对象和整体框架的研究却是从2002年才开始的,到目前为止,这方面的研究还不多,而且理论研究及创新的成果更不多见,当前的研究主要集中在以下几方面:

(1)贸易救济的概念、性质、规则、要素、制度等研究,例如王云飞[1]对三种贸易救济措施进行了对比研究,李毅等人[2]详细介绍各种贸易救济措施,赵生祥[3]从法学的角度研究了贸易救济制度和规则,朱淑娣[4]研究了贸易救济审查制度的标准、范围和各国的实践,苟大凯[5]对贸易壁垒调查制度进行比较研究;

(2)贸易救济的经济学研究,主要体现在王晶[6]的贸易救济措施与战略性贸易政策一文中;

(3)我国面临的贸易救济形势,李怀政[7]对美欧日对我国实施贸易救济进行比较,何添锦[8]也考察了欧美对华实施贸易救济的情况,涂菲、李明刚[9]和潘长河[10]分别考察了美国的贸易救济措施,上海市则专门对

---

〔1〕 王云飞:"国际贸易救济措施应用的对比性分析",载《世界经济研究》2006年第5期。

〔2〕 李毅、李晓峰:《国际贸易救济措施:反倾销、反补贴、保障措施与特保措施》,对外经济贸易大学出版社2005年版。

〔3〕 赵生祥:"贸易救济制度研究",西南政法大学2005年博士学位论文。

〔4〕 朱淑娣:"WTO体制下国际贸易救济审查制度研究",华东政法学院2005年博士学位论文。

〔5〕 苟大凯:"贸易壁垒调查制度比较研究",苏州大学2004年硕士学位论文。

〔6〕 王晶:"世界贸易组织贸易救济措施与战略性贸易政策",对外经济贸易大学2005年硕士学位论文。

〔7〕 李怀政:"我国三大贸易伙伴对华实施贸易救济的比较与思考",载《国际贸易问题》2004年第4期。

〔8〕 何添锦:"欧美对华实施贸易救济的思考",载《国际贸易问题》2005年第5期。

〔9〕 涂菲、李明刚:"美国贸易救济环境分析",载《成都行政学院学报》2005年第2期。

〔10〕 潘长河:"论美国关税法337条款制度的特殊贸易救济性",中国政法大学2005年硕士学位论文。

美国贸易救济措施的影响立项研究[1];

(4)我国贸易救济实施情况,其中,周汉民[2]研究了中国外贸救济与外贸调查制度,其他主要有吴群[3]和高永富[4]的研究;

(5)我国贸易救济对策,简·赛波斯金·茹赫[5]在探讨应对国际贸易救济时,为企业提出了诸多建议,我国产业损害调查局局长王琴华也对我国在WTO框架下的贸易救济制度以及具体实践等方面做出研究,也有学者对贸易救济与反救济状况进行了分析讨论。[6]

国际上,贸易救济作为反倾销、反补贴、保障措施等国际贸易现象的总称,也是近年来才被提出来的,当前,学术界对它的探讨主要集中在概念、国际规则条款、国家法律、行政制度等方面以及贸易救济下的三个主要领域:反倾销、反补贴和保障措施,从这些研究成果来看,也主要是对贸易救济进行描述性、可操作性的探讨,贸易救济这个重要的国际贸易领域尚缺乏深入的理论研究以及基于理论的政策研究。

上述对当前贸易救济研究的各个方面成果,绝大多数都是仅限于对贸易救济及其规则制度的描述性探讨,其中也包括一些实践方面的延伸,但这些研究对于我们全面、深入理解贸易救济制度还不够,例如,实践和理论中常常碰到这样的问题,贸易救济与其他国际贸易范畴的关系是什么?我们用什么理论来解释贸易救济?一个简洁明了的贸易救济体系包括哪些内容?等,正是这些基本的问题为本书提供了研究空间。基于上述原因,本书将对贸易救济进行较为系统的理论研究,主要包括如

---

〔1〕 上海市经委课题组著:《美国贸易救济措施对上海工业出口的影响研究》,学林出版社2004年版。

〔2〕 周汉民:《中国外贸救济与外贸调查制度》,上海交通大学出版社2005年版。

〔3〕 吴群:"中国进口贸易救济问题研究",对外经贸大学2003年硕士学位论文。

〔4〕 高永富:"我国贸易救济措施实施情况评估",载《世界贸易组织动态与研究》2006年第6期。

〔5〕 简·赛波斯金·茹赫、王雅楠、麦涛:"应对贸易救济——ITC给企业的建议",载《黑龙江对外经贸》2003年第7期。

〔6〕 于永达、张珂:"贸易救济新构想:建立国家反倾销委员会",载《WTO经济导刊》2004年第9期;张伯伟:"贸易救济措施与我国商品出口预警机制分析",载《南开学报》(哲学社会科学版)2005年第3期;刘向丽、张弛:"健全我国进口贸易救济体制的若干思考",载《国际贸易》2006年第7期;张福生:"贸易救济措施及其应对策略——政府在帮助企业应对贸易救济措施方面的作用",载《海南师范学院学报》(社会科学版)2005年第2期。

下内容：

(1)全面理解贸易救济的内涵和外延。包括贸易救济狭义和广义的概念是什么？贸易救济有哪些主要表现形式？贸易救济是如何产生和发展起来的？贸易救济的实施过程具体包括哪些步骤？等等。

(2)在形形色色的国际贸易范畴中，贸易救济处于哪个位置？与它们的关系如何？例如，贸易救济与贸易政策、公平贸易、自由贸易、贸易保护、技术壁垒等存在什么关系？

(3)贸易救济的本质是什么？是属于自由贸易措施？还是属于贸易保护措施？这种本质特性是如何决定的？能否从贸易救济性质的角度系统梳理各方面的贸易救济研究？

(4)在深入理解贸易救济的基础上，如何规范贸易救济在国际间使用混乱的现象？如何构建我国的贸易救济制度？

三、研究框架与研究内容

(一)研究框架

本书从贸易救济的概念和性质探讨开始，揭示贸易救济具有二重性，即贸易救济这一公平贸易政策措施的范畴具有自由贸易和保护贸易的双重性质。全书以贸易救济二重性为研究视角，对贸易救济理论和政策进行系统研究，总体上，本书对贸易救济的研究可以分为三个层面：概念与性质层面、理论与实证层面、应用与政策层面，本书的框架如下：

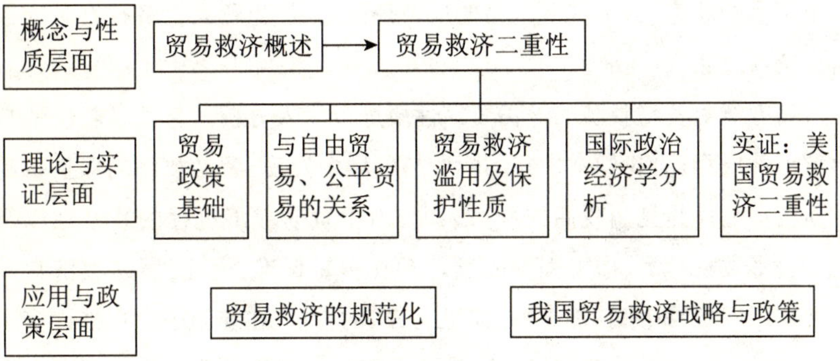

图3　本书的研究框架

（二）研究内容

本书除导论之外共分为9章，各章研究内容如下：

第一章对贸易救济进行总体的了解，内容涉及贸易救济的概念、WTO框架下的三种贸易救济方式、贸易救济的产生和发展、贸易救济实施的过程，这些探讨是为本书对贸易救济的性质、理论与政策探讨进行准备。

第二章在前一章贸易救济概念探讨的基础上，深入分析贸易救济的性质，研究表明，贸易救济作为一类具有公平性质的贸易政策和措施，具有自由贸易的性质和保护贸易的性质，我们把贸易救济的这种性质特点称为贸易救济二重性。

第三章考察贸易救济的政策基础。贸易政策必然内含和反映国际贸易两个永恒的主题：自由贸易和贸易保护，我们论证了贸易政策和措施既是贸易自由的必要条件，也具有贸易保护的性质，公平贸易政策也同样具有自由贸易和贸易保护双重性质。本章的研究结果表明，贸易救济及其二重性在贸易政策及公平贸易政策中存在相应的基础。

第四章深入探讨贸易救济的自由贸易性质，由于现实世界的自由贸易必须考虑到公平的因素，自由贸易与公平贸易是不可分割的统一体，因此，探讨贸易救济的自由贸易性质必须考虑到贸易救济与公平贸易的内在关系。本章的研究结果表明，贸易救济不仅是自由贸易和公平贸易的产物，而且，也是自由贸易与公平贸易的有力保障。而巴格瓦蒂等人证明，在贸易救济等贸易措施和壁垒存在的情况下，国际贸易依然可以达到自由贸易的状态，这一国际贸易的最新理论进展，为贸易救济打开了通往自由贸易之路。

第五章对贸易救济的保护贸易性质进行深入分析。与贸易救济的自由贸易性质相比，我们常常在国际贸易领域中发现，贸易救济的保护贸易性质更加显而易见。我们的分析表明，由于贸易救济过程的复杂性以及对不公平贸易行为、损害程度的判定存在多重标准，因此，贸易救济常常会变成国际贸易中“欲加之罪，何患无辞”的借口，在实施中存在许许多多误用、滥用、异化以及变成保护贸易的可能性。贸易救济的滥用还有2个突出的表现，即它变成单边主义、霸权主义国际贸易中亦矛亦盾的贸易措施武器；也由对付传统的战略性贸易的贸易措施，异化成为新的战略性贸易政策。

第六章运用国际政治经济学的方法对贸易救济的性质进行分析，本章的分析也符合本书从贸易救济二重性的角度进行理论探讨的一贯思路，因为一国对待贸易救济的态度，是采取自由贸易的理念，还是采取保护贸易的理念，取决于国内政治市场的均衡以及必须要考虑到的国际间的博弈均衡，显然，由于贸易救济政策的影响因素众多，也受不同层次政治市场的制约，因此，理论上，一国贸易救济既可能表示出自由贸易的性质，也可能表现出保护贸易的性质，我们的研究证明这一理论上的可能，同时也发现，根据国际政治经济学、集体行动原理和国家利益理论，一国贸易救济更多地表现为保护贸易的性质，只不过这一性质有可能会因为国际间博弈中达成妥协而有所减弱。

第七章是从实证的角度来考察本书所提出的贸易救济二重性及相关理论，我们选择一个非常典型的国家：美国来进行实证分析。美国是最早提出贸易救济和公平贸易的国家，也是实施贸易救济频率最高的国家，而且，由于其国际贸易理念和理论的多元性、国际贸易地位突出、单边主义和霸权主义表现明显以及其政治体制的代表性，使得贸易救济的二重性在美国表现得最为充分，具体表现为，美国提出并实施公平贸易政策，并对贸易救济保障自由贸易的性质有理性的认识，贸易救济为美国抵消不公平贸易提供了保护，但是，也被美国大量地、赤裸裸地滥用而异化为一类纯粹的为保护而保护的贸易工具，这一点在全世界都是有共识的。在出口方面，贸易救济成为美国侵略性单边主义自由贸易的工具，美国打着公平贸易的旗号，迫使他国（放弃贸易救济）开放市场，并且把贸易救济措施当成进攻性武器，针对其他国家进行实施，以此迫使他国作出让步。

第八章探讨贸易救济的规范化和我国贸易救济制度建设的对策。分析的指导思路仍然是贸易救济的二重性，这一角度和视野使本章的探讨得到一些创新的成果，因为贸易救济政策产生和发展已久，相应的国际规范和国际协调形式已经陆续形成，典型的就是 WTO 体制下的各种贸易救济协定和解决机制。本章首先从二重性的角度探讨了反补贴和保障措施实施规范化的演变过程。由于贸易救济的二重性及其异化的客观存在，因此在国家利益冲突面前各国的立场和选择难以获得一致性，因此，必须采取基于国际规则的贸易救济政策,这个国际规则具体说来就是 WTO 体制框架,这是一个最根本的原则,为贸易救济争端提供最后的保障和依据。在贸易救济的实际操作过程中,根据贸易救济二重性理论,各国采取贸易救济措施时,必须遵守一些基本的原则。

根据贸易救济二重性,本章还对我国贸易救济所应采取的战略和政策进行深入和系统的研究,提出我国相应的贸易救济总体战略、贸易救济攻防战略、贸易救济实施原则、贸易救济法律体系以及贸易救济制度,在此基础上,对我国贸易救济一般策略、出口促进策略和进口救济策略进行探讨。与现在的相关文献不同的是,本章的研究是在贸易救济二重性理论指导下进行的,因为贸易救济的应用和政策层面必须合乎贸易救济的性质,否则使用起来效果将会事倍功半。从我国进口贸易救济和出口应对贸易救济的现状看,我国进口贸易救济既在国内市场创造一个公平自由的贸易竞争环境,又对符合我国国家利益的产业进行必要的保护。当然,由于我国对贸易救济的运用还不完善,贸易救济措施运用较少,贸易救济相应的性质以及我们期望贸易救济发挥的作用还没有显现,因此要探讨我国贸易救济二重性及其异化为时尚早,不过,这并不等于我们要忽视贸易救济二重性及其异化,因为后过渡期之后,我国国内市场就基本需要直接面对国际竞争,而且我国的出口贸易就直接面临该问题。我国出口贸易应对贸易救济特别是贸易救济滥用的经验还不成熟,一系列必须具备的条件尚未完善,例如人才和贸易报复措施等,我国进出口贸易救济与反救济所存在的问题,亟待解决。

第九章针对辽宁省贸易救济问题进行案例研究。辽宁作为我国对外贸易大省,面临的贸易救济措施及损害也很严重,通过深入了解国外贸易救济措施对辽宁出口的影响以及辽宁应对所存在的问题,从政府、行业协会以及企业三方面提出应对策略建议。

四、研究方法

本书是在国际贸易学与国际经济学的视野下对贸易救济进行系统的理论研究。在探讨贸易救济制度性质时,是在国际贸易学的框架内进行的,用到一些国际贸易学的基本概念、规则等范畴,例如贸易保护、公平贸易。在贸易救济性质决定的研究中,是在国际政治经济学的框架内进行的。本书各部分分析比较系统、全面,全书理论联系实际,注重数据对理论的支持。

从归纳与演绎、规范与实证、整体与个体这三对方法论来看,本书偏重于演绎法,整体分析法,规范与实证相结合。具体说来,本书主要对贸易救济进行总体的研究,没有深入研究其各个组成部分,在揭示贸易救济的二重性之后,本书对其进行理论演绎和分析,并选择美国的贸易救济展开实证分析,最后,对国际上和我国的贸易救济制度规范化提出相应的建议。

五、创新点与不足

本书选择从理论的角度对贸易救济进行研究,主要有以下几个方面的创新:

(1)从贸易救济内涵的层次、外延的形式以及贸易救济的产生与发展过程、贸易救济实施步骤等角度理解贸易救济。与现有的可操作性、实务性和描述性理解相比,本书分析的创新之处在于把贸易救济的理解方式提升到理论层次。

(2)提出贸易救济二重性理论,认为贸易救济具有自由贸易和贸易保护的双重性质。贸易救济是 WTO 公平竞争原则的主要表现,也是公平贸易政策的主要表现,而公平竞争原则作为自由竞争原则的补充或“例外”,实质上是 WTO 对国家利益必要保护的默认,公平竞争原则内含的自由贸易和贸易保护这两种性质是贸易救济性质的基础。我们对此进行系统、深入的理论和实证分析。

(3)从贸易救济二重性的角度研究国际间和一国贸易救济制度的规范化,研究我国贸易救济战略与政策体系。

(4)深入了解国外贸易救济措施对辽宁出口的影响以及辽宁应对所存在的问题,从政府、行业协会以及企业三方面提出应对策略建议。

本书的不足主要体现在以下方面:

(1)本书初步提出了贸易救济二重性理论,并以此为指导对我国贸易救济制度建设提出一些建议,但没有深入展开贸易救济二重性理论的应用研究,或者提出一些具体的应用研究思路。

(2)本书的研究运用了较多的材料,但囿于作者水平,没有对贸易救济二重性展开深入的经济学、法学分析。

这些不足构成了作者的下一步研究的主要问题,并希望能在此后的研究中加以弥补。

第一章　贸易救济概述

对贸易救济进行研究，首先必须明确贸易救济这一研究对象，因此必须考察贸易救济的一些概念性问题，对贸易救济的内涵和外延进行总体的认识。本章将研究贸易救济的概念体系、贸易救济的目的、WTO框架下的三种贸易救济方式、贸易救济的产生与发展以及贸易救济的实施程序，这些探讨为此后对贸易救济的理论与政策探讨作概念性的铺垫。

一、贸易救济概念

(一)救济

救济(Remedy)，也称救助，是指对被损害的利益采取补救措施或提供相应的补偿，挽回因损害行为而失去的利益平衡，使正义得到恢复，按《布莱克法律词典》的解释，是指法律救济。[1] 法律救济是指根据法律来预防或纠正错误的行为，以恢复法律所维护的权利义务的平衡，保护利益相关人的合法权益，以实现法律的价值，如秩序、公平、公正和效益等。法律救济可分为公法救

---

[1] Bryan A. Garner, Black's Law Dictionary, Eighth Edition, West Publishing Co., 2004, p. 1320.

济与私法救济。公法救济有行政救济和司法救济。[1]

（二）贸易救济

贸易救济（Trade Remedies），通常是指在多边贸易规则的框架下，一国政府对因进口而遭受相当程度损害的国内产业可以采取的救济措施的总称。[2] 贸易救济可分为狭义、广义和最广义三个层次（见表1－1）。狭义的贸易救济仅指反倾销（Anti-dumping）、反补贴（Countervailing）和保障措施（Safeguards）（以下简称“两反一保”）。广义上，一切针对本国进口产品实施的救济或保障行为都属于贸易救济措施，包括“两反一保”、支付平衡措施、技术性贸易措施、环境保护限制措施、知识产权保护措施等。最广义的贸易救济是指政府保障贸易秩序、维护贸易相关方权益的所有行为，包括立法行为、行政行为和司法行为。

“两反一保”等贸易救济措施是一种行政救济，而对该贸易救济行政措施的司法审查，则是司法救济。因此从行政实施和程序法的角度来看，贸易救济是指在进口产品倾销、补贴和过激增长等给国内产业带来损害的情况下，进口国国际贸易管理机关为了维护贸易公平，保护国内产业，依法启用的反倾销、反补贴与保障措施等行政措施。其宗旨是救济不公平贸易或进口过激增长中受损方的权益，是运用公共权力保护私权益的一种方式。

表1－1　三层次的贸易救济概念

范围	最广义	广义	狭义（本书意义上）
对象	国际贸易领域内的所有政府行为	国际贸易领域内的所有行政行为	“两反一保”行政行为
包括	立法行为 司法行为 行政行为	国际货物贸易行政行为 国际服务贸易行政行为 与国际贸易有关的知识产权行政行为 其他国际贸易行政行为	国际贸易行政行为中的三个方面： 反倾销 反补贴 保障措施

〔1〕 Zhu huidi, Judicial Review in International Trade Remedies under WTO Framework, Presentation in Yale Center of International and Area Studies, 2001.3.

〔2〕 中华人民共和国商务部条约法律司：《中华人民共和国对外贸易法释义》（第一版），中国商务出版社2004年版，第115页。

(三)贸易救济制度

在国际上,通常将“两反一保”、技术性贸易法规和标准这类法律体系以及产业损害调查听证规则与裁决规定等相配套的实施细则称为贸易救济制度。

1. 国家贸易救济制度

国家贸易救济制度是指贸易国家针对外国对本国的不公平贸易行为,包括倾销、政府补贴以及进口急剧增加等原因所引起的,对本国同类产品和生产商或者国内市场造成严重损害或者威胁而建立的一整套救济体系。

贸易救济规则最早表现为国内规则,在越来越多的国家将贸易救济确立为一项贸易法律制度以后,国家之间又协商制定了共同遵守的国际规则。因此,国家贸易救济制度基本上属于一国国内法的范畴,当然作为世贸组织的成员,任何国家的贸易救济制度又都必须建立在 WTO 的框架下。

各国的国家贸易救济制度,是为了防止或补救国内产业的损害。最早的国家贸易救济制度产生于 19 世纪末 20 世纪初,其内容主要是反补贴和反倾销规则。“二战”以后,随着国际贸易自由化进程的加快,国家贸易救济制度的内容得到了进一步充实和完善。当代各国的贸易救济国内规则,大多由反倾销、反补贴、保障措施和出口救济规则构成。

2. WTO 贸易救济制度

国家之间协商制定贸易救济的国际规则,是为了约束有关国家的贸易救济行为,以避免贸易救济给国际贸易造成扭曲。一般来说,为保证商品在全球市场的尽可能流通与顺利交易,WTO 不允许各成员方对其进口贸易进行限制。但自由贸易在积极有效地促进 WTO 各成员方乃至全球经济持续、健康、快速发展的同时,也很可能因不公平贸易和不正当竞争,而给某些成员的民族产业带来巨大的损害,从而破坏其国家利益,并最终殃及全球经济。因此,为了维护公平贸易和正当竞争的秩序,WTO 允许各成员在倾销、补贴和过激增长等对其国内产业带来损害的情况下启用

“两反一保”等手段,有条件[1]地对进口贸易进行某种限制。

贸易救济这一法律体系的框架早在GATT1947就已经确定,经过多次的修改,日益完善,直至纳入乌拉圭回合谈判的协议中。WTO贸易救济制度是指世界贸易组织规定的有关“两反一保”以及与它有关的争端解决机制方面的一些规则和法律体系,是WTO庞大的法律规则中的重要组成部分。WTO法律框架下的《关于实施〈1994年关税与贸易总协定〉第6条的协议》(即《反倾销协议》)、《补贴与反补贴措施协定》和《保障措施协定》分别对倾销和反倾销、补贴和反补贴以及保障措施作出了实体性和程序性的规定。实体性规定中主要界定了倾销、补贴、进口激增与产业损害的概念以及实施“两反一保”的基本条件、形式和期限;程序性规定则是关于实施上述贸易救济措施及争端解决的基本程序,包括对实施这些程序的成员方机构和WTO相关组织机构职能的规定。

(四)贸易救济目的

贸易救济是一种公平贸易行为,贸易救济制度一般是和国际贸易中的非公平贸易现象联系在一起,因而又被称为进出口公平贸易制度。由于贸易救济措施主要针对不公平贸易行为或措施而实施,其目的是为了抵消此类不公平贸易行为或措施对本国国内产业的损害,因而贸易救济贯穿了保障公平贸易的理念。市场经济的核心是公平竞争,反倾销、反补贴等贸易救济措施是维护公平竞争的重要手段。当本国国内产业受到不公平贸易行为或措施的损害时,只有对这种损害给予必要的救济,才能使公平贸易得到恢复。美国教授理查德·戴蒙德(Richard Diamond)等人在论述美国政府为什么要抵消国外补贴对其国内产业的影响时,也认为根本原因在于国外补贴的不公平。这种补贴给进口国企业家的决策增加了一层风险,在不得不与外国财政部门竞争时,造成了一种不公平的感觉。

贸易救济的公平性已被有关国家的贸易救济法律法规所采纳。如美国在其有关贸易救济的法律中明确昭示:贸易救济的目的是取消不公平贸易。我国《反倾销条例》《反补贴条例》也规定,制定这些条例的目的是为了维护对外贸易秩序和公平竞争。

---

〔1〕 这里的“有条件”主要是指不违背WTO的具体贸易协定。

二、WTO 框架下三种贸易救济方式

(一)反倾销措施

反倾销制度是针对以低于本国生产价值的价格在第三国销售商品并造成第三国国内产业的损害而采取抵消措施的抵制不公平贸易的制度，是为抵消不公平的低价格而采用的最常见的贸易救济措施。WTO《反倾销协议》认为，一国企业以低于本国市场价格向另一国出口商品即构成了倾销。倾销本身并不违法，但当它导致了对进口国企业的损害时就变成了违法。因此，要发起反倾销调查，进口国企业必须证明倾销和损害的同时存在，且损害与倾销之间存在因果关系。通常情况下，受损企业需要向相关的国家部门提出书面申请，该部门会向出口国的政府提交一份"立案公告"，并开始反倾销的调查。在特殊情况下，有关部门也可以在没有收到企业申请的情况下自行发起调查。

(二)反补贴措施

反补贴制度主要是针对一国政府或公共机构提供专向性的优惠待遇以提高企业竞争力而给进口国产业造成损害的行为而采取的抵消措施。WTO《补贴与反补贴措施协议》认为，补贴是指一成员方政府或任何公共机构向某些企业提供的财政资助及对价格或收入的支持，以直接或间接的方式，增加从其领土出口某种产品或减少向其领土进口某种产品，或对其他成员方的利益造成损害或损害威胁的政府性措施。在国际贸易中，补贴经常被各国用作刺激本国产品出口或限制他国产品进口的一种手段。与倾销一样，补贴被世贸组织认为是国际贸易中不公平的贸易行为，各成员方在一定条件下均有权采取必要措施抵制和消除这种行为对本国有关产业造成的不利影响，即反补贴措施。

(三)保障措施

保障措施是针对进口产品数量大量增加对国内相关产业造成严重损害或严重损害威胁而采取的抵消措施。保障措施前身是一种免责条款，其目的在于使缔约方所承担的条约义务具有一定的灵活性，以便其在特殊情况下免除特定义务，从而避免因出现在签订协约时无法预见的情况而造成的损害。与反倾销和反补贴措施相反，WTO《保障措施协定》并非

用于抵消不公平的事实本身,而是允许各国政府采取临时措施,在某种进口产品激增的情况下,暂时阻止进口狂潮,以便企业有时间为增加国际市场竞争力进行调整,以保护国内相关产业。因为其针对的是合理贸易行为,所以在任何情况下,如果一个国家由于不恰当的原因采取措施限制进口,就被认为违反了保障措施,其他 WTO 成员可以通过 WTO 的争端解决机制对该国提起诉讼。

(四)反倾销、反补贴、保障措施比较

反倾销、反补贴和保障措施在形式和实际实施方式上非常相似,在某种程度上相互影响,甚至在有些情况下可以替代使用。故在运用反倾销、反补贴和保障措施时,要结合具体情况,综合各种因素来分析,以便在 WTO 体制下采用最佳方式保护我国国内产业。因此,很有必要对 WTO 所允许的这三种措施进行比较分析。

表 1-2　反倾销、反补贴和保障措施的对比

项目	反倾销	反补贴	保障措施
依据的国际规则	1994GATT 第 6 条及 WTO《反倾销协议》	1994GATT 第 6 条及 WTO《补贴与反补贴协议》	1994GATT 第 19 条及 WTO《保障措施协议》
保护性质	针对不公平贸易,维护公平竞争,针对低价倾销	针对不公平贸易,维护公平竞争,针对政府补贴	针对公平贸易,客观上限制了公平竞争
实施的前提条件	存在倾销,存在实质性损害或实质性损害威胁,或对国内新建产业有实质性阻碍,倾销与损害或威胁之间存在因果关系	存在补贴,存在实质性损害或实质性损害威胁,或对国内新建产业有实质性阻碍,补贴与损害或威胁之间存在因果关系	进口激增,对国内产业存在严重损害和严重威胁,进口激增与严重损害或威胁存在因果关系
发起调查	必须有国内企业或企业联合体的申请	必须有国内企业或企业联合体的申请	可以有企业申请,也可以在没有企业申请时,由政府直接进行调查
实施程序	申请,立案调查,初裁及临时反倾销措施,终裁,行政复审和司法审议	申请,请求磋商,调查,采取反补贴措施,行政复审和司法审议,整个过程也进行公告和信息披露给利害关系方	调查及公告,通知利害关系方及保障措施委员会,与利害关系方磋商及贸易补偿

续表

项目	反倾销	反补贴	保障措施
实施范围	属于歧视性的，即仅对特定国家的特定产品反倾销	属于歧视性的，即对特定国家的特定产品实施反补贴	属于非歧视性，应对所有国家出口的同一种产品都实施保障，并且权益受到影响的出口国有权得到补偿，可以进行报复
实施期限	一般为五年，如果具备条件可以反复使用	一般为五年，如果具备条件可以反复使用	只能为四年，延长后不能超过八年，严格限制实施频度
实施的具体措施	征收反倾销税或者价格承诺	征收反补贴税或者取消补贴的承诺，包括出口商修改价格或政府取消补贴	可以提高关税，也可以实行数量限制或维持关税配额

资料来源：王云飞："国际贸易救济措施应用的对比性分析"，载《世界经济研究》2006 年第 5 期。

三、贸易救济相关概念

（一）市场经济地位

从历史上看，关贸总协定关于"国家垄断贸易"又称为"非市场经济"或"国家控制经济"的概念以及在非市场经济条件下出口产品怎样比较价格的规定一直是模糊的。人们一般认为在市场经济的条件下，存在着资本、商品与劳务市场、产品价格由竞争状态下的供求关系决定，因此价格可以反映产品的真实成本；非市场经济国家不像市场经济国家那样，具有完整的资本、商品和劳动力市场，在自由竞争条件下，产品价格能够反映价值。在非市场经济国家，资本市场、商品市场和劳动力市场不完善，而且，资源、生产资料属于国家所有，原材料、劳动力的价格及工资由国家决定，甚至生产过程也由国家控制，因此其价格不能反映价值，衡量产品价格的货币也不能自由兑换。从而使产品的国内价格与国际价格处于不平等的比较水平上，因而用被人为扭曲了国内价格与出口价格作了比较显然是不公平的，也是不合适的。1995 年原关贸总协定对其内容首次作了解释性的规定，其原文为：应该承认，对全部或总体上全部由国家垄断并由国家规定国内价格的进口产品，在为第一款之目的决定可比价格时，可能存在着特殊困难。在此情况下,进口缔约国可能发现有必要考虑这种可能性:与这类国家的国内价格作严格的比较时,不一定经常合适。

根据中美双边谈判的结果,中国方面作出了一定让步,同意美国可以在15年内继续把中国视为非市场经济国家,显然,关于15年的规定,是美国得到的一项权利。中国外经贸部进出口公平贸易局专员尚明表示,一些国家不正视中国的市场经济发展情况,认为中国是非市场国家,对中国实施不合理的反倾销政策,这成为中国出口产品遭受反倾销的主要原因之一。

(二)产业损害调查

产业损害调查是反倾销、反补贴、保障措施等贸易救济措施工作的重要组成,主要任务是认定国外倾销、补贴、进口产品或进口激增对我国产业是否造成损害、损害程度以及倾销、补贴、进口增长和损害之间的因果关系是否成立——根据世贸组织有关协议的规定,产业受到损害是实施反倾销、反补贴、保障措施等贸易救济手段的必要条件。

(三)产业安全

所谓产业安全,是指在国际经济交往与竞争中,本国资本对关系国计民生的国内重要经济部门(产业)的控制,本国各个层次的经济利益主体在经济活动中的经济利益分配得充分以及政府产业政策在国民经济各行业中贯彻得彻底。而从根本上看,一个国家维护产业安全的能力最终取决于一个国家对本国国民经济重要产业的控制能力及该产业本身抵御外部威胁的能力(即产业竞争力)。

加入WTO以后,依照我国的入世承诺,我国市场将日益开放,原来的关税将大幅降低,补贴也逐步取消,贸易限制措施将逐渐消除。在这种情况下,国外优势产品将迅速大举进入我国市场,势必给相关民族产业造成较大冲击。因此,入世后,引起我国产业安全问题的外部因素将增多,侵害和威胁我国产业安全的程度将加深。故此,我们应该非常重视这些负面影响的后果,并积极采取应对措施予以化解。

在国际上,建立和完善相关法律制度是维护产业安全问题的通行做法。产业政策有其必要性,但产业政策一般是一个过渡,成熟以后,大都要制定相应的法律法规来代替。入世前后,我国在法律、法规和规章的

“立、废、改”方面做了大量工作。如在产业安全保护方面,及时制定了反倾销条例、反补贴条例和保障措施条例,废除了原来的反倾销、反补贴条例,有力地保护了国内产业,取得了明显效果。但由于时间原因,我国还是 WTO 内的新手,对 WTO 规则的掌握还不透彻,因此,我国的产业安全保护法律制度并不完善,还有很多工作要做。当务之急,应着重加强以贸易救济为主的综合性产业安全法律制度的建设。

(四)与贸易救济相关的法律

1. 337 条款

337 条款起源于美国 1930 年《关税法》,在制定初期其目的主要是解决进口产品对美国企业的不正当竞争、侵犯美国的知识产权和反垄断等问题,后经 1974 年《贸易法》、1979 年《贸易协定法》等多次修改,最终形成了现代意义上的“337 条款”——1988 年《综合贸易与竞争法》第 1342 条和 1995 年《乌拉圭回合协议法》对美国法典第 28 编的修订。

(1)337 条款的主要内容

从 1988 年《综合贸易法》和 1995 年《乌拉圭回合协议法》的相关规定来看,337 条款管制的不公平竞争方式和行为主要有三类:第一类是进口和销售侵犯美国知识产权的产品,违法产品包括——侵犯美国专利权的产品,即未经授权制造、进口、销售带有美国专利权的商品;侵犯美国商标权的产品,即进口产品违反保护商标权的制定法和普通法,与联邦登记注册的商标、装潢相同或相似,可能引起混淆;侵犯美国版权的产品,这些产品载有受美国版权法保护的信息。第二类是制造、进口和销售违反美国反不公平竞争法的产品,即进口产品带有虚假的地理原产地标识,欺骗性的产品说明和描述足以误导他人购买;带有美国商标的进口商品;侵犯美国商业秘密的商品。第三类不公平竞争方式是违反联邦反垄断法,非法地限制进口贸易,垄断商业,非法定价以及价格歧视,如跨国公司转移定价,进口倾销产品和补贴产品。即如表 1 – 3 所示。

表 1－3　337 条款的主要内容

类别	内容	备注
侵犯知识产权的产品	侵犯美国专利权、商标权、著作权、集成电路布图设计（拓扑图）、商业秘密等的产品	占有绝大部分比重，对于进口产品和国内产品侵权标准不一，存在非国民待遇
侵犯反不正当竞争法的产品	采用不公平竞争手段，或是进行虚假宣传、侵犯商业秘密的产品	比重较小，约为 7%，强调国内产业损害
侵犯反垄断法的产品	非法地限制进口贸易，垄断贸易，非法定价以及价格歧视	比重较小，约为 3%，强调国内产业损害

从表中的情况来看，第一类侵犯知识产权类的产品占 337 条款总起诉和立案数量的 90%，且其无须确定侵权行为与损害之间的因果关系，因此，立案、审理速度快、影响大，故在下文讨论中将只讨论第一类的情形。

（2）337 条款的运作程序

根据美国国际贸易委员会（ITC）的规定，美国国内生产厂商可以向 ITC 申请提起 337 调查，ITC 也可以自行发动 337 调查。ITC 在收到诉讼请求后 30 天内将决定该诉讼是否充分地满足 ITC 的规定，以便是否展开调查。如果展开调查，申请人须缴纳一定数额的保证金，金额多少由 ITC 确定，该金额保证被告免于伤害。一般来说，337 条款的运作程序分为七个阶段，如表 1－4 所示。

表 1－4　337 条款运作程序一览表

案件进程	涉及各方	职责或行为	时间及跨度	备　注
申请发起调查	美国申诉人	提交书面申请	在发现侵权行为时即可	ITC 可以自己发起调查
调查的发起	ITC	决定是否进行调查	接到书面申请后 30 天或 35 天	临时限令措施需要 35 天
被诉人抗辩	美国或外国被诉人	对被调查的事项作出书面答辩	被诉人在国内 20 天 被诉人在国外 30 天	若被调查的产品即将进口，ITC 可实施临时限制令
展开调查	行政法官（ALJ）	进行调查，并召开听证会	在发起调查后的 6～7 个月	非商业秘密公开审理；缺席以败诉判决

续表

案件进程	涉及各方	职责或行为	时间及跨度	备　　注
初审决定	ALJ	作出初裁	发起调查后的 15 个月内	供 ITC 作出终裁时作参考
终裁裁决	ITC	维持、撤销、修改初裁或要求继续调查	初裁提交后 45 天	如争议方就 337 条款违反问题达成仲裁协议时,可排除 ITC 的管辖权
总统审裁	美国总统	基于公共政策考虑批准或否决	60 天	

注:根据美国国际贸易委员会官方网站发布的《*Section 337 Investigations at the U. S. International Trade Commission. Answer to Frequently Asked Questions*》整理。

需要说明的是,337 条款的受理机构除了 ITC 以外,还包括联邦法院体系,包括联邦地方法院、联邦巡回法院和联邦最高法院,当事人可以选择向二者之一或是向二者共同提起诉讼,二者间存在审理标准、程序和上诉及执行等一系列差异,但与本书的关系不大,在此就不赘述。而在上述的第一步发起调查时,尽管 ITC 有权以自己的名义实施,但从实践来看,这种情况尚无先例,即 337 条款的发起全部是由当事人申请发起的。总统在极少的情况下(5%)才会否决 ITC 的裁决,即有确切的证据表明维护该知识产权有害于美国的公共政策和利益。

(3)337 条款的实施措施

337 条款的实施措施较为严格,其突出特点是绝大部分措施实施的对象是物,而只有国内禁止令的对象才强调人的管辖权。具体来说主要包括:

▶全面强制排除令(GEO)

由美国海关在边境执行,禁止所有侵害原告专利权的产品进入美国。不区分诉讼对象甚至也不区分诉讼国家。要取得 GEO,原告必须证明:侵害原告专利权的行为非常普遍;有事实足以显示,除了被告以外的其他外国厂商也正在向美国输出侵害原告专利权的产品。

▶局部强制排除令(LEO)

由美国海关在边界执行,只能禁止由被告制造、侵害原告专利权的产品进入美国。LEO 是 ITC 最常用的救济方式，约占 337 条款裁处的 75%，其裁决可以延及上下游的产品和企业。

▶禁止令（CDO）

是针对已经进入美国市场的败诉产品，禁止其进一步销售，对美国的买方、寄售商等有约束力。但 ITC 在作出 CDO 之前，必须确定自身存在人的管辖权。

▶没收令

对于败诉产品，一旦被实施排除令（无论 GEO 还是 LEO），而又继续新出口至美国市场的，ITC 可以发布没收令，由海关实施没收。

▶临时措施

是当事人在申请的时候一并提出的，包括临时制止令或驱逐令。主要考虑以下因素：申请人在调查中取胜的可能性，如不采取临时措施可能对美国国内工业的损害，采取临时措施对被告的损害以及公共利益等。

从实施效果和法律安排的情况来看，排除令都居于整个措施的核心，且从总体上看，337 条款的后果都是带有直接排除性的，而不是通过价格控制加大进口商的负担。

2. 301 条款与特别 301 条款

301 条款是指 1988 年《综合贸易与竞争法》第 1301 节至第 1310 节的全部内容，其主要含义是保护美国在国际贸易中的权利，对其他被认为贸易做法“不合理”、“不公平”的国家进行报复。根据这项条款，美国可以对它认为是“不公平”的其他国家的贸易做法进行调查，并可与有关国家政府协商，最后由总统决定采取提高关税、限制进口、停止有关协定等报复措施。“特别 301 条款”最初实际上指的是经过修改的 1984 年《贸易与关税法》第 182 条，而在 1988 年《综合贸易与竞争法》第 1303 条中对其作了增补。因为它与“301 条款”内容有关，所以称为“特别 301 条款”。该条款的正式名称是“确定那些拒绝为知识产权提供足够保护的国家”。

3. 201 条款

属于市场结构破坏条款。美国贸易法“201 条款”作为贸易救济制度的重要组成部分，是典型的国家利益导向下贸易保护的产物。美国贸易法中的“201 条款”又称“免责条款”“例外条款”（escape clause），是美国

1974年贸易法的第201节,美国法典第19编第2251节。“201条款”是整个贸易救济制度的关键一环,与其他相关贸易法律制度共同构筑了美国外贸法律救济制度的完整体例。我国在借鉴美国、欧盟和WTO等的相关立法经验后,于2001年推出了《保障措施条例》。无疑,这是完善我国外贸法的重要进程,也是我国积极致力于与WTO接轨的重要举措之一。

(1)“201条款”与反倾销法和反补贴法

三者的共同点就在于,它们都是进口贸易救济的重要制度,对于美国的贸易保护有异曲同工的功效。但三者也存在明显区别。反补贴法与反倾销法具有市场矫正的功能,即针对外国政府或厂商有不公平贸易行为而损害国内产业的救济,而“201条款”则是“保护性调整”,只要在国内有无法接受或其不期待的结果发生,即可实施救济。前二者须证明有倾销或出口补贴等不公平行为存在,而后者只要有增加的进口即可。在要件上有如下区别:前二者要求实质损害,而后者要求“严重损害标准”;前二者的因果关系较宽,而后者要求实质原因严于前者的规定;在国内产业界定上,“201条款”中的规定比反倾销法与反补贴法中的更为广泛,除了生产“同类产品”的产业还包括具有直接竞争关系的产业;在救济上,反倾销法与反补贴法限于在关税之外征收反倾销税、反补贴税,而“201条款”不限于关税,还可纯粹采取非进口救济的调整援助。相较而言“201条款”程序简单,“杀伤力”更大,已经不是单纯的进口救济制度。

(2)“201条款”与“301条款”和“337条款”

美国对外贸易政策发展的重要趋势就是加强管制外国制造出口侵犯美国知识产权产品的不公平贸易做法。这方面的立法依据是1974年《贸易法》第182节的“特殊301条款”和1930年《关税法》的“337条款”。前者规定了针对外国政府的此类不公平贸易做法的制裁措施,后者主要规定了针对外国厂商对美出口侵犯知识产权产品的管制办法。在救济方法上“301条款”视不同内容方式多样,如普通“301条款”有中止、撤销和停止关税减让,征税或施加限制等;“特殊301条款”“超级301条款”“通讯301条款”的救济方法又不同:“337条款”在救济方式上有两种方式,其一为行政救济——ITC展开调查,裁决发出排除进口令;其二为司法救济——向联邦地区法院起诉请求损害赔偿。

比较起来“201 条款”与“301 条款”有迥然相异的法律功能，却又有殊途同归的立法特色。在法律功能方面，“201 条款”在于充分保护美国国内产业及其国内市场的安全，免受外国进口产品的竞争。“301 条款”则在于保证美国产品能够长驱直入和充分占领其他国家的国内市场，攻击性强。“201 条款”与“337 条款”作为进口救济的主要方式，两者从不同领域共同构筑了美国国内市场的保护墙。

4.406 条款

市场破坏条款制定于 1974 年，为美国 1974 年《贸易法》第 406 节。在美国恢复了对“非市场经济国家”产品的最惠国待遇后，认为非市场经济国家通过控制分配程序和销售价格，使其出口产品涌入并很快占领美国市场，对这类国家实行减让，开放国内市场具有特殊风险。1988 年《综合贸易法》明确了确定市场破坏的标准以及应考虑的因素。

“406 条款”与“201 条款”规则的结构完全相同，即进口增长事实、生产相同或直接竞争产品的国内产业，国内产业受到损害，进口增长与国内产业损害的因果关系。但“406 条款”中的国内产业损害事实只要求实质损害或其威胁，按照参院财政委员会指出的，该词旨在表示比第 201 节的严重损害程度低的损害。ITC 在确定是否存在市场破坏时，还应考虑：所调查商品进口量，该进口对美国相同或直接竞争产品价格的影响；对国内相同或直接竞争生产商的影响，破坏性定价做法或其他不公平经营贸易方式的努力的证据。但无具体衡量此类因素的标准。可见其立法本意为：原产于非市场经济国家产品的进口增长，不完全是基于公平的贸易产生的紧急情况，而可能是由于非市场经济国家对美国不公平贸易的结果。在评估标准上，该条款中的实质损害或其威胁要严于不公平贸易、反倾销，但不公平贸易行为的因素并未完全消除。

(五)特定产品过渡性保障机制

特定产品过渡性保障机制简称“特保条款”，是中国加入 WTO 议定书中的一个条款，共 1255 字。根据该条款，从中国加入 WTO 至 2013 年 12 月 10 日止，WTO 其他成员经事前确定的法律程序认定原产于中国的某项产品进口激增，并对其国内相关产业造成或威胁造成所谓的市场扰乱，则该成员可以对从中国进口的此类产品采取限制措施。

(六)劳工环境标准:"公平贸易"之争

发达国家认为发展中国家的低劳工标准、低环境标准是社会倾销、生态倾销,这将会导致低标准驱逐高标准的"柠檬问题"产生。发展中国家认为发达国家的高劳工、环境标准要求是一种新的、更加隐蔽的贸易保护工具。其对劳工、环境标准的"公平贸易"之争、WTO引入劳工、环境标准协议的"合理性"之争等也都各执一词。这场争论仍会继续,但社会发展与经济发展的同步性,伴随着发展中国家经济发展而对劳工权利、环境质量要求的逐步提升以及发达国家在WTO中的绝对地位等因素决定了劳工、环境标准与国际贸易挂钩是迟早的事。事实上,作为单边、双边行动,劳工、环境标准问题已经对区域贸易、国际贸易产生了重大影响。包括我国在内的发展中国家。一方面须采取必要的措施,防止贸易伙伴国出于贸易保护需要对劳工、环境标准的滥用;同时应积极主动地运用国际公认的劳工、环境标准,以提升我国产品的国际竞争力。

"公平贸易论"的主要倡导者是美国。其最初的思想主要包含两方面:一是主张对等的市场开放。不管经济发展程度如何,不对等的市场开放被认为是不公平贸易。二是主张公平竞争。凡是由政府通过某些政策直接或间接地帮助企业在国外市场上竞争,并造成对国外同类企业的伤害,即被看成不公平竞争。近年来,"公平"的内涵也因决策者、学者们各自利益的需要而有所延伸。

首先,劳工、环境标准的支持者认为发展中国家低的劳工、环境标准不管对发展中国家的员工,还是发达国家的员工都是一种"不公平"。对于发展中国家的员工来说,低工资将会引起与贫穷有关的不充足食物供应、不充分医疗保障以及子女失学等问题,低标准的工作环境将会使员工的身心健康、生命安全受到威胁,童工的使用将剥夺儿童的受教育权利,低环保标准地区的民众也将遭受环境恶化的苦果;对于发达国家的员工来说,来自低工资标准发展中国家货物的竞争将可能使其所在的企业经营困难,甚至倒闭。这些员工因而收入下降,甚至失去收入。另外,由于一些环境影响的过境性,低环境标准国家恶化的环境可能使发达国家受到影响,如酸雨、臭氧层削减的全球影响效应等。对包括发达国家和发展中国家在内的员工所受不公平待遇的抱怨还来自其"受剥削"的境地。跨国公司赚取了无数利润,而为其服务的发展中国家员工所挣工资却不能满足基本的生存条件;发达国家的消费者享受了廉价的进口货物,而生产这些货物的低工资标准、低工作环境标准的发展中国家员工则仅得到少量工资,并留下了许多安全、健康问题;为了躲避发达国家高劳工、环境标准的监管,许多发达国家的企业将其工厂转移至低标准的发展中地区,这可能造成许多发达国家员工的失业。

针对上述观点,劳工、环境标准的反对者一方面通过实证分析说明发达国家向发展中国家转移其产业,并不是因为发展中地区低劳工、环境标准的驱动。这些成本仅占产品成本的很小部分,发达国家向发展中地区转移产业有其他原因。对发展中国家劳工、环境标准的高要求,并不能阻止发达国家的产业转移。这样由低劳工、环境标准引起的发达国家产业转移,进而其员工失业的理由也不能成立。另一方面反对者认为,如果有最低工资标准要求,发展中国家的失业程度可能会加重,许多进城务工的农民可能被迫返回收入微薄的农村,甚至沿街乞讨;如果禁止使用童工,儿童的处境也可能会更差;如果实施高的环境标准,可能使依靠资源型产业发展的发展中国家经济增长速度放慢,进而减少对清洁技术的投资,致使高标准的环境影响走向环境标准支持者的反面。所有这些对发展中国家的员工来说是更加得“不公平”。

其次,劳工、环境标准的支持者认为发展中国家低的劳工、环境标准使高标准发达国家的生产成本相对偏高,削弱了发达国家的竞争优势,这对发达国家来说是“生态倾销”和“社会倾销”,是一种“不公平”贸易行为。允许发展中国家低标准产品的贸易自由化,将导致“低标准驱逐高标准”的“柠檬问题”和低层次竞争(race to the bottom)现象的产生。

发展中国家认为由于不同国家所处的发展阶段不同,在对待增长与环境问题、增长与劳工问题的平衡协调上,必然有不同的侧重点。由于各国劳动市场条件、税收水平等差异很大,因而不同国家的劳工、环境标准不可能完全相同。不承认发展中国家在资源密集型产业和劳动成本方面的比较优势,对发展中国家是不公平的。发达国家要求发展中国家承担“生态倾销”和“社会倾销”责任,是发达国家在降低纺织、服装和农产品壁垒后的一种新的、更加隐蔽的贸易保护壁垒。

(七)贸易摩擦

贸易摩擦,或贸易战,是经济战的一种表现形式,经济战的实质是发展机会与生存空间的争夺战,因而贸易战是指为了本国的国家利益,为了本国的经济、政治和军事需要,为争夺商品销售市场而展开的限制进口与扩大出口的激烈对抗。[1] 然而,即经济全球化背景下贸易摩擦的目的不再是限制进口与扩大出口那么简单。

也有学者认为贸易摩擦是经济摩擦的一种形式,特指其中的微观经济摩擦,即不同产业的摩擦。同时指出,经济摩擦还有另外四种形式:由于各国财政政策、货币政策、汇率政策等宏观经济政策不同所体现的宏观经济摩擦;跨国公司发展过程中与东道国发生的投资摩擦;各国法律制度、交易习惯、竞争政策不同在高新技术产业和金融服务业中所体现的制度摩擦;一国在对外出口中因各国技术标准和法规不同而体现的技术性贸易摩擦。同时认为,这五种形式是经济摩擦的五个发展阶段,随着国际经济环境由贸易自由化到资本自由化、生产国际化、经济全球化而发生转变。[2]

贸易摩擦是一个最广泛意义上的摩擦,它涵盖上述五种不同类型的摩擦。为此,本书定义贸易摩擦为相互联系的经济主体之间,在经济贸易的交流过程中,为了某一特定的经济利益(或政治利益)而产生的一切矛盾和纠纷。

非关税摩擦(Non-tariff Frictions)是指关税以外的其他贸易保护手段所导致的贸易摩擦。非关税摩擦的手段相当广泛,有数量限制、自愿出口限制(Voluntary Export Restrictions,简称 VERs)、有秩序的销售安排(Orderly Marketing Arrangement,简称 OMA)、自愿限制协定(Voluntary Restraint Agreement,简称 VRA)、倾销与反倾销、补贴与反补贴、保障措施以及市场准入、政府采购和国内法等。

四、贸易救济的基本作用

贸易救济的基本作用有两个:一个作用是指保护自由贸易与公平贸

[1] 参见王厚双:《贸易战:离中国有多远》,经济日报出版社 2002 年版,第 7 页。

[2] 参见赵瑾:《全球化与经济摩擦》,商务印书馆 2002 年版,第 1 ~ 2 页。

易,即贸易救济就是要纠正不公平贸易竞争所带来的贸易扭曲;另一个作用是保护一国产业和市场免受国际竞争的严重损害,即一国的正常国际贸易对另一国产业和经济发展造成损害时,如何消除这种损害。

1. 保护自由贸易与公平贸易,纠正不公平贸易所带来的贸易扭曲

反倾销和反补贴措施实质上体现了贸易救济的第一个作用,即贸易救济能够纠正不公平贸易竞争所带来的贸易扭曲。WTO 倡导的是公平、自由的市场竞争,而倾销将会破坏这种正常的竞争环境,它不但会给进口国生产带来损害,也会影响出口国自身的出口秩序和不存在倾销行为的出口商的利益,同时还会对在进口国销售同类产品的第三国出口商产生不利后果。因此,各国普遍认为,对于倾销行为必须通过具有普遍约束力的反倾销法律加以制裁。如果不对这种不正当竞争行为进行有效的遏制,则多边贸易体制所能带来的积极效应将难以体现。

反倾销指的是为了抵消倾销这种不公平行为的影响及其所造成的损害而采取的一系列措施。反倾销最早源于 20 世纪初的一些欧美国家,目的是为了抵制国际贸易中的不公平价格歧视,推进国际贸易的健康发展。正当的反倾销措施对外国进口商品来说,并不是一种惩罚,而仅仅是一种维护本国市场公平竞争的"救济"措施。通过对外国倾销商品征收附加的进口关税或价格承诺等措施,使得外国商品在本国市场上以公平的"正常价值"来竞争。反倾销措施能够通过反倾销调查和征收反倾销税,有效地起到纠正贸易扭曲,促进公平竞争的作用。

而补贴,同样阻碍了正常的公平竞争,产生了贸易扭曲。一国对本国出口商品和出口商品生产者提供的补贴在国际贸易中可能产生三种不利影响:第一,对进口国而言,其国内相关产业生产的产品将不得不与得到出口国政府补贴的、占据不公平竞争优势的进口产品进行竞争,而可能受到损害。第二,对出口国而言,补贴国给予其生产者的国内补贴可能会削弱其他成员向该国出口产品的竞争力,这是因为与进口产品相比,国内产品可能因得到补贴而享有不公平的价格优势。第三,就国际市场而言,一些成员国的出口可能受到影响,这是因为在第三国市场上,一个成员的商品竞争力在与得到出口补贴的成员的商品竞争时被削弱,因此出口补贴和生产补贴可能使得到财政补贴的产品在国际市场上享有不公平的竞争

优势。

反补贴措施与反倾销措施的目的在某些方面非常相似，都是平衡存在或潜在的利益冲突。但也有重要区别，主要是行为主体不同。倾销是出口企业定价的结果，补贴是政府行为的结果。补贴的危害非常严重，被认为是世界贸易当中最可怕、最有力的竞争武器，它使某一产品可以采用超低价格轻松迅速地打败一切对手，因而是对手们最忌讳的不平等的竞争措施。补贴实质是通过财政手段和某个公共机构集合大众的经济力量支持某一产品获得超低价格竞争优势。

2. 保护一国产业和市场免受国际竞争的严重损害，消除正常贸易造成的损害

保障措施则体现了贸易救济的另一个作用，即一国的正常国际贸易对另一国产业和经济发展造成损害时，通过保障措施来消除这种损害。保障措施的特点是只考虑进口产品对进口国市场的影响，而不论进口增长的原因。采取保障措施需要一定的前提条件，进口的发展趋势不正常，即进口的增加对进口国同类或与其直接竞争的产品之生产商造成严重损害或严重损害威胁。保障措施是 WTO 允许使用的贸易救济措施，但是同样由于不同国家的认定标准和执行尺度不同，对于保障措施，不同学者同样有着不同的认识。保障措施为各国适应全球经济一体化的浪潮提供了一种灵活的保险机制，能够达到强化各国政府实现全球经济一体化的决心和信心，从而最大限度地作出贸易自由化的承诺，同时保障措施还具有“安全阀”的作用。

五、贸易救济的过程分析

以反倾销为例，普鲁萨（Prusa，1992）在研究分析了美国反倾销程序的进展过程后（表 1－5），就反倾销的程序建立了一个模型，他认为反倾销程序分以下四阶段：第一阶段，当进口国生产企业认为因外国公司的倾销而受到损害时，它可以决定不作出任何反应，它也可以决定向本国政府商务部门或国际贸易主管部门提出反倾销诉讼。由贸易主管部门最终决定是否进行反倾销调查。一般情况下，企业只要向贸易主管部门提出诉讼请求，就须交纳一笔不能收回的诉讼费用。第二阶段，在提起诉讼请求

后的一定时间内,贸易主管部门会发出裁决书,裁明是否接受诉讼。如果诉讼请求被拒绝,企业的损失是预交的起诉费用;如果诉讼请求被接受,那就转入下一阶段。第三阶段,当贸易主管部门接受了诉讼请求,对企业来说,仍有两个选择,一是放弃诉讼,其结果同第二阶段中诉讼请求被拒绝一样;二是继续进行诉讼,那就要等待贸易主管部门的最终裁决,才能知道诉讼结果。第四阶段,诉讼的最终结果无非有两种可能,一是开征反倾销税,二是不征反倾销税。

应该承认,普鲁萨关于倾销程序的模型分析还是比较完善的,它不仅为欧美等发达国家修改各自的反倾销法的程序部分提供了思路,而且还为后来的发展中国家(如中国等)制定有关反倾销的程序法提供了直接的依据。但其建立的模型也存在不合理的地方:主要一点是他认为诉讼最终以是否征收反倾销税为结果,而现实中诉讼的最终结果并非如此,如在1980~1988年,在美国提起的反倾销诉讼案件中有一半以上(774件个案中的348件)是以自动限制出口协议为最终结果,而不是以征收反倾销税结案。

表1-5　美国反倾销调查时间表

天　数	调　查　活　动
0天	提起申诉
20天	商务部决定是否立案
45天	国际贸易委员会做出初裁决定
46天	商务部发出问卷调查
76天	问卷调查回收最后期限
160天	商务部做出初裁决定并公布初裁倾销幅度
170天	商务部进行实地核查
190天	商务部发布核查报告
200天	商务部听证会
235天	商务部做出终裁决定并公布反倾销税率
280天	国际贸易委员会做出终裁决定
287天	商务部发出反倾销征收命令

贸易救济的一般过程可以用图形表示如下：

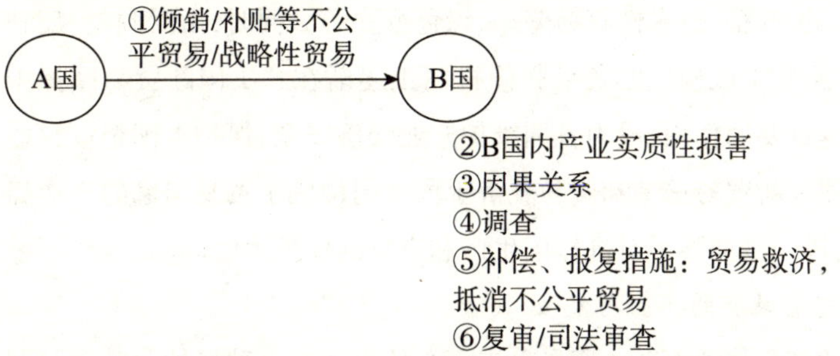

图 1-1　进口国救济或国内救济的过程

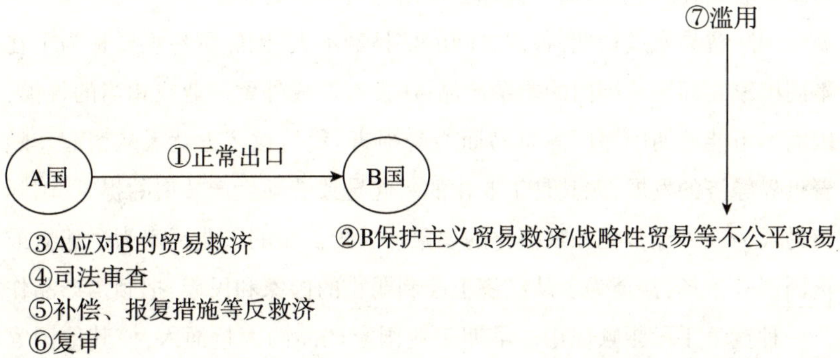

图 1-2　出口国救济或应对贸易救济的过程

六、贸易救济的演进

(一)国家利益、保护措施合法化与贸易救济

贸易救济这一法律体系的框架早在 1947 年的关税与贸易总协定中就已经确定,其间,经过多次的修改,日益完善,直至纳入乌拉圭回合谈判的协议中。

对外经济与贸易凸显的是国家利益与民族利益,国家政府需要在国际经济交往中不断地阻碍和消除各种有损本国贸易利益的行为,通过各种政策措施来维护国家经济与产业安全。

保护措施合法化是当代保护贸易的一个突出特征。由于 WTO 的影响,高关税以及进口配额许可证等传统管理贸易的手段逐步弱化,各国的各种贸易壁垒不得不予以降低或取消，由此产生了各种新的贸易壁垒，如知识产权保护壁垒、技术性贸易壁垒、绿色壁垒等。同时，由反倾销、反补贴、保障措施等手段构成的贸易救济机制正逐渐在解决国际贸易摩擦中发挥越来越重要的作用，成为各国维护产业经济安全，保护本国企业权益的合法武器。新贸易壁垒和贸易救济手段共同构成了贸易国家的产业经济保护伞，进一步加强了对进口国生产和市场的保护力度。

（二）贸易救济的产生与发展

贸易救济是伴随着对外贸易发展而必然出现的一种保护国家公共利益的贸易保护形式。由于贸易救济制度一般是和国际贸易中的非公平贸易现象联系在一起，因而又被称为进出口公平贸易制度。

国际贸易发展初期，各国之间的贸易额不大，国际贸易主要是为了在不同国家之间调节国内的剩余产品，还没有形成外贸产业或相当的规模，因而不可能使两国因国际贸易而遭受损害，贸易救济也就无从谈起。随着世界经济的发展，尤其是工业化的兴起导致劳动生产效率的提升，国际贸易成为一种经常化和规模化的现象。急于扩张的工业国家为了建立或巩固国外市场，甚至为了从经济上控制弱小的国家和民族，把倾销产品作为一种竞争手段频频使用。早期工业国家产品的大量涌入，使其他国家的国内生产企业和社会公共利益受到了现实的或潜在的损害。为了抵制或消除这种损害或损害的威胁，各国纷纷采取配额、关税甚至是政治的手段来限制某些商品的快速进入，这就是早期的贸易救济。

贸易救济是政府经济职能的延伸，是政府贸易救济政策在国际贸易上的体现。它对于有效地防止其他国家用不正当的竞争手段来侵占进口国的市场，侵害进口国的国内产业具有非常积极的意义。但初期的贸易救济，只是一种盲目的消除损害的途径，其手段往往是多变的，执行过程受国家之间政治经济关系的影响而具有很大的偶然性和不可预见性。救济手段的运用也缺少必要的制约和限制，实施条件、救济手段并没有统一的标准。这种盲目的救济方式，虽然在一定程度上保护了本国的国家利益，但它的偶然性和随意性对国际贸易的正常发展造成了阻碍，为了使本国的贸易保护手段合法化和经常化，从而给本国国内产业以充分且经常性的保护，各国纷纷以法律的形式确立贸易救济的形式和途径，从而形成了一套专门的法律制度，即贸易救济法律制度。

在各国纷纷制定贸易救济法律制度的过程中，为了克服盲目贸易救济所导致的不良后果，国际社会逐渐注意到应当对贸易救济条件和救济手段进行一定的约束和限制。关贸总协定（即现在的 WTO 的前身）成立之后，在这方面取得了突破性的进展。贸易救济领域所公认的反倾销、反补贴和保障措施三项救济制度，正式以国际协议的形式得以确立。

1. 反倾销制度。从历史上看，最早的反倾销协议产生于 19 世纪末 20 世纪初，1904 年加拿大颁布了世界第一部反倾销法，此后新西兰于 1905 年、澳大利亚于 1906 年、美国于 1916 年先后颁布了反倾销法。但是，西方发达国家得益于高关税和严格的配额、进口许可证等壁垒，一直到 20 世纪 60 年代反倾销都很少使用。在 20 世纪 80 年代中期以前，反倾销可以说主要是发达国家的专利。国际上绝大数反倾销案是由美国、欧共体、澳大利亚和加拿大发起的，他们是“反倾销的传统国家”。而反倾销的目标主要集中在发展中国家和日本。到了 20 世纪 90 年代中后期，发展中国家的立案数量迅速增加。时至今日，世贸组织 147 个成员都已经出台了反倾销法律或条例。反倾销行为的规范化、法制化已成为当今国际反倾销发展的趋势。

2. 反补贴制度。据史载，早在 1776 年，亚当·斯密在《国富论》中就论及了出口补贴的问题。由此可见，补贴问题源远流长。反补贴的使用频率虽然不如反倾销多，而且在实体认定和程序操作上与反倾销相似，但随着倾销与反倾销斗争的激烈化，其作为次优选择也存在愈演愈烈的趋势。到了 20 世纪初，补贴进一步泛滥，引起了许多国家及国际社会的高度重视，继而演变为当今世界一种重要而突出的国际问题。一国对国内工业的补贴会直接或间接地影响其对外贸易，而且这些国内措施影响了给予补贴国和他国的经济交往。在国际贸易中，一国政府采取补贴措施，受到补贴措施影响的国家采取反补贴措施，而受到反补贴措施影响的国家又采用其他方法对付，这种补贴与反补贴的斗争成了国际贸易中的一个重要方面。

3. 保障措施制度。被称为国际自由贸易体制“安全阀”的保障措施制度，源自美国贸易法中的“逃避条款”，此类条款最早出现在 1942 年美国与墨西哥的贸易协定中。在美国的极力主张下，1947 年关贸总协定增加了原则性的保障条款，纳入关贸总协定第19条。保障措施机制设置的目的是允许在特定条件下为保护本国利益而背离最惠国、国民待遇、减让关税、取消数额限制及其他贸易壁垒的义务。作为公平贸易情况下的例外，其使用必须遵循严格的条件。关贸总协定只是一个非正式的临时协定，且效力逊于国内法，因而并未起到作用。经过1973年9月的东京回合谈判和1987年乌拉圭回合谈判，保障措施才得以正式确立。为了使保障措施制度具有透明度、公开化，1994年乌拉圭回合谈判中达成了《保障措施协定》，确定了采取保障措施的统一标准、实施程序、保障措施的形式以及提供了解决争议的方法。

进入20世纪80年代以来，由于西方发达国家经济不景气的连带效应，经济发展滞缓，贸易保护主义盛行，贸易救济立法趋于完备和严厉。在这种形势下，西方发达国家将贸易救济作为实行贸易保护的重要武器，频繁采用反倾销、反补贴和保障措施，限制进口，保护本国产业达到历史的顶峰，从而导致国际贸易救济诉讼案急剧上升，加剧了国家间的贸易摩擦。在一定意义上讲，贸易救济措施的滥用与贸易保护主义并无多大实质的区别。贸易救济措施的频繁采用与贸易保护主义的日益增长总是同步发展的。

第二章　贸易救济的二重性

贸易救济的性质是本章研究的主要问题。本章研究思路是,贸易救济是 WTO 公平竞争原则的主要表现,也是公平贸易政策的主要表现,而公平竞争原则作为自由竞争原则的补充或“例外”,实质上是 WTO 对国家利益必要保护的承认,因此公平竞争原则内含自由贸易和贸易保护两种性质,这是贸易救济性质的基础,我们也以此为基础对贸易救济的性质展开具体分析。

一、基于公平竞争原则的贸易救济

(一)以自由和公平为基础的 WTO 规则框架

作为多边贸易体制的基石,WTO 既是一种行为准则或管理纪律,又是一个谈判机构或交换市场。它既推动成员方达成协议,又监督协议的付诸实施。WTO 的核心框架是“WTO 协议”(见表 2-1),它包括货物贸易(GATT1994)、服务贸易(GATS)和与贸易有关的知识产权协议(TRIPs),规定了贸易自由化的基本原则及被允许的例外和保障措施,强化了争端解决机制的规则和程序,要求成员方报告并通知其他成员方其贸易政策、法律和采取的措施,并由 WTO 秘书处定期对其进行审议。协议反映了 WTO 的三个最基本功能,即通过谈判达成贸易协议;处理贸易争端;监督各国贸易政策。

表 2－1　WTO 框架结构与基本原则

世界贸易组织	协议	GATT 1994	⇐	非歧视原则
		GATS		互惠原则
		TRIPs		市场准入原则
	争端解决机制			公平竞争原则
	贸易政策审议机制			例外和保障原则
	诸边贸易协议			透明度和通知原则

WTO 的框架结构和具体协议凝聚多边贸易体制的基本原则，即非歧视（最惠国待遇和国民待遇）、互惠、市场准入、公平竞争、例外和保障、透明度和通知原则等。关于自由公平的原则体现，有多种解说（见表 2－2），但其中非歧视被认为是最基本的原则，互惠是贸易谈判中采用的一种工具或手段，这两者体现在 WTO 的货物和服务贸易协议中。市场准入（但存在例外和保障）和公平竞争是通过执行非歧视原则和互惠行为准则所追求的目标，透明度和通知原则是确保信息分享和协议目标是否实现的前提保证，它们分别体现在 WTO 的争端解决机制和政策审议机制中。

表 2－2　WTO 多边贸易体制的基本原则

序号	原则数	原则项目	贸易原则
1	三原则说	(1)互惠原则;(2)非歧视待遇原则:最惠国待遇原则和国民待遇原则;(3)例外制	自由公平
2	四原则说	(1)非歧视;(2)互惠;(3)市场准入;(4)公平竞争	自由公平
		(1)非歧视贸易;(2)可预见的和不断增长的市场准入程度;(3)促进公平竞争;(4)鼓励发展和经济改革	自由公平
		(1)国民待遇原则;(2)最惠国待遇原则;(3)透明度原则;(4)程序合法原则	自由公平
		(1)无歧视原则(包含最惠国待遇和国民待遇原则);(2)推进自由贸易原则;(3)透明度原则;(4)对发展中国家和最不发达国家实行优惠待遇原则	自由公平
3	五原则说	(1)最惠国待遇原则;(2)国民待遇原则;(3)透明度原则;(4)自由贸易原则;(5)公平竞争原则	自由公平

续表

序号	原则数	原则项目	贸易原则
4	六原则说	(1)最惠国待遇;(2)国民待遇;(3)消除数量限制;(4)关税减让;(5)禁止倾销与出口津贴;(6)例外制度	自由公平
		(1)成员不分大小一律非歧视地进行贸易(又分为最惠国待遇原则和国民待遇原则);(2)世贸成员互惠互利进行贸易;(3)市场准入;通过谈判逐步实现贸易自由化;(4)促进公平竞争与贸易;(5)鼓励发展和经济改革;(6)贸易政策透明度原则	自由公平
5	七原则说	(1)无歧视待遇原则;(2)最惠国待遇原则;(3)国民待遇原则;(4)互惠待遇原则;(5)透明度原则;(6)关税减让原则;(7)取消数量限制原则	自由公平
6	八原则说	(1)最惠国待遇;(2)国民待遇;(3)关税约束;(4)禁止配额限制;(5)保护知识产权;(6)适用互惠原则;(7)对发展中国家的特别与不同待遇;(8)关注可持续发展	自由公平
7	九原则说	(1)贸易自由化;(2)非歧视;(3)以关税作为主要的保护措施,一般地取消数量限制;(4)稳定贸易发展;(5)促进公平竞争;(6)对发展中国家成员予以照顾;(7)区域性贸易安排;(8)透明度;(9)允许例外和实施保障措施	自由公平
		(1)非歧视原则;(2)互惠原则;(3)最惠国待遇原则;(4)国民待遇原则;(5)关税减让原则;(6)市场准入原则;(7)一般取消数量限制原则;(8)禁止倾销与限制出口补贴原则;(9)透明度原则	自由公平

在WTO框架下,公平竞争原则具体体现为互惠原则和促进公平竞争原则,要求对等的自由贸易。互惠原则是指世贸组织成员方之间相互给予对方以贸易上的优惠待遇,它要求对等、实行贸易自由化。而促进公平竞争原则是指通过消除各成员方对贸易活动的人为干预及其带来的扭曲,维护自由市场原则,促进各成员方生产经营者之间的公平竞争。促进公平竞争原则体现在诸多方面,如消除歧视性待遇、削减非关税壁垒、扩大多边贸易规则的适用范围、反补贴规则、反倾销规则和保护知识产权等,WTO的反补贴规则和反倾销规则就集中体现了公平竞争原则。

(二)贸易救济是公平竞争原则的主要体现

依据WTO的贸易原则,各成员的出口贸易经营者不得采取不公正的贸易手段,进行或扭曲国际贸易竞争,尤其不能采取倾销和补贴的方式在他国销售产品。以倾销或补贴方式出口本国产品,给进口方国内工业造成实质性损害,或有实质性损害威胁时,该进口方可以根据受损的国内工业的指控,采取反倾销和反补贴措施。同时,世贸组织强调,反对成员滥用反倾销和反补贴措施达到其贸易保护的目的。在WTO框架下,公平竞争原则是指WTO成员方应以创造和维护公开、公平、公正的市场环境为原则,根据市场供求价格进行国际商务活动。反对以补贴、倾销等扭曲市场竞争的措施进行不正当竞争。

由此可见,公平竞争原则至少包含四个方面的内容:①公平竞争原则是成员方的一般义务,适用范围广阔,涵盖货物贸易领域、服务贸易领域和与贸易有关的知识产权等领域。②公平竞争原则调整的对象具有多元性,既涉及成员方的政府行为,也涉及成员方的企业行为。③公平竞争原则与最惠国原则、国民待遇原则具有关联性,是最惠国原则、国民待遇原则的延伸,要求成员方给外国产品、服务或服务提供者以公平的竞争环境。④公平竞争原则有具体的制度保障,如反倾销、反出口补贴、对政府采购行为的规范,强化知识产权保护,将纺织品、服装、农产品贸易、服务贸易纳入WTO多边自由贸易体制等。

公平竞争原则具体体现在以下国际贸易救济相关的协定中:1994年《关税与贸易总协定》(GATT)、《反倾销协议》《补贴与反补贴措施协议》《保障措施协议》和《农业协议》等货物贸易领域内的具体协议,始终遵循公平竞争原则,并做出了许多制度安排。例如关税减让;普遍取消数量限制;国营贸易企业应遵循不歧视性待遇原则;禁止出口倾销和滥用反倾销措施;禁止出口补贴和滥用反补贴措施;保障措施的运用。可见,WTO框架下的公平竞争原则基本上是指贸易救济法规和措施,或者不如说,WTO中的贸易救济法规正是WTO所倡导的公平竞争原则的集中体现和制度保障。

二、贸易救济的自由贸易性质与贸易保护性质

(一)贸易救济的自由贸易性质

国际贸易的理论基础主要是比较成本理论和要素禀赋理论。有了这些理论支持,国际贸易在市场的自主性作用下蓬勃发展,并且越来越趋于自由化。作为一个世界性的贸易组织,世界贸易组织在保证国际贸易自由化上的努力是义不容辞的,最明显的表现就是确立了一整套保证自由贸易的基本原则。

1. 自由贸易原则

(1)WTO 自由贸易原则

消灭贸易壁垒,努力推动全球贸易自由化是世界贸易组织的最主要目标。世界贸易组织要求成员方尽可能地取消贸易障碍,开放市场,为货物和服务在国际间的自由流动创造条件。

(2)自由贸易原则的含义

在世界贸易组织框架下,自由贸易原则是指通过多边贸易谈判,削减关税和非关税壁垒,实行市场准人和市场开放政策,实现商品、资金、技术、劳动力等生产要素在国际间自由流动。

WTO 框架下的自由贸易原则不是绝对的,有一定的条件,并且是一个渐进的过程。自由贸易原则包含五个要点:①以共同规则为基础。即成员方根据世界贸易组织的协议,有规则地实行贸易自由化。②以多边谈判为手段。即成员方通过参加多边贸易谈判,并根据在谈判中做出的承诺,逐步推进贸易自由化。③以争端解决为保障。世界贸易组织的争端解决机制具有强制性,被争端解决机制裁决承担责任的成员,如果不执行裁决,世界贸易组织可以授权申诉方采取贸易报复措施。④以贸易救济措施为"安全阀"。即成员方可通过援用有关例外条款或采取保障措施等贸易救济措施,消除或减轻贸易自由化带来的负面影响。⑤以过渡期方式体现差别待遇。世界贸易组织承认不同成员之间经济发展水平的差异,通常允许发展中成员履行义务有更长的过渡期。

要强调的是,WTO 确定的自由化原则是一个渐进的、逐步自由化的过程。GATS 第 19 条特别强调,各成员方应不迟于 WTO 协定生效之日

起5年,开始并在此后定期进行连续回合的谈判,以逐步实现更高水平的自由化。但自由化的进程应适当尊重各成员方的国家政策目标及其总体和各部门的发展水平。

(3)贸易自由化的制度性规定

世界贸易组织主要从削减关税、减少非关税贸易壁垒、市场准入等方面为实现全球贸易自由化进行努力。

①削减关税;

②确立以成交价为基础的海关计价方法;

③禁止数量限制;

④国营贸易企业进行经营活动应奉行非歧视性原则;

⑤反对补贴:

关于补贴问题,“乌拉圭回合”专门制定了《补贴与反补贴措施协议》和《农产品协议》,对补贴问题进行调整;

⑥减少其他非关税贸易壁垒。

(4)贸易自由的基石——市场准入制度

市场准入,即市场开放,是指一国允许外国货物、服务、资本等参与本国市场的法律程序。没有市场准人,最惠国待遇、国民待遇、自由贸易、公平竞争、互惠待遇无疑是“空中楼阁”。特别是国际服务贸易,由于其调整对象的无形性特征,市场准入制度在GATS中更是居于核心地位。事实上,各国虽然在国际货物贸易上的态度开明,但对服务业的对外开放方面,则态度模糊,这在发展中国家表现尤甚。

2. 贸易救济是自由贸易发展的产物

在法律上确立贸易救济制度,是为了保障自由贸易的国际经济秩序,因此贸易救济贯穿了保障贸易自由的理念。从WTO的客观历史行为和实际运行状况来看,WTO是以自由贸易思想和贸易保护主义思想两者相互制约为理论基础,防止自由贸易和保护贸易任何一方被滥用,以实现有条件的自由贸易,因而,反倾销立法与自由贸易的目标并不存在根本冲突。[1] 美国官方人士也认为贸易救济旨在保障自由贸易,如2001年美国

[1] 张为付:“国际反倾销法的理论目标与现实冲突”,载《国际贸易问题》2003年第11期。

贸易代表佐立克在参议院就职演讲时强调:"只有建立国内公众对自由贸易的支持,才能获得自由贸易的好处,为此,必须强有力并迅速地执行针对不公平行为的贸易救济制度。"[1]

反倾销税和反补贴税,是指 WTO 允许因出口方的倾销和补贴行为受到贸易损害的成员,针对出口方的倾销产品或者补贴产品征收的正常关税之外的额外关税。由于这些倾销产品和补贴产品是以不正当竞争的方式获得价格竞争优势,直接或间接地扭曲国际贸易竞争的正常秩序,损害了他国的利益。因此,WTO 允许受害成员对此倾销产品和补贴产品征收附加关税以增加这些产品的成本,从而抵消这些产品在价格竞争上的优势,维护正常的市场竞争秩序。需要说明的是,征收反倾销税和反补贴税不是一种惩罚措施,而只是为了抵消不公平贸易行为造成的影响,所以征收的额外关税的税额原则上不得超过倾销或补贴的幅度,恢复到正常的自由贸易状态。

保障措施也是在实施贸易自由化以后,为了避免进口数量在短时期内急剧增加对进口国产业造成重大损害或损害威胁,进口国政府采取的贸易限制措施。保障措施是国际法上"情势变更原则"在自由贸易中的具体运用,有其合理的一面。因为在自由贸易中,不可预测的因素很多,极可能突发的紧急困难使成员无法履行贸易自由化的义务,为保护本国的利益必须终止条约或寻求某种补救措施,而数量限制往往是它们最直接易行的选择。

(二)贸易救济的贸易保护性质

然而,在各国立法的层面上,之所以确立反倾销、反补贴或保障措施等贸易救济制度,一个重要的目的就是为了保护本国的国内产业,因此贸易救济很容易成为实行贸易保护的一种手段,因此又具有贸易保护的性质。

自第二次世界大战以来,非关税壁垒已取代关税壁垒成为推行贸易保护主义的重要工具。就反倾销而言,反倾销制度从其产生之初就带有浓厚的贸易保护主义色彩。从一定意义上讲,反倾销与贸易保护是一对

---

[1] 胡国栋:"反倾销调查的代价和效应分析",载《国际商报》2004 年 3 月 8 日。

孪生姐妹,反倾销本身实际上是作为一种贸易保护措施出现的。反倾销制度的目的就在于将从竞争法、经济学角度看似合理的一些行为扣上不公平贸易行为的帽子,让多边贸易体制的成员方有口实在双赢的市场开放进程中,保护那些付出代价的产业。反倾销不仅在理论上是不充分的,在实践中已经成为一种贸易保护的工具。

各国制定反补贴法的初衷和主旨,是消除补贴带来的价格差异,制止补贴这种不公平贸易做法,以达到保护本国工业的目的。然而,反补贴法自产生初期带来的先天不足:贸易保护主义色彩,却使它逐渐背离了产生之初的本意,离西方国家极力倡导的自由贸易原则越来越远。从一定意义上讲,反补贴法与贸易保护是孪生姐妹,反补贴法本身实际上是作为一种贸易保护措施出现的。为了限制反补贴法的消极作用,许多国家谋求在反补贴问题上达成协议,将反补贴法的适用限制在一定范围内。经过各方努力,1947 年由 23 个国家达成了《关税及贸易总协定》,该协定有关条款对反补贴问题作了专门规定。《关税及贸易总协定》将反补贴纳入其范围,基于下列两点原因:第一,补贴是一种不公平贸易做法,不符合公平自由贸易原则,因而应予以禁止;第二,由于不少国家相继强化了反补贴法,反补贴措施的滥用已对国际贸易产生了消极作用,因而有必要将反补贴法的运用,限制在一定范围内。但是,反补贴措施从一开始就带有浓厚的贸易保护主义色彩,这恐怕是反补贴立法先辈所未能预料到的。

由于贸易救济措施的滥用无法被杜绝,它们"已经不仅仅是贸易救济措施,而成为一些国家政府用来实施战略性贸易政策的手段"。而战略性贸易政策的基本目的是"通过政府行为改变国际贸易中的竞争结果,达到扩大本国企业的利润、把别国企业的超额利润转变成本国的收入、促进本国出口或者扶持本国相关产业发展"。言外之意,贸易救济成为一种实行贸易保护的政策工具,也是新发展出来的非关税壁垒。

三、贸易救济二重性

(一)贸易救济二重性的提出

根据以上的探讨,一方面,贸易救济是 WTO 公平竞争原则的主要体现,并且构成世界各国公平贸易政策的主要内容,公平竞争原则和贸易救济都是以自由贸易为基础和导向的，它们追求对等的自由贸易，因此具有自由贸易的性质。另一方面，贸易救济作为一项在国家层面运用的政策措施，不光具备天然的维护国家利益的功能，还常常被随意的滥用，甚至成为贸易保护主义的主要工具，因此具有贸易保护的性质。因此，根据我们对贸易救济本质的理解，贸易救济具有二重性，即自由贸易性质和贸易保护性质。综上，本书提出贸易救济二重性的概念：贸易救济是一种公平贸易政策，具有自由贸易与贸易保护两种性质（见图2-1）。

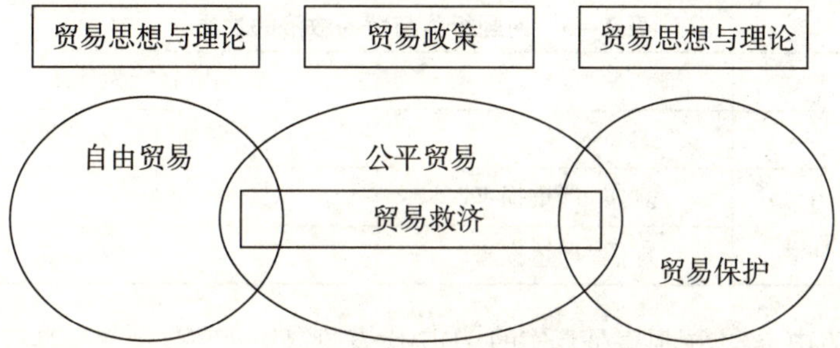

图2-1　贸易救济二重性

贸易救济的二重性显示，自由贸易和保护贸易这两种贸易思想和理论都同时体现在贸易救济措施当中。这个结论除了可以从本章的探讨中总结归纳出来之外，还可以从贸易政策的二重性推断出来。贸易政策二重性是国际贸易中所固有的国家利益的双重标准引起的，而贸易救济作为一类公平贸易政策和措施，也充分地体现了贸易政策的二重性，这一点我们在下一章进行详细论述。总的来说，二重性是贸易救济的本质体现，是贸易救济现象中各种错综复杂矛盾交织在一起的总体表现，是理解和研究贸易救济的逻辑起点。

（二）贸易救济二重性在概念层面的体现

1. 贸易救济的原因具有二重性

贸易救济原因的二重性是“导致损害的原因”以及“损害程度本身”的多种可能性引起的。本书第一章把贸易救济定义为“在多边贸易规则的框架下，一国政府对因进口而遭受相当程度损害的国内产业可以采取的救济措施的总称”，从该定义看，贸易救济发起的原因是“国内产业因进口而遭受相当程度损害”,其中对进口造成的损害,既可能是外国或地区企业或者政府的不公平贸易行为,也可能是自由、公平的贸易行为。如果一国贸易救济针对的是国外不公平贸易行为,那么它就是一项维护(保护)公平、自由贸易的政策,具有自由贸易的性质;如果一国贸易救济针对的是国外自由、公平的贸易行为,那么就是一项贸易保护政策。而且,由于“损害”测量的困难与随意解释的可能,导致它会成为贸易救济的借口而不是真实原因,这样也会导致贸易救济性质的不同,详细的解释见表2-3。

表2-3 两国行为与贸易救济的性质

		外国贸易行为性质	
		公平、自由贸易	不公平贸易
本国损害程度	真实“严重损害”	①	②
	虚假“严重损害”	③	④

表中,当本国损害是真实的,①所代表的贸易救济政策就是具有贸易保护性质的,②所代表的贸易救济政策就是具有自由贸易性质的;当本国所受损害是虚假的,则③和④的贸易救济政策变成贸易保护主义的工具。

2. 贸易救济的目的具有二重性

贸易救济目的的二重性表现在WTO目的与各国目的差异上。WTO制定贸易救济规则的目的在于维护国际贸易公平和正常的国际竞争秩序,既不是为了限制国际贸易,也不是对进口设置障碍,其目的仅仅是为了使进口成员方在国内产业遭受不公平竞争和过量进口所造成的损害这种情况下提供的一种合法的保护手段。因为这种损害对WTO成员的经济发展是没有好处的,如果没有措施加以制止,从长远看不符合世贸组织关于各成员共同繁荣与发展这条宗旨。可见,贸易救济制度旨在减少政府政策对国际市场的扭曲和市场不完善,使国际贸易的参与者真正依靠自身的比较优势进行竞争。贸易救济规则允许WTO成员在特定情况下,采用相应措施来保护国内产业免受不公平贸易的损害。然而,作为WTO自由贸易原则中的例外范畴,贸易救济给予各国企业和政府灵活的角色,而后者在WTO体系中也是特有的。这导致反倾销、反补贴、保障措施等贸易救济措施在国家层面的运用时普遍演变成为一种“安全阀”,各国政府采取贸易救济措施，几乎完全是出于刺激或保护本国经济和企业的目的，这一点可以从贸易救济数量与产业竞争力的反向关系中部分体现出来（见图 2-2）。比起关税与非关税壁垒，它具有名义上的合法性（维护自由贸易），但若被滥用却具有结果上的保护性。

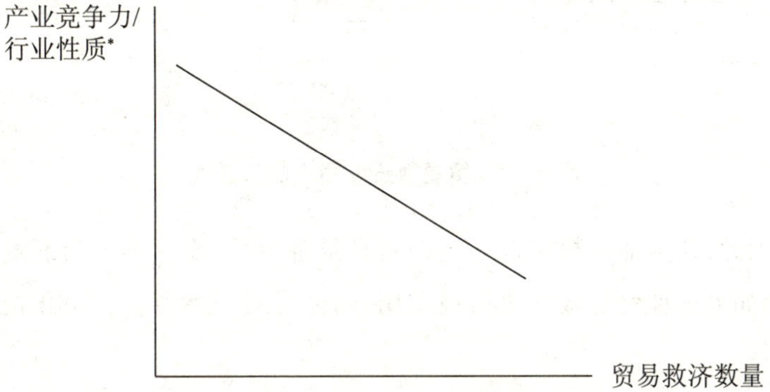

图 2-2　贸易救济数量与产业竞争力的关系

注：贸易救济主要集中在产业竞争力较低的行业以及传统行业。
* 这里，行业性质是指该行业是属于传统行业，还是高端行业。

3. 贸易救济的使用上具有二重性

贸易救济使用的二重性体现在各国把贸易救济当成贸易保护主义的工具，而且由于对贸易救济滥用的规制不力，使贸易救济向贸易保护主义工具的演变成为可能（见图 2-3），具体解释如下。贸易救济是得到了 GATT/WTO 的认可而成为维护“公平贸易”的政策措施，合理使用贸易救济手段以防止不正当竞争，维护自身的合法贸易利益，维护国际贸易的正常运行是必要的。但是，随着世界经济贸易自由化进程的加快，各国政府在失去惯用的关税和非关税保护措施同时，都致力于 WTO 框架内的保护伞。由于反倾销等贸易救济申诉的便利性、技术上的灵活性、裁决上的较大主观性以及较为容易胜出，各国对于这一贸易保护措施过于青睐，将贸易救济措施这个被 GATT 保留下来的合法贸易手段堂而皇之地搬到国际贸易舞台上，而且愈演愈烈。贸易救济手段和新贸易壁垒共同构成了国内产业的保护伞，进一步加强了对进口国生产和市场的保护力度。反倾销等贸易救济措施在全球范围内的滥用，一定程度上扰乱了国际贸易秩序，影响了国际贸易和世界经济的稳定发展。

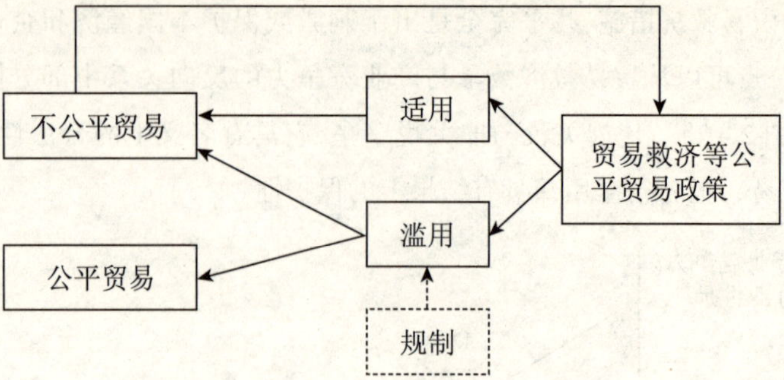

图 2－3　贸易救济使用上的二重性

因此，各国都有权采取一定的贸易救济手段，规制不正当的竞争行为，但如果这种贸易救济手段被滥用，则又将对国际贸易自由化造成阻碍。

4. 贸易救济法律具有二重性

从各国立法及 1994 年《关贸总协定》的立法意图来看，防止对进口国产业的损害是贸易救济法最为核心的目的，具体地说，在于阻止出口国商品的低价销售或数量激增以及这种低价和激增对进口国产业的损害。但在实践中，世界各国都在不断强化本国的贸易救济法，都在不断扩大贸易救济法的适用范围。这是因为，一方面，贸易救济涉及的是具体的进口产品，更具有针对性；另一方面，是否实行贸易救济，还要取决于国内产业受损程度，这样进口国在实际利害的选择和平衡上，更享有主动权，更能够最大限度地获得实际利益。正如美国学者 N. David Palmeter 所言，所有美国贸易救济法律的规范和程序，都不能真正决定进口商的进口价格是否“公平”。[1]

可见，政府贸易救济存在二重性，它既可能成为国家政府用以维护公平的贸易环境的有利工具，同时又可能对国际贸易产生一定的负面影响。这种利弊共存的状态要求既应当保护正当有益的贸易救济行为，保证国家政府运用贸易救济实现一定社会经济政策目标，又应当适当规制贸易救济的运用，使之不至于成为一种新的不公平的贸易竞争手段和非关税

〔1〕 援引自孙雯：“论反倾销法的法律属性”，载《南京社会科学》2005 年第 5 期。

壁垒,不至于破坏国际贸易的公平与自由。

(三)贸易救济二重性的理论、政策与实践基础

贸易救济二重性存在坚实的理论、政策与实践基础。关于这方面的论述,本书以后各章将首先从贸易政策和公平政策两方面考察贸易救济二重性的政策基础,接着从贸易理论的角度分别研究了贸易救济的自由贸易性质以及贸易救济的贸易保护性质,并且运用政治经济学的方法对贸易救济二重性进行证明,最后本书从美国贸易救济实践的角度来考察贸易救济二重性及相关理论。

第三章　贸易救济二重性的政策基础

上一章提出了贸易救济具有自由贸易和贸易保护的双重性质,本章则对贸易救济的二重性质进行较为深入和详细的探讨,从贸易救济所从属的两个贸易政策与措施范畴:贸易政策和公平贸易的角度来分析贸易救济的二重性。

贸易救济不是孤立的贸易现象,只有把它放在更大的背景下讨论,对其性质的理解才具有理论意义和基础。贸易救济属于贸易政策与贸易措施的范畴,或者更具体地说,贸易救济属于公平贸易政策和措施的范畴(见图 3－1),而且公平贸易政策主要由贸易救济构成。从理论上看,由于贸易救济是一个比较具体的国际贸易问题,对它的研究需要使用贸易基本理论、贸易政策、贸易制度和贸易措施等理论和方法来指导,因此本章对贸易救济二重性的探讨,首先从贸易政策二重性开始。

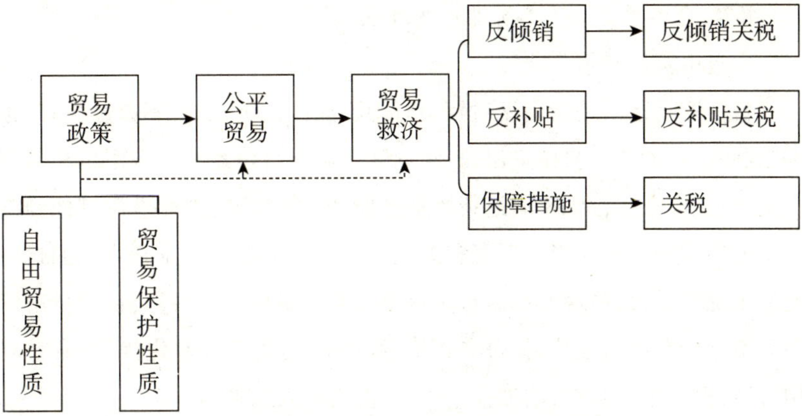

图3-1　贸易政策、公平贸易与贸易救济

一、贸易政策的二重性

(一)贸易政策

在经济学中,贸易政策可以说是一个内涵和外延很不确定的概念。在不同场合、不同文献中,使用"贸易政策"一词时往往有其特定的含义。有时,贸易政策指的是一国总的贸易政策,有时则指的是某一具体的政策,[1]有时则指的是WTO框架下的国际贸易管理体系。贸易制度、贸易体制、贸易战略、贸易管理,贸易自由化、贸易保护等概念或多或少地从不同角度反映了贸易政策的含义,但很难用其中任何一个概念来取代贸易政策。[2] 日本经济学家小岛清认为贸易政策有两个层面的含义,[3]从广义的角度看,一切经济政策包括资源分配计划、产业结构政策、产业组织政策、工资政策、财政金融政策以及环境政策,都或多或少地影响贸易,都可以称作贸易政策。从狭义的角度看,贸易政策包括对贸易有直接影响的经济政策。

---

〔1〕 如关税、配额、反补贴、反倾销、技术壁垒、电子商务等手段都是贸易政策的工具和措施。

〔2〕 有些概念是从制度层面说明政策的含义,如贸易制度和贸易体制;有些概念则从贸易政策的目标或价值取向来说明贸易政策的含义,如贸易战略;而贸易保护和贸易自由化等概念则从贸易政策的属性来说明。

〔3〕 [日]小岛清:《对外贸易论》,南开大学出版社1984年版,第276~277页。

(二)自由贸易政策与贸易保护政策

1. 自由贸易政策

自由贸易政策是指国家对贸易行为不加任何干预,既不鼓励出口,也不限制进口,使商品自由进出口,在国际市场上自由竞争。自由贸易政策产生于18世纪初,是18世纪新生资产阶级“自由放任”思想在对外经济关系上的延伸。从亚当·斯密和大卫·李嘉图的古典学派到当代的自由贸易正统理论,这些理论都为自由贸易政策作了详尽的解释,认为自由贸易政策至少有以下优势:促进各国专业化分工,发挥专业化优势;有效利用资源,提高生产效率;增加社会福利,提高收入水平等。

但是,国际市场毕竟与国内市场存在很大的差别,它涉及国与国之间的经济利益。在世界经济发展的实践中,人们发现自由贸易政策也会给国家带来负面效应,如外来竞争导致民族工业特别是幼稚工业难以得到一定的发展空间,对本国工业化建设不利等。国际贸易几百年的历史表现证明,完全意义上的自由贸易政策是不存在的,只是贸易自由化的程度差别,表现为国家取消对进口贸易的限制和障碍、取消对本国出口商品的各种特权和优惠的自由化过程。当今的贸易自由化则意味着降低政府的控制和直接干预(如数量控制),而代之以价格机制(如关税等)调节的过程。

2. 贸易保护政策

贸易保护政策是指政府广泛利用各种限制进口的措施保护本国市场免受外国商品的竞争,并对本国出口商品给予优待和补贴,以鼓励商品出口。贸易保护政策就是一系列干预贸易行为的各种政策措施的组合,通常简单解释为“奖出限入”的各项措施(见图3-2)。

一般而言,贸易保护政策的目的是扶植本国的民族工业,特别是给幼稚工业一定的发展时期,建立民族工业基础,发展生产力。极端的贸易保护政策是封闭经济体的表现,广泛地限制外国商品的进入,采取排外主义。自由贸易理论认为,贸易保护将导致产业惰性和资源配置的不经济,从而降低效率。

自由竞争资本主义时期的保护主义以保护和发展生产力为目标。这一时期贸易政策的基调是自由贸易,但是,由于各国经济发展水平的不

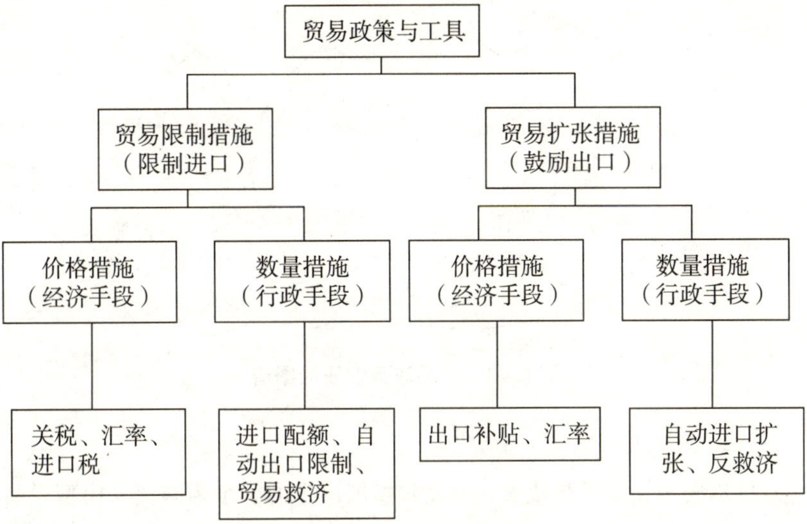

图3-2　贸易政策干预措施体系

同，一些经济起步较晚的国家如德国和美国主张保护国内市场，发展民族资本，促进国内生产力的形成，培育和发展国际竞争力。李斯特和汉密尔顿的保护贸易思想是这一时期保护贸易政策的理论基础。

3.贸易政策的二重性

国际贸易理论的发展史也是一部干预（贸易保护）和反干预（自由贸易）的发展史，在理论的争辩和干预政策的实施过程不断发展、完善，从而形成自由贸易理论和贸易保护理论两大体系。因此，依据国家是否干预贸易，可将贸易政策分为自由贸易政策和保护贸易政策。自由贸易和保护贸易历来是国际贸易理论与政策的两个密不可分的方面，完全的自由贸易和彻底的保护贸易只是纯理论的、或极端的一种抽象存在，而贸易政策的现实世界却是两者某种程度的耦合，同时具备两种性质。从空间上，各种贸易政策的性质分布在以自由贸易和贸易保护为两个极端的连续统（continuum）中间，可以画出这个贸易政策性质的图谱（见图3-3）。

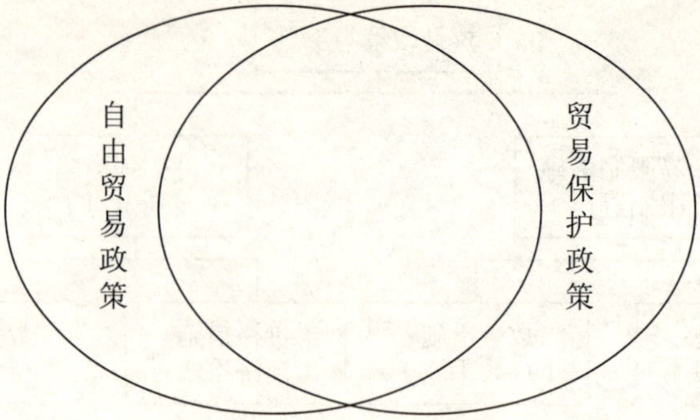

图 3-3　贸易政策性质的图谱

(三)戈莫里—鲍莫尔模型[1]

拉尔夫·戈莫里与威廉·鲍莫尔发展出来的一个两国贸易模型说明了在自由且公平贸易前提下出口国自由贸易和进口国贸易保护的必要性及两者的冲突,该模型也说明了在自由且公平贸易前提下实施贸易救济的必要性。拉尔夫·戈莫里与威廉·鲍莫尔认为,目前,世界经济已经发生了翻天覆地的变化,大卫·李嘉图时代科技发展缓慢,工商业不发达的农业社会已让位于一个以制造品、日新月异的技术变化为特点以及从规模经济中获益的大型企业占主导地位的社会,现在不存在一个单纯基于国家自然优势来实现全球利益最大化的最佳经济结果,取而代之的是由于产业进入困难(高启动成本)与一国生产能力的变化导致的许多可能的稳定结果。在众多结果中,也许有些对一国有利,有些对另一国有利,还有一些对两个国家都有利,但实际情况通常是对一国来说最佳的结果往往对他的贸易伙伴国不利。正是在这个意义上,我们发现国际贸易存在着固有的利益冲突以及贸易争端的广泛发生。下面用图 3-4 来说明这一理论。

假定世界上只由两个国家,A 国和 B 国。图中横轴表示 A 国国民收入占世界收入的份额,左边的纵轴表示 B 国的国民收入,右边的纵轴表示 A 国的国民收入。图中的曲线区域表明随着本国国民收入占世界收入份

[1] 拉尔夫·戈莫里、威廉·鲍莫尔著:《全球贸易和国家利益冲突》,中信出版社 2003 年版。

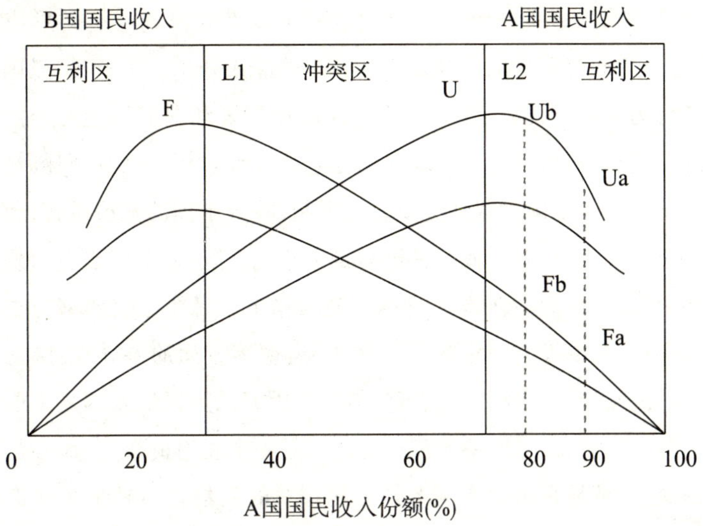

图3-4 国际贸易中两国国民收入比较

额的变化本国国民收入变化的趋势。U线带状区域代表A国的情况,F线带状区域代表B国的情况。

通过分析:那些位于最右边和最左边的均衡对于每个国家都不利。在这些点上,一个或另一个国家占据了太高比例的世界产业,也就是说,两个国家中有一个国家几乎生产全部的产品,而另一个国家几乎什么也不生产。从图中可知,摆脱这种状态能使两个国家都获益,即图中所示的互利区。现在我们来分析图中最重要的区域,也是现实中各个国家通常处于的区域,即图的中间区域。区域内的均衡点使两个贸易伙伴的利益刚好相反,即图中所示的冲突区。很明显,在这个区域提高一国的收入份额通常会使另一国的国民收入减少。事实上,两国相互交叉和反方向的均衡点带状区域表明:一国境况的改善必定使另一国的境况恶化。图中这个较大而又重要的中间区域能够很好地解释目前日益激烈的国际贸易摩擦,特别是传统市场的贸易争端。

(四)贸易政策二重性的具体体现

1. 贸易政策是贸易自由化的必要条件

贸易自由化是指一国政府在对外贸易中,通过立法和国际协议,对人、资本、货物、信息等在国家间的流动,逐渐减少政府的行政干预、放松对外贸易管制的过程。贸易自由化是一个以世界市场经济的形成为前提,以生产社会化程度的提高及社会分工的深入和扩大为背景,以国际经济贸易行为为基础,以实现资源的合理优化配置和获取最佳的经济效益为目的,以政府对贸易的干预弱化为标志的发展过程。从其内涵看,这里的自由化应是一个国际贸易逐步放松限制、减少干预的发展过程,而不是该发展过程的最终结果,或一种绝对自由状态,即国家对进出口贸易不加干涉和限制,允许商品在国家间自由输入输出。只要主权国家与主权观念仍然存在,只要没有消除各国在文化、道德等方面的差异,各国就不可能消除对民族产业、主权安全、国防战略等因素的考虑以及因之采取的保护性措施。所以,消除壁垒实现自由化只是一个相对的概念,而不是一个绝对的概念,贸易自由化事实上是要使相对的贸易自由越来越接近绝对的贸易自由,而不是也不可能实现绝对的自由。当然,当国际社会发展到只有一个"国家"、一个社会已不存在时,就不存在国际贸易壁垒问题。所以贸易自由化虽然是一个必然趋势,各国都会自觉或不自觉地受到这一趋势的影响,但贸易的自由化也是一个渐进发展的过程,不可能一蹴而就。况且,世贸组织关于贸易所追求的宗旨也并不是将贸易中的壁垒全部铲除,而是希望贸易政策"在透明度和逐步自由化的条件下扩大贸易,并作为一种有利于促进所有贸易伙伴的经济增长和发展中国家经济发展的手段"。[1] 可见,在国家利益等限制因素存在的情况下,贸易政策是贸易自由化的手段和必要条件。

2. 贸易政策的保护性质

关于贸易政策的性质,日本学者小岛清用贸易障碍来说明狭义的贸易政策,小岛清的这种理解更强调了贸易政策的保护性质,事实上,贸易保护主义也是与国际贸易的发展如影相随。对外贸易政策从一开始就是本国外交政策和活动的一部分,采用贸易保护主义的对外贸易政策保护本国利益向来受到国家的重视。尤其在第一次世界大战之后,各国贸易保护主义大为泛滥,主要是高筑关税壁垒,导致的严重后果是整个国际经济交往陷入几乎停顿的混乱。GATT 体制的建立,对于消除国际贸易壁

[1] 邓杰:"简析服务贸易的自由化与壁垒保护",载《法商研究》1997 年第 1 期。

垒、推进贸易自由化起了极为重要的作用。在肯尼迪回合、东京回合谈判之后，各国都普遍降低关税，关税基本上不再成为国际贸易中的主要壁垒。然而，大量的非关税壁垒开始兴起，主要是数量限制、海关估价、政府补贴、技术限制等。1994年乌拉圭回合谈判之后，达成的诸多协议对进一步削减关税及减少传统的非关税壁垒提出明确的要求。这样以环保标准、质量标准、技术标准、卫生标准、反倾销等为形式的贸易措施成为逐渐受到重视的新贸易壁垒，具有贸易保护性质。

3. 自由化措施与贸易保护主义的并存性

贸易自由化是贸易的发展趋势，但这并不意味着贸易的自由化措施与保护性措施不会或不能并存。在实现人类理想所追求的绝对自由贸易之前，贸易自由化的措施与贸易保护主义的措施将一直并存下去。各国在不同发展时期，可能会根据不同需要，选择以自由化或保护主义为其主流政策导向。其中，保护性措施是要培养和加强本国参加国际自由化贸易的能力，防止外国损抑本国的国际自由竞争能力，自由化措施旨在消除各国对贸易的国际化发展所设置的障碍，采取有利于贸易正常自由进行的措施。正因如此，各国有可能在贸易的自由化与保护性政策之间找到共同点，达成协议，并使“逐步实现贸易的自由化”成为多边贸易体制所要追求和实现的目标之一，贸易法律的多边化也就相应地成为实现该目标的必然要求和必要途径。[1]

4. 贸易政策二重性是对自由贸易理论的修正和发展

传统的贸易理论主要有以李嘉图为代表的比较利益论和以赫克歇尔与俄林为代表的要素禀赋理论。这两种理论在解释贸易的起因方面非常有说服力。但它们不能解释现实中发生在发达国家间的产业间贸易和发生在跨国公司内部的公司内贸易，不能动态地解释国际贸易中的比较利益的变化，忽略了贸易利益在贸易双方的分配是否合理，等等。保护贸易理论是以自由贸易理论批评者的身份出现的，是对自由贸易理论的补充

〔1〕 陶凯元：《国际服务贸易法律的多元化与中国对外服务贸易法制》，法律出版社2000年版，第39页。

和发展。这种发展主要表现为对传统贸易理论假定前提的修正。[1]

5. 贸易政策的二重性是国际贸易理论与政策贯穿始终的主题

国际贸易理论沿着自由贸易、保护贸易和管理贸易这三大思想轨迹发展演变至今，其理论是非和政策效果都因时代发展而评价不一。几乎所有学派的经济学家都确信，自由贸易要比保护贸易好。就一个国家而言，即使其他所有国家都实行保护贸易，自由贸易仍然是最好的政策选择。但是，有一个重要的例外就是对新兴产业的保护。

尽管经济学界存在支持自由贸易和开放市场的倾向，然而在过去的两个世纪中，贸易限制一直是世界经济的普遍特征。当前，自由贸易和贸易保护之间的矛盾状态还在延续，自由贸易的前景仍然不确定。在21世纪初期，贸易的基础从比较优势变为竞争优势，新的战略贸易理论的含义和其他发展，削弱了贸易自由化的理论基础。贸易越来越渗透到国内经济和国家事务中，贸易问题甚至转移到文化、国家主权和其他难以找到折中办法的复杂问题上。政治上，反对贸易自由化的呼声在许多关注工人福利、环境和人权的团体中越来越高；许多发达国家相信，目前贸易体系的运行对他们不利。所有这些都会阻碍贸易自由化的进步。

贸易保护理论与自由贸易理论是相互对立的，在西方经济学中，自由贸易与贸易保护之争由来已久，并且始终不曾停止过。实际上，自由贸易理论和保护贸易理论并非截然对立，世界各国从来就没有进行过真正的自由贸易，尽管经济学理论中长期存在自由贸易和保护贸易之争，但自由贸易理论哪怕在观念上也没有走向绝对自由，并不排斥必要的保护。

总之，自由放任的贸易政策和保护主义的贸易政策，是两种极端的贸易政策。从实际效果来看，这两种极端的贸易政策，都没有起到很好地维系国家之间正常贸易关系的作用。实行自由放任贸易政策的国家，由于其国内产业很容易受到进口竞争的损害，其自由放任政策往往并不能长

---

[1] 一般认为，传统的自由贸易理论主要有以下几个明确或隐含的假定：1. 各国生产要素在本质上保持不变，在国内可以自由流动，但在国际间则根本不能流动。2. 技术水平固定不变，可自由获取，国际市场上消费者主权占主导地位。3. 规模收益不变，要素市场和产品市场都是完全竞争的，没有不确定性。4. 政府在外贸中不起作用，因此国际贸易在相互竞争的小生产者之间展开。5. 各国贸易总是平衡的。6. 各国的需求偏好相似且保持不变，各国经济发展水平相似。由于上述假定前提的不现实性，因此出现了对上述假定进行修正后产生的各种保护贸易学说。

久地施行。当这些国家的国内产业受到损害时,它们迫于国内有关利益集团的压力,可能很快就转而实行保护主义的贸易政策。实行保护主义贸易政策的国家,因其严格限制外国商品的进口,其本国商品的出口也会受到其他国家的严格限制,它们的对外贸易必将陷入困境。为了克服自由放任贸易政策和保护主义贸易政策的弊端,当代大多数国家已逐渐倾向于实行公平贸易政策。

二、公平贸易政策二重性

继上一章阐述贸易救济与公平竞争原则的关系之后,本章仍然选择公平贸易这个角度来理解贸易救济的性质,是因为公平竞争原则是 WTO 的基本规范,而公平贸易则是公平竞争原则在政策层面的具体化、制度化,因此有必要在该层面进一步理解贸易救济的性质。

(一)多元化的国际贸易主体及其公平贸易观[1]

1. WTO 的自由贸易、公平竞争原则与公平贸易

世贸组织所认可的公平贸易,是从其积极倡导自由贸易和公平竞争原则出发的,世贸组织认为各国发展对外贸易不应该采取不公正的贸易手段进行竞争,尤其是不能以倾销和补贴的方式销售本国的商品。促进公平竞争原则就是要抵制出口补贴和低价倾销产品以获取市场份额等"不公平"贸易行为,进而保证一个竞争性更强的多边贸易体系。世贸组织在这些原则的基础上,形成了一系列具体的维护公平贸易的协定,包括《反倾销协议》《补贴与反补贴措施协议》《保障措施协议》。这些协定是一种规定其各成员政府在制定与实施国际贸易立法和规章方面的具体权利和义务的国际条约,它们要求各成员接受有关其贸易政策的各种规则,而不是接受任何特定的贸易政策。

2. 发达国家的公平贸易政策

发达国家在对待公平贸易问题上,一般认为公平贸易政策能够使本国企业获得公平的竞争地位。美国前总统卡特认为"自由贸易也必须是

---

〔1〕 王世春:"论公平贸易",载杨圣明主编:《中国对外经贸理论前沿》,社会科学文献出版社 2006 年版。

公平的贸易”,前总统克林顿进一步提出“在国际市场上坚持把进行公平贸易作为扩大贸易的国家经济战略的一部分”从而彻底完成了美国贸易政策从自由贸易向公平贸易的转变。小布什上台之后,大体承袭了以前的公平贸易政策。

美国在1988年的《综合贸易和竞争法案》中最早提出了“公平贸易”的原则,认为美国的贸易伙伴的不公平贸易行为使美国的贸易状况恶化,因而这些贸易伙伴应该在支持更开放的贸易制度方面负有重大义务。此外,在公平、平等的竞争条件下,美国的企业具有足够的同任何外国企业进行竞争的能力,这是公平的贸易。当这些条件消失时,就成为不公平的贸易,美国将有义务维护公平贸易的环境。

3. 发展中国家的公平贸易政策

发展中国家所采用的公平贸易政策,通常将其看作贸易保护的一种手段,至少是在很大程度上起到了非关税壁垒的作用。但是很少有国家将公平贸易政策完全否定,马来西亚前首相马哈迪尔甚至曾公开提到了公平贸易的重要性,他认为公平贸易比自由贸易更为重要,因此较贫穷的国家有权利保护本身的“小生意”,直到能够与大国竞争为止。公平贸易可以是自由的,但自由贸易不一定会公平。

大多数发展中国家同样反对不公正地实施公平贸易措施。中国就将国外不公正地实施反倾销等措施、贸易救济调查程序不透明以及针对中国出口产品滥用所谓“非市场经济”方法列入了贸易壁垒范畴。另外,许多发展中国家则频繁地借公平贸易之名,行贸易保护之实。根据世界贸易组织统计,采取反倾销措施的国家一直以经济发达国家为主,但20世纪90年代以来,一些发展中国家也开始积极尝试使用反倾销手段,如南非、印度、巴西、阿根廷、韩国等,都较多地启动了反倾销调查程序。

(二)公平贸易理论的二重性

1. 公平贸易的自由观和公平观

GATT专家杰克逊认为诸多不公平贸易做法被视为不公平,是因为它们干扰或扭曲了自由市场经济的原则,公平贸易就是要消除这种干扰和扭曲。国内许多学者也持有这种观点,曲建忠认为公平贸易是指在支持开放性的贸易政策的同时,以寻求“公平”的贸易机会为主旨,倡导贸易中的“对等”与“公平”原则，具体表现为进入市场的机会均等、贸易限制对等以及竞赛规则的公平、贸易行为的公平等。[1] 黄进则认为，在自由贸易的基础上，以追求公平为手段，促成多双边贸易政策的一致，是公平贸易这个概念最基本的含义，即美国人创造这个概念的原意。[2]

公平贸易政策是指世界各国在国际贸易活动中共同遵守有关的国际规则，相互提供对等的、优惠的贸易待遇。它要求世界各国必须共同摒弃传统的保护贸易政策，转而实行自由贸易政策，必须相互向他国开放本国的市场。一国如果实行保护贸易政策和封闭本国市场，就属于不公平的贸易行为，必将引起他国运用公平贸易政策进行制裁和报复，从而意味着最终将失去他国的市场。而狭义的公平贸易政策是指一国或地区利用贸易政策手段来反对他国特定的不公平贸易行为。这里的不公平贸易行为主要包括两个方面：倾销和补贴。狭义的公平贸易政策主要是反映反倾销政策和反补贴政策。

2. 公平贸易的保护观

与前面的观点相对立的一种观点，是将公平贸易及其政策看成保护主义的行为和措施。巴格瓦蒂认为关于不公平贸易的争论已成为美国政治生活的重要部分，这无形中增强了保护主义，因为实质上任何同他国之间的不平衡都可以被称为不公平贸易。[3] 决策者们已用各国国内政策和制度的不对称来定义不公平贸易。公平贸易政策已成为贸易保护的手段。吉尔德认为，美国公平贸易法的本意是要阻止外国销售商在本国反竞争性地或掠夺性地定价和销售。即如果外国出口商为美国制定的价格要比其国内低，那么美国法律就允许美国当局进行报复。因此，政策制定者们为“纠正”他国的“不公平”贸易行为而发展了灵活的贸易保护主义。[4] 马丁·弗尔德斯坦在其主编的《20世纪80年代美国经济政策》一书中，认为“诞生于70年代的美国公平贸易行动主义在80年代抬头，并

---

[1] 曲建忠：“论当今国际贸易中的不平等交换”，载《世界经济与政治论坛》2004年第5期。

[2] 黄进：“公平贸易评析”，载《中国经贸导刊》2001年第9期。

[3] 贾格迪什·巴格瓦蒂：《现代自由贸易》，中信出版社2003年版。

[4] 乔治·吉尔德：《微观世界：经济和技术方面的量子革命》，西蒙·舒斯特出版社1989年版。

日趋成熟”。[1]

国内的许多学者也持有类似的观点，认为工业国家越来越倾向于打着“公平贸易”的旗号，使用反补贴，尤其是反倾销这些补救性的贸易保护措施。反倾销、反补贴等所谓的“公平贸易”，正日趋成为一种贸易保护主义新的攻击性武器。“公平贸易”中的“公平”不同于关税减让幅度上的对等原则，而是要求各国在保护程度上对等。由于不同国家之间的保护程度上存在着差距，而且短期内很难改变，因此发达国家很容易找到对发展中国家实施公平贸易政策的借口，并以此进行贸易保护。张元智认为欧美等发达国家及一部分新兴工业化国家频繁动用反倾销等公平贸易措施限制进口，实际上已经将反倾销措施作为限制外国商品进口，保护国内产业的一种得心应手的贸易保护手段。[2] 梅育新认为美国的公平贸易政策中带有很强的单边主义倾向，1994 年克林顿政府发布的《关于贸易壁垒的全面贸易评估报告》，点名列举了 35 个国家/地区和 4 个贸易集团的所谓“不公平贸易行为”，美国的所有主要贸易伙伴无一幸免。美国实质上是在公平贸易的政策下，进行贸易保护。[3] 张建新认为美国在介于自由贸易和保护主义之间的中间地带制定的“公平贸易”法案，其实并不公平，其中包藏着保护主义，因此可以称之为新保护主义。[4]

具体到一国实际的时候，公平贸易的性质与其作用的对象有密切的关系，表 3－1 表明，当公平贸易应对出口促进问题时，具有自由贸易的性质，并以自由贸易为导向；当公平贸易应对进口保护问题时，具有贸易保护的性质，并以贸易保护为导向。

表 3－1　公平贸易政策的二重性

目的	维护公平、公正的国际贸易环境，融合国内外两个市场	
对象	出口	进口
手段	出口促进	进口保护

〔1〕 马丁·弗尔德斯坦：《20 世纪 80 年代美国经济政策》，经济科学出版社 2000 年版。

〔2〕 张元智：“国际贸易领域反倾销措施合理性的探讨”，载《西安电子科技大学学报》（自然科学版）1999 年第 3 期。

〔3〕 梅育新：“从‘自由贸易’到‘公平贸易’”，载《世界经济研究》2003 年第 12 期。

〔4〕 张建新：“美国的战略性贸易政策”，载《美国研究》2003 年第 1 期。

续表

目的	维护公平、公正的国际贸易环境,融合国内外两个市场	
目标	为出口创造公平的贸易秩序和环境	确保国内产业安全和国家经济安全
内容	应对国外发起的反倾销、反补贴、保障措施调查	发起进口反倾销、反补贴、保障措施调查
性质	自由化	保护主义
形式	以自由贸易为导向[a]	以贸易保护为导向[b]

注:a 见图 3-5,公平贸易作为自由贸易与贸易保护的折中,以实现自由贸易为目的;b 见图 3-6,公平贸易考虑到自由贸易,但以实现贸易保护为目的。

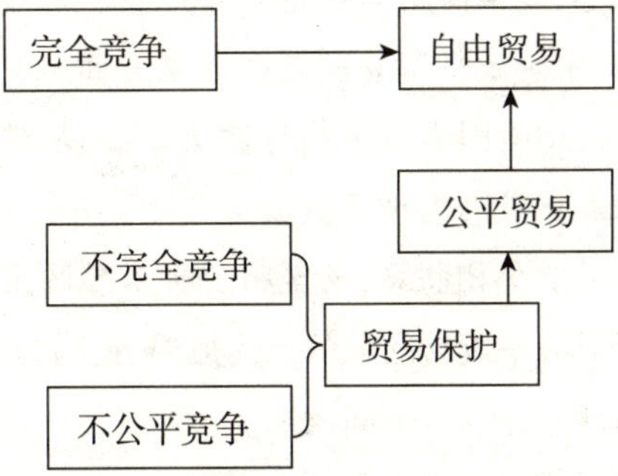

图 3-5　以自由贸易为导向的公平贸易

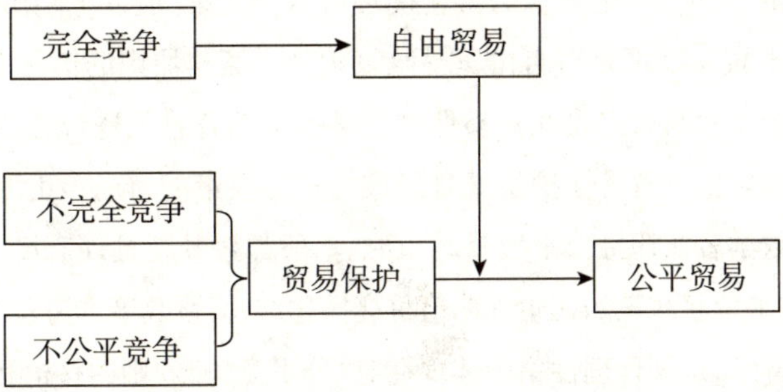

图 3-6　以贸易保护为导向的公平贸易

3. 公平贸易的客观性与主观性

国内外学者之所以在公平贸易问题上有两种极其相反的观点,原因在于虽然公平贸易的实质是合理性问题,具有一定的客观标准。但判定是否是公平贸易具有很强的主观性,实质上存在着不同的价值判断,所以,主观性决定了不同主体选取的客观标准必然存在着差异。此外,各国对公平贸易和非公平贸易的定义以及执行公平贸易政策的尺度,也带有主观性,例如在市场经济与非市场经济地位的判定、替代国的选择问题上,公平贸易政策的实施国有很强的自主性。从最初针对国际贸易中因为政府参与而出现的不公平贸易行为,发展到现在被广泛用来要求对等开放市场,公平贸易的推动者往往以一种受害者的身份出现并进行贸易保护,有时已超过公平贸易行为的本身。在美国,公平贸易甚至已上升到一种在国际市场上斗争的策略。美国在不同时期,针对不同市场竞争需要和不同的竞争对手,经常使用不同的策略。此外,目前国内对公平贸易问题的研究,主要集中于公平贸易问题的一个方面,如反倾销领域,对于反倾销的性质、意义、影响因素等分析比较集中,而从整体上对于公平贸易的研究还很欠缺。正是因为现有的研究主要集中于反倾销,因此很容易将公平贸易与贸易壁垒相联系,甚至将公平贸易政策看成一种贸易壁垒。这显然不利于对公平贸易问题的总体把握,正因为上述的诸多原因,对于公平贸易的内涵才存在着不同认识。

(三)公平贸易政策的二重性

目前,公平贸易政策已在国际贸易领域产生了广泛的影响,但对其评价却是褒贬不一的。笔者认为要正确理解这一政策,应追本溯源。

1. 公平贸易政策是对自由贸易政策中公平竞争原则的借鉴和吸收

由于公平贸易政策是在贸易保护主义抬头的背景下登台亮相的,借用公平贸易旗帜推行贸易保护主义日渐成为贸易政策的时尚。正因如此,理论界大多数学者在评价公平贸易政策时,一般都对其持批评态度。笔者认为,虽然公平贸易政策的诞生并非值得褒扬称颂,但该政策本身蕴含的合理性应予以肯定,这种合理性集中体现在对“公平竞争”原则的移植和吸收。

首先,“公平竞争”是竞争政策的追求目标和基本原则。市场竞争是市场主体(企业)之间争夺市场交易机会的活动。而竞争法或竞争政策则是指各国为规范企业的竞争行为而制定的一套规则和纪律。竞争政策与贸易政策的主要不同点在于:竞争政策主要关注“边境内的问题”,着重消除的是国内市场上私人部门限制竞争的因素,因此其目前一般只适用于国内贸易。而贸易政策关注的是“跨境交易”，主要侧重于促进对外贸易的发展、对受到损害的本国产业提供法律救济、逐步削减贸易壁垒措施，着力消除国际贸易中的差别待遇等，适用于国际贸易。

其次，“公平贸易”是“自由贸易”与“公平竞争”相结合的产物。“自由贸易”是各国经济学家所普遍推崇的贸易政策。但“贸易自由”与“贸易保护”并非完全相悖，放任的“贸易自由”可能会导致贸易秩序的混乱，对进口国产业造成损害，也背离了“公平竞争”原则，在这种情况下，进口国必然要采取贸易干预政策，以约束放任的“自由贸易”，但贸易干预政策的滥用势必弱化和损害“自由贸易”。因此有人戏称，“贸易保护”的幽灵始终伴随着“自由贸易”，形影相随，难以分离。所以，“自由贸易”永远只是一种理想的模式，当前的国际贸易不可避免地需要国家及政府的干预。从“公平”角度出发，对国际贸易进行适度的干预，将“自由贸易”限制在一定的范围内的构想，在理论上是具有合理性的。因为国际贸易活动作为跨国境的商业行为，商业竞争贯穿于国际贸易活动始终，既然公平是市场竞争的基本法则，那么适用于国内贸易的公平竞争原则，理应适用于国际贸易，以规范国际贸易中存在的种种歧视和不公平行为。

毋庸置疑，“公平贸易”政策由此获得了足够的理论支撑及存在、发展、完善的理论空间。它以“自由贸易”政策为基础，同时吸纳了公平竞争原则的要求，在支持开放性的贸易政策的同时，以寻求“公平”的贸易机会为主旨，倡导贸易中的“对等”与“公平”原则，并具体表现为进入市场的机会均等、贸易限制对等以及竞赛规则的公平、贸易行为的公平等。

2. 公平贸易政策常常成为贸易保护主义的一个借口

自20世纪70年代以来，一批新兴工业化国家的崛起，在一些产业上构成了对发达国家，特别是对美国的威胁，GATT多边贸易体制下不断扩大的货物贸易自由化也给美国带来巨大的竞争压力，导致美国在世界经济中的相对优势地位不断下降，而美国的贸易环境也出现了急剧恶化的态势。对此，美国保守的经济学家认为，美国国际竞争力的下降是由于其他国家政府对经济活动的过度干预造成的，是外国政府和企业不公平的贸易政策抢走了美国厂商的市场份额和利润。为此，美国对国际贸易政策做大幅度的调整，但却不能不要自由贸易这面旗子，于是“公平贸易”一说便应运而生。

1974年通过《贸易改革法》，是美国贸易政策的一个重要的转折，即开始从标榜"自由贸易"转向强调"公平贸易"。20世纪80年代中期以来，美国的贸易政策更加强调对等开放市场，平等竞争、双边互惠的"公平贸易"，对他国给予选择性的对等措施，即除非他国市场对美国作相应程度的开放，否则美国市场也不对该国货品开放。1988年通过的《美国贸易和竞争综合法》则是"二战"后美国一直奉行的自由贸易政策开始向公平贸易和战略性贸易政策转变的一个明确的转折点。该法案要求美国贸易代表将其他国家不公平贸易做法记录在案，每年5月末向国会提交有关报告。该法还授权美国贸易代表，一旦未能通过谈判要求相关国家改变受到指控的不公平贸易做法，可以对这些国家单方面采取制裁措施。

自此以后，美国贸易政策及其意识形态开始由自由贸易主义退守到贸易保护主义，由全球主义退守到区域主义，由多边主义退守到单边主义，这一退守不仅仅是贸易政策的转移，也是美国面对国际竞争力下降不得不作出的选择。因此，从公平贸易政策产生的过程可以看出，其出台的实质是被作为了一种贸易保护的借口。

（四）公平贸易政策类型的二重性

1. 公平贸易政策的类型

依据不同规则的层次，我们可以把公平贸易政策区分为两类：

（1）基于国际规则的公平贸易政策

基于国际规则的公平贸易政策实行的是"基于国际规则"（international rule-based）的标准，即以是否遵守国际公认的贸易规则为标准。"基于国际规则"的标准具体分为三类：第一类是乌拉圭回合谈判达成的最终协议，即全部世界贸易组织规则，这一类规则体现了国际一致同意原则，不需要作出任何解释；第二类是与世界贸易组织无关的国际协定，它包括某些专门领域的多边协定（如关于保护专利权的《巴黎公约》）和国家之间达成的双边条约（如《日美商业和航行友好条约》）；第三类是国际法的基本原则，这些原则尽管没有形成正式的国际协定，但对所有国家都具有约束力。基于国际规则的公平贸易政策强调，世界各国的公平贸易政策必须遵循国际公认的规则，不是本国自己的规则，任何国家的公平贸易政策都必须同国际公平贸易规则相一致,不得超越于国际公平贸易规则之上。

把"基于国际规则"作为判别不公平贸易行为的标准,其意义是非常重大的。"基于规则"的标准为世界各国判别不公平贸易行为提供了客观、公正而又简便的标准,凡是违反国际规则的行为均属于不公平贸易行为,而一切不违反国际规则的行为都不能视为不公平贸易。遵循这一标准,可以避免一国依照某种借口任意滥用公平贸易政策,尤其是把本国的公平贸易政策强加于他国的做法。

(2)基于单边规则的公平贸易政策

与基于国际规则的公平贸易政策相反,基于单边规则的公平贸易政策实行的是"基于单边规则"(unilateral rule-based)的标准。基于单边规则的公平贸易政策在判定不公平贸易行为和实施公平贸易行动时,依据的不是公认的国际规则,而是本国的标准。因此,即使其目的是公正的,但由于所依据的规则不是国际规则而是本国的规则,是把本国的规则强加于他国,明显违背了国际规则中禁止单边措施的规定。而且,由于所依据的本国规则往往偏向本国的利益,缺乏客观和公正,导致公平贸易政策的滥用。

实行基于单边规则的公平贸易政策的最典型例子,是以"基于结果"(result-based)的标准来判定不公平贸易行为。"基于结果"的标准是指以贸易结果(主要是逆差或顺差)作为判定不公平贸易的标准。某些存在大量贸易赤字的国家、国内某些产业受到冲击的国家或希望向某些具体国家扩大出口的国家往往使用这一标准。例如,美国经常借口日本、亚洲新兴工业化经济、中国对美国的大量贸易出超而指责这些国家或地区存在不公正的贸易行为。"基于结果"的标准是非常不客观和不公正的。

2. 公平贸易政策具有明显的二重性或两面性

(1)基于单边规则的公平贸易政策属于贸易保护主义的范畴

不管这种公平贸易政策的结果是否公平,它所依据的标准本身就是背离国际规则的,是一种破坏和践踏国际规则的政府干预贸易的行为。从实践来看,基于单边规则的公平贸易政策的目的实质上是保护本国的利益,结果也往往是不公正的,导致公平贸易政策的滥用,妨碍了世界贸易的正常开展。这种公平贸易政策确属于保护主义的范畴,是同自由贸易政策格格不入的。

基于单边规则的公平贸易政策的危害性是非常严重的。首先,基于单边规则的公平贸易政策所依据的标准往往缺乏客观性和公正性,将给受所谓不公平贸易行为指控的国家带来严重损害,妨碍国际贸易的正常开展。其次,基于单边规则的公平贸易政策所认定的本国经济所受到的损害往往是虚假的,因此,公平贸易政策的实行实质上是无效劳动。不仅如此,公平贸易政策的实行还要支出大量的行政成本,同时增加本国消费者的负担,并因为保护本国的落后产业而带来生产效率的损失。最后,基于单边规则的公平贸易政策所遵循的标准是本国自己的标准而超越国际公认的标准,这将对多边贸易体制构成严重挑战。如果每个国家都无视国际标准而把自己的标准强加于人,那么,整个多边贸易体制就必然面临崩溃的危险。

(2)基于国际规则的公平贸易政策属于自由贸易政策的范畴

基于国际规则的公平贸易政策的目的是“履平竞技场”和维护国际贸易规则,为各国的自由贸易提供一个公平竞争的环境。公允地讲,从战后公平贸易政策的复兴过程来看,新兴工业化国家和地区对发达国家所构成的威胁,固然可以在很大程度上归因于这些国家的经济发展和竞争力的提高,但它们一般也都采取了贸易保护主义的做法。这既违背了国际贸易规则,也给“守规矩”的其他国家造成了损害,对于后者来说自然是不公平的。如果世界各国都竞相违反规则,对外大量倾销而同时封闭本国市场,正常的国际贸易活动就不可能进行。

基于国际规则的公平贸易政策要求,世界各国公平地在越来越自由的贸易政策上实现均衡,而不是促使各国“公平地”走向保护贸易政策。公平贸易政策的本质是贸易双方相互给予对方以互惠待遇,在多边贸易谈判中实行对等的贸易自由化措施,其结果必然是全球范围内自由贸易政策的实现。当然,由于各国经济发展水平的差异,尤其是发展中国家和发达国家之间的差距,要求各国完全对等地采取贸易自由化的措施是不现实的,这本身就是不公平的。事实上,基于国际规则的公平贸易政策并不要求不同发展水平的国家之间实行完全对等的贸易自由化,而是给予发展中国家一定的优惠和差别待遇。这一点在新的多边贸易体制中已经得到了充分的体现。但是,这并不等于说发展中国家就可以不遵守公认的国际贸易规则,就可以采取规则所不允许的带有保护色彩的贸易政策。

总之,我们认为不能把公平贸易政策一概斥为贸易保护主义的行为,而应该全面客观地认识公平贸易政策的性质,既要认识其保护性的一面,又要明确其自由性的一面,以便在实践中弃恶扬善,更好地为国际贸易的发展服务。

第四章　贸易救济的自由贸易性质

本章继续论证贸易救济的性质,把论证的角度放在贸易救济二重性的自由贸易性质方面,我们的探讨内容包括贸易救济制度所遵循的自由与公平理念,贸易救济与贸易自由化的关系,贸易救济与公平贸易的关系以及贸易救济促进自由贸易的理论基础。

一、贸易救济的自由理念与公平理念

竞争是市场经济的必然产物。它促进资源的优化配置,是生产发展的原动力和社会进步的推动器。竞争的必要条件是“自由”。古典经济学家对于自由贸易的根本性和重要性的论述为我们理解国际贸易中的“自由”提供了理论基础,但他们忽略了两个问题。一是其理论构架在完全就业和充分市场竞争的静态假设之上,描绘的是一个完全开放的、各种资源在全球范围内自由流动的蓝图。这种假设在现实中并不存在。二是他们将刺激国际贸易发展的自然条件和社会经济条件等各种因素视为孤立存在、不依附于任何社会制度的,因此要求完全无国家干预的状态。这种绝对化的自由贸易只是一种极端理想模式。现实中,国家的存在才是国际贸易的依托。国家之间的互相牵制使得国际贸易表现为在国家和政府一定干预下的互利互惠的贸易往来,并在此条件下最大限度地实现资源合理配置,增进各国福利，提高人民生活水平。这才是现代国际贸易中的“自由”，而不是完全理想化的不受任何约束的“自由”。补贴与反补贴正是在针锋相对，各受规制又相互规制中体现此“自由”精神的。

“公平”是竞争中所体现的一种正义观，是市场经济内在的道德要求。公平竞争应当表现为等价交换和互利有偿。倾销、补贴在严格意义上的完全竞争条件下是不容许存在的，因其扰乱了正常市场规律，使市场不能反映正常的价值结构，实为一种“不正当竞争”。但是现实世界市场经济中存在的绝大多数都是不完全竞争条件。根据保罗·克鲁格曼等国际贸易理论家对于不完全竞争模式动态均衡的合理性论证，在不完全竞争条件下，补贴与反补贴构成一种“合理存在”。“公平”表现为一种动态的平衡，即在调衡和失衡的过程中达到相对公正。此时，对于补贴的规制、对于反补贴的规制、补贴与反补贴的相互制衡也就体现了一种竞争的公平性。这里还须从发达国家与发展中国家相互竞争中应有的实质公平来理解竞争中的“公平性”。由于历史和现实的种种原因，发展中国家与发达国家在经济实力上有很大差距，二者处于不同起跑线上。若要求形式上的“公平”，将二者置于相同条件下竞争，势必导致实质上的不公平。为了实现实质平等和真正互利，纠正国际分配的不公，应对发展中国家适用差别待遇。这点已经为国际社会所认可，WTO 规则中对发展中国家的“差别和优惠待遇”条款就是集中体现了在补贴与反补贴问题上同样也应对发展中国家实行特殊和差别待遇，以实现实质公平的国际贸易。

因此，自由贸易与公平贸易的辩证运动，只有达到一种综合平衡，才既合乎自由贸易的基本精神，又符合公平竞争的基本宗旨。

当今世界上，国家之间贸易利益的相互依存，使各国市场由封闭逐渐转向开放，国际贸易也因此而出现了自由化的趋势。由于自由贸易在促进各国经济发展的同时也可能使有关国家的国内产业受到不公平贸易行为或措施的损害，有关国家在不背离自由贸易政策的前提下为受到损害的国内产业提供适当的救济，通过立法形式确立了贸易救济制度。因此，贸易救济贯穿了两个基本理念：一是自由理念，即贸易救济必须有利于促进国际贸易的自由化；二是公平理念，即贸易救济必须有利于保障不同国家之间的公平贸易。

二、贸易救济与贸易自由化

保罗·萨缪尔森和威廉·诺德豪斯指出:"'二战'后,世界各地的政策制定者都坚信自由贸易对世界繁荣是必需的,这种信念转化为几个成功的降低关税的协定。"[1]此话虽针对关税而言,却道出了世界各国促进国际贸易自由化的信念。在国际贸易自由化背景下,贸易救济之所以被确立为一项重要的贸易法律制度,也是因为各国坚信,确立贸易救济制度不但不会阻碍国际贸易的自由化,而且有利于各国自由贸易政策的长久施行。因此,无论是贸易救济的制度设计,还是贸易救济的具体实施,都应当符合促进国际贸易自由化的理念,而不应当成为国际贸易自由化的障碍。

贸易救济与国际贸易的自由化有着密切的关系,它既是国际贸易自由化的产物,又对国际贸易自由化起着重要的保障作用。贸易救济的制度设计和具体实施,都应当符合促进国际贸易自由化的理念。

(一)贸易救济是国际贸易自由化的产物

国际贸易的自由化,经历了一个漫长的发展过程。在最早的西方社会,人们对对外贸易,甚至对贸易行为本身几乎都持否定的态度。如古希腊哲学家亚里士多德(前 384 ~ 前 322 年)在其《政治学》中认为,在贸易中用金钱交换牟取利益是一种违背自然规律的行为,理应被轻视。古罗马的哲学家和政治家们也认为,商人低价购进,高价售出,不改变商品的本质而牟利,是一种低俗的职业,有损一个优秀公民的尊严。直到奴隶社会后期,古希腊和古罗马对贸易的态度才趋于宽容。到了中世纪,神学家们虽然主张国内贸易应当优先于国外贸易,但他们已认可贸易行为的合法性,并承认对外贸易对社会有益。[2] 15 ~ 17 世纪,重商主义的经济理论在欧洲各国占据统治地位,并影响着欧洲各国的贸易政策。[3] 该理论认为,货币(黄金、白银)是财富的唯一形态,国家要强盛,就必须积累财富

---

〔1〕 保罗·萨缪尔森、威廉·诺德豪斯著:《经济学》(第 16 版),萧琛等译,华夏出版社 1999 年版,第 571 ~ 572 页。

〔2〕 黄东黎:《国际贸易法》,法律出版社 2003 年版,第 4 页。

〔3〕 罗丙志:《国际贸易政府管理》,立信会计出版社 1999 年版,第 5 页。

即增加本国的货币量。为达到这一目的,国家除了积极从事金银的开采以外,还必须大力发展对外贸易,并在对外贸易中尽量减少外国商品的输入,尽量增加国内产业产品的输出。在该理论的影响下,当时欧洲各国普遍实行了“限进奖出”的贸易保护主义政策。以英国为例,当时英国贸易保护主义政策的主要内容就有:国家垄断对外贸易,独立进行对外贸易;征收保护性关税,以限制外国商品的进口;在殖民地经营独占性贸易和海运,使其成为本国原料的供应地和本国制成品的出口市场;实行谷物法,限制谷物进口;实行航海法,规定一切运往英国的货物必须由英国船只或原出口国船只运输;鼓励外国技工移入,限制本国技工外流;鼓励人口出生,以增加劳动力等。[1] 在重商主义时期,虽然补贴和倾销行为已大量存在,但由于外国产品的输入受到关税和各种非关税措施的严格限制,外国产品的进口未对国内产业构成威胁,有关国家并不需要对国内产业进行贸易救济。

18 世纪以后,自由贸易思想在法、英等国逐渐形成。法国的布阿吉尔贝尔(Pierre Le Pesant de Boisguillebert)、魁奈(F. Quesnay),英国的尼古拉斯·巴尔本(Nicholas Barbon)、诺斯(Dudley North)、休谟(David Hume)、马西(Joseph Massie)、斯图亚特(James Denham Steuart)、亚当·斯密(Adam Smith)、大卫·李嘉图(David Ricardo)等众多经济学家,都从不同的角度对限制外国商品输入的做法进行了抨击,并提出了自由贸易的主张。如英国古典经济学家亚当·斯密竭力反对政府对经济生活的干预,他认为,要增加国民财富和增进社会的公共利益,最好的经济政策就是给私人的经济活动以完全的自由,任其自由发展。[2] 受自由贸易思想的影响,加之资本主义经济的发展迫切地需要更加广阔的国际市场,在自由资本主义时期,一些已完成资本原始积累的国家实行了自由贸易的政策。但是,这种自由贸易政策实行的时间并不长久。资本主义进入垄断以后,贸易保护主义政策重新抬头,关税和非关税贸易壁垒又构成了对外国商品进口的严格限制,这种情况下,各国仍不需要设立专门的贸易救济

---

〔1〕 周丽亚:《国际贸易理论与政策》,中国财政经济出版社 2002 年版,第 158 页。

〔2〕 亚当·斯密:《国民财富的性质和原因的研究》(F 卷),商务印书馆 1974 年版,第 27 ~ 29 页。

制度对国内产业进行救济。事实上,在第一次世界大战以前,世界上只有英国的四个附属国即加拿大、澳大利亚、新西兰和南非联邦制定了反倾销立法,并且,这四个国家的反倾销立法在很大程度是受到其宗主国英国的怂恿,其立法目的也主要是为了配合英国反击新兴的美国和德国对市场的争夺,而并非为了保护其本国的国内产业,因为在当时,上述四国的本地生产尚不能满足其市场的需要。[1]

第一次世界大战以后,各资本主义国家逐渐放宽了战时实施的外贸限制,恢复了自由贸易政策,进口关税有所降低。在此背景下,20 世纪 20 年代初,又有包括美国和英国在内的 10 多个国家先后制定了反倾销立法。但随后频繁爆发的经济危机迫使资本主义国家再度实行贸易保护主义政策,以至于有关贸易救济的立法在第二次世界大战以前未有明显进展。

"二战"以后,随着原关税和贸易总协定(GATT)多边贸易体制的形成,国际贸易的自由化不仅进程加快,而且得到了国际多边体制的保障。从理论上讲,国际贸易自由化所形成的市场开放,将导致进口的增加,而进口增加所形成的竞争,不但可以促使国内产业提升其效率,亦可使消费者以较低廉的花费获得较多且较佳的选择,所以,国际贸易的自由化对实行自由贸易政策的国家而言,应属有利之事。[2] 但是,国际贸易的自由化也使实行自由贸易政策的国家面临一个现实的难题,即它们的国内产业,可能因为进口数量的大量增加或者不公平的进口竞争而受到损害。这一难题如果得不到解决,有关国家自然不愿意长久地实行自由贸易政策,因为它们无论如何也不会牺牲自己的国内产业来换取贸易的自由。

为了减轻国际贸易自由化对有关国家国内产业的损害,GATT1947 第 6 条和第 19 条允许各缔约方在不违背自由贸易原则的前提下,采取适当的措施以防止或补救进口产品对其国内产业的损害。[3] 至此,贸易救济得到了多边国际贸易协定的认可。为了统一有关国家在贸易救济问题

[1] 沈瑶:"倾销与反倾销的历史起源",载《世界经济》2002 年第 8 期。

[2] 罗昌发:《美国贸易救济制度》,中国政法大学出版社 2003 年版,第 52 页。

[3] 1947 年《关税和贸易总协定》第 6 条规定了"反倾销税和反补贴税",第 19 条规定了"对某些产品进口的紧急措施"(即保障措施)。

上的做法,原 GATT 缔约方于 1967 年在日内瓦签订了《关于实施关税和贸易总协定第六条的协定》(以下简称 1967 年《反倾销守则》),1979 年又在东京签订了另一个《关于实施关税和贸易总协定第六条的协定》(以下简称 1979 年《反倾销守则》),对反倾销问题作出了具体的规定。1994 年乌拉圭回合谈判结束时,原 GATT 缔约方又签订了包括《关于实施 1994 年关税和贸易总协定第六条的协定》(以下简称《反倾销协议》)、《补贴与反补贴措施协议》和《保障措施协议》在内的一揽子多边贸易协定。1994 年签订的有关贸易救济的协定,进一步完善了贸易救济的国际法律规则,并已成为 WTO 多边贸易规则的重要组成部分。自 GATT 倡导国际贸易自由化以来,特别是自 1995 年 WTO 成立以来,随着国际贸易自由化进程的不断推进,贸易救济制度已被越来越多的国家纳入其国内法律体制,其内容也比以前任何时候都更加完备。

由以上论述可以看出,如果没有国际贸易的自由化,贸易救济制度就没有存在的必要,因此,贸易救济是为了适应国际贸易自由化的要求而产生和存在的一项制度。

(二)贸易救济对国际贸易自由化的保障作用

将贸易救济视为贸易保护主义的人认为,贸易救济的目的只是为了保护国内产业,基于此种认识,他们自然会得出这样一个结论:贸易救济对国际贸易自由化只具有阻碍的作用,而不可能具有保障的作用。笔者认为,这个结论是值得商榷的。贸易救济"虽然以限制进口方式为之,但其制度之设计,并非为逐行保护主义的目的"。[1] 从某种意义上讲,贸易救济制度的存在,对国际贸易的自由化起着重要的保障作用。

在漫长的历史岁月中,大多数国家的对外贸易,主要是在贸易保护主义政策下进行的。虽然其间也有国家选择自由贸易政策,但这种自由贸易政策实施的时间却十分短暂。比如,英国在 15 世纪至 19 世纪初都实行重商主义的贸易保护政策。19 世纪中叶,随着英国工业资产阶级经济和政治实力的壮大,英国逐渐废除了高关税保护措施,并自 19 世纪 60 年代开始实行自由贸易政策。然而英国的自由贸易政策实施是短暂的。

---

〔1〕 罗昌发:《美国贸易救济制度》,中国政法大学出版社 2003 年版,第 52 页。

1880年以后,英国经济相对衰落,后起的德国和美国经济增长迅速超过了英国。德国产品大量输入英国,使英国的产业受到了威胁,因此,在19世纪90年代,英国为了抵制和限制德国产品的进口,又转而实行贸易保护主义政策。[1] 再从美国贸易政策的发展史来看,美国获得独立以后,1791年代表新兴资产阶级利益的第一任财政部部长亚历山大·汉密尔顿(Alexander Hamilton)提出了保护幼稚工业的政策,并提高关税以限制外国产品进口。后来,由于这种贸易保护主义政策遭到南方庄园主的强烈反对,美国不得不降低关税。“南北战争”以后,工业资产阶级取得胜利,美国为了维护工业资产阶级的利益,又将关税一再提高,直至19世纪30年代初,美国的进口关税都居高不下。1934年美国总统富兰克林·罗斯福(Franklin Roosevelt)上台执政,实行新政,制定了《互惠贸易协定法》(Reciprocal Trade Agreement Act of 1934),又提出了多边主义和自由贸易的主张。[2] 其他国家外贸政策的发展史,也和英美相似,都按“保护—自由—保护”的模式循环着,并且,贸易保护主义政策的周期,通常都长于自由贸易政策的周期。

是什么原因使得原来实行自由贸易政策的国家在其国内产业受到损害或损害威胁时毅然走向另一极端去选择贸易保护主义政策,而不继续坚持实行自由贸易的政策?也许有人认为那是因为它们贸易保护主义思想作祟的结果,但笔者认为还有一个不可忽视的原因,那就是它们除了选择贸易保护主义政策以外,别无他法使其国内产业免受损害。也就是说,如果有一种特殊的制度设计能够发挥类似于“调节器”的功能,使这些国家不背离国际贸易自由化的基本要求也能减轻其国内产业受到的损害,则它们仍然可能继续实行自由或者比较自由的贸易政策,而不会选择极端的贸易保护主义政策。而贸易救济制度便能够发挥这种“调节器”的功能。有了这一制度,当实行自由贸易政策国家的国内产业受到国际贸易的损害或损害威胁时,该国便可以在不过分背离自由贸易政策的情况下,通过贸易救济防止或补救国内产业受到的损害,而不必采取极端的贸易

[1] 王俊宜、李权:《国际贸易》,中国发展出版社2003年版,第149页。

[2] 王俊宜、李权:《国际贸易》,中国发展出版社2003年版,第150~151页。

保护主义政策为其国内产业提供保护。所以,贸易救济制度并非与促进国际贸易自由化的理念格格不入,相反,它可以使自由贸易政策在有关国家得到长久的推行。

(三)贸易救济的制度设计必须符合贸易自由化理念

贸易救济作为国际贸易自由化的产物,必须服从于国际贸易的自由化,否则,该制度将失去其存在的基础。鉴于贸易救济在客观上可能对国际贸易产生负面的影响,要使贸易救济符合国际贸易自由化的理念,立法者在对贸易救济制度进行设计时,便必须考虑将此种负面影响降到最低限度。在当代,WTO 的贸易救济协定和各成员方的贸易救济立法,实际上都贯穿了促进国际贸易自由化的理念。

首先,为了防止贸易救济对国际贸易的扭曲,WTO 的贸易救济协定对各种贸易救济措施的适用都规定了严格的条件和程序,如反倾销和反补贴措施只有在倾销或补贴使国内产业受到实质损害、实质损害威胁或实质阻碍的条件下才能实施,保障措施只有在进口增加使国内产业受到严重损害或严重损害威胁的条件下才能实施等。各成员方的贸易救济立法对实施贸易救济的条件和程序的规定,也和 WTO 的要求基本一致。设定这些条件和程序的目的,是为了防止贸易救济的滥用,而防止贸易救济的滥用,正是国际贸易自由化理念在贸易救济立法中的体现。

其次,为了避免贸易救济对外国产品的进口造成过分阻碍,WTO 贸易救济协定要求各成员方将征收关税作为贸易救济措施的主要形式,而一般不允许采取数量限制的形式(保障措施除外)。此外,WTO 贸易救济协定还规定,对于倾销或进口产品的出口商作出的价格承诺,或者补贴产品出口国政府提出的取消、限制补贴或其他有关措施的承诺,进口国调查当局应当予以考虑,如果调查当局认为承诺可以接受,则可以不采取贸易救济措施。各成员方基于承担的遵守 WTO 规则的义务,也在其国内立法中反映了 WTO 的要求。显然,此类规定也体现了促进国际贸易自由化的理念。

最后,WTO 贸易救济协定和各成员方的立法,对贸易救济措施的实施还有限度和时间的限制,即任何一种贸易救济措施,都只能在防止或补救国内产业损害所必需的限度和时间内实施;在贸易救济措施实施期间,如果主管当局经复审认为造成国内产业损害的原因不再存在且不大可能再发生的,贸易救济措施即应终止。将这些限制性的规则包含在贸易救济制度之中,同样是为了保证贸易救济符合促进国际贸易自由化的理念。

(四)贸易救济的具体实施不得背离贸易自由化理念

促进国际贸易自由化的理念,不仅应当在贸易救济的制度设计上得到体现,而且应当体现在贸易救济的具体实践中。在当今社会,尽管各国生产力的发展水平存在差异,各国在国际贸易中面临的问题也各不相同,但是,国家之间贸易利益的相互依存关系,注定了国家之间必须彼此开放国内市场。在开放市场的过程中,如果有关国家的国内产业受到了国际贸易的损害,该国主管当局利用贸易救济制度对国内产业进行救济,也不得过分地偏离国际贸易自由化的要求。

贸易救济在本质上是政府干预经济的一种形式。由于政府的理性存在局限性,政府对经济生活的干预可能出现失灵的状态。在贸易救济领域,“政府失灵”通常有如下几种情形:其一,国内产业受到国际贸易的损害并需要得到救济时,政府未给予及时、适当的救济;其二,实施贸易救济的条件并不具备,政府即对国内产业进行贸易救济;其三,政府进行贸易救济虽然符合法律规定的条件,但其采取的具体措施使外国产品的进口受到了不合理的限制。这几种情形中,后两种情形都属于贸易救济的滥用,并不符合促进国际贸易自由化的要求。所以,要保证贸易救济的实施不背离国际贸易自由化理念,政府就必须严格依法约束自己的贸易救济行为,而不应滥用贸易救济为国内产业提供保护。

在当今世界上,正是由于促进国际贸易自由化理念的存在,有关国家政府的贸易救济行为才受到了一定的约束。例如,美国国际贸易委员会(ITC)于2001年7月根据“201条款”发起钢铁保障措施调查,并决定从2002年3月20日起,对10类进口钢铁产品采取为期3年的保障措施,除板坯采用关税配额外,其余钢铁产品均被提高关税,最高为30%,最低为8%。美国实施这一保障措施,在条件上是存在缺陷的。按照规定,只有当进口产品大量增加,并成为造成国内产业严重损害的原因时,进口国才能采取保障措施,而美国钢铁业缺乏竞争力,是由于其未进行改革,而非进口的增长。因此,美国实施的这一保障措施严重违背了国际贸易自由化的要求,并引起了其他国家和地区的强烈不满。其他国家和地区为了制止美国以保护国内产业为目的的钢铁保障措施,纷纷启动了WTO的争端解决机制。WTO争端解决机构(DSB)专家组和上诉机构认定美国的钢铁保障措施违反WTO规则以后,美国政府迫于国际社会的压力,于2003年12月4日宣布取消了对进口钢铁产品的保护性关税。可见,一国政府的贸易救济行为一旦背离促进国际贸易自由化的理念,便可能获得否定性的评价,并可能招致其他国家和地区的对抗。

三、贸易救济与公平贸易

(一)公平贸易

1.公平竞争原则的含义

各成员的出口贸易经营者不得采取不公正的贸易手段,进行或扭曲国际贸易竞争,尤其不能采取倾销和补贴的方式在他国销售产品。世贸组织强调,以倾销或补贴方式出口本国产品,给进口方国内工业造成实质性损害,或有实质性损害威胁时,该进口方可以根据受损的国内工业的指控,采取反倾销和反补贴措施。同时,世贸组织强调,反对成员滥用反倾销和反补贴措施达到其贸易保护的目的。

在WTO框架下,公平竞争原则是指WTO成员方应以创造和维护公开、公平、公正的市场环境为原则,根据市场供求价格进行国际商务活动。反对以补贴、倾销等扭曲市场竞争的措施进行不正当竞争。

由此可见,公平竞争原则至少包含四个方面的内容:①公平竞争原则是成员方的一般义务,适用范围广阔,涵盖货物贸易领域、服务贸易领域和与贸易有关的知识产权等领域。②公平竞争原则调整的对象具有多元性,既涉及成员方的政府行为,也涉及成员方的企业行为。③公平竞争原则与最惠国原则、国民待遇原则具有关联性,是最惠国原则、国民待遇原则的延伸,要求成员方给外国产品、服务或服务提供者以公平的竞争环境。④公平竞争原则有具体的制度保障,如反倾销,反出口补贴,对政府采购行为的规范,强化知识产权保护,将纺织品、服装、农产品贸易、服务贸易纳入WTO多边自由贸易体制等。

2. 公平竞争原则的具体体现

(1)货物贸易领域内的公平竞争原则

1994年《关税与贸易总协定》(GATT)、《反倾销协议》《补贴与反补贴措施协议》《保障措施协议》和《农业协议》等货物贸易领域内的具体协议,始终遵循公平竞争原则,并作出了许多制度安排:

A. 关税减让

即为减少关税给外国产品带来不利的竞争影响,GATT要求成员方逐步降低进口关税并加以约束。

B. 普遍取消数量限制

为使外国产品与本国产品处于平等的竞争地位,GATT第11条要求任何缔约方不得对其他任何缔约方境内产品的进口,或者向其他任何缔约方境内的出口或外销,设置或保持禁止或限制,不论其采取配额、进出口许可证,还是其他措施;同时,GATT第13条还规定,即使是为了保障国际收支而实施数量限制时,实施数量限制并不得歧视,即应"对所有第三方国家相同产品的进口或向所有第三方国家作相同产品出口,同样予以禁止或限制"。

C. 国营贸易企业应遵循不歧视性待遇原则

即国家专控产品经营者的经营活动应当只从商业考虑,例如以价格、质量、货源、营销等商业因素为依据,并按照商业习惯使其他成员的企业能够充分参与竞争。

D. 禁止出口倾销和滥用反倾销措施

倾销是企业以低于正常价格出口产品,对进口方相关产业造成损害。《反倾销协议》允许进口成员方征收反倾销税,抵消出口倾销对本国产业造成的实质损害。为防止权利滥用,《反倾销协议》对成员实施反倾销规定了严格的条件和程序。

E. 禁止出口补贴和滥用反补贴措施

出口补贴是典型的不公平贸易行为。出口补贴是政府对本国特定出口产品提供资助,人为增加产品竞争优势,使进口方同类产品处于不平等地位,对其产业造成损害。国际贸易中因出口补贴引起的争端屡屡发生。为防范因出口补贴造成的不平等竞争,《补贴与反补贴措施协议》允许进口成员方征收反倾销税和反补贴税，抵消出口倾销和出口补贴对本国产业造成的实质损害。与《反倾销协议》一样，《补贴与反补贴措施协议》对成员实施反补贴措施，也规定了严格的条件和程序。

F. 保障措施的运用

根据 GATT 第 19 条，在特定紧急条件下，允许任何一个缔约方为保障本国经济利益，免除总协定的一定义务。即进口方在进口激增，并对本国产业造成严重损害，或构成严重损害威胁时，可以解脱总协定的一定义务。但实施保障措施，很可能会对进口产品与本国产品之间的公平竞争形成过度限制。为此，《保障措施协议》对成员实施保障措施的条件和程序作出了严格规定：某项产品进口数量增加；进口数量增加是由于"未预料到的情况"或履行总协定的义务引起的；进口对本国产业造成严重损害，或构成严重损害威胁；保障措施的运用是暂时的，应限制在"在制止或补救该损伤所需要的程度与时间内"，采取保障行动应对该产品的所有出口国一视同仁，禁止采取有序销售安排；通知缔约方全体并与有关出口国进行协商。

G. 禁止"灰色区"

"灰色区"是指进口国和出口国之间，在 GATT 之外，对某项产品达成双边或多边的"自愿出口节制""自愿节制协议"或"有秩序的市场安排"。"灰色区"一般是在对方威胁下"自愿"承担限制的单方面行为。不但透明度低，而且规避公平竞争原则。为保障协议第 11 条，要求各个成员方在 WTO 协定生效后的 180 天内向保障委员会呈交一份在未来 4 年内消除"灰色区"的时间表。

公平竞争原则同样贯穿于其他具体协议中。

一是《农产品协议》提出，农产品贸易的目标是建立一个公平的、以市场为导向的农产品贸易体制。为实现这一目标，该协议要求在下列问题上采取具体措施：在市场准入上强调"约定税率"、最低准入的承诺；削减国内支持；削减出口补贴；实施动植物检验检疫措施等。

二是《纺织品与服装协议》提出，成立纺织监督机构（TMB），逐步废止以进口限额为基础的《多种纤维协定》（MFA），并以 10 年（1995 ~ 2004）为期实现自由化。协议将 10 年分为 3 个阶段；1995 年把受 MFA 限制的协调税则(HS)减少14%;第二阶段,1998年再减17%;第三阶段,2002年再减18%,其余49%到2004年全部废止。

(2)服务贸易领域内的公平竞争原则

A. 市场开放

即在服务贸易领域,世界贸易组织鼓励各成员方通过相互开放服务贸易市场,逐步为外国的服务或服务提供者创造市场准入和公平竞争的机会。GAYS要求成员方提供的国民待遇和市场准入机会,不低于服务贸易承诺表中所作的承诺。

B. 实施最惠国待遇原则

这是成员方的一般义务。根据GATS,各个成员方应当奉行实施最惠国待遇原则,且不论有关服务部门是否列入服务贸易承诺表。

C. 限制垄断

即对于本国的垄断和专营服务提供者,GATS要求成员方保证服务提供者,符合最惠国待遇原则及该成员方在服务贸易承诺表中的具体承诺。

D. 抑制竞争性的商业惯例

即为防止服务提供者的某些商业惯例抑制竞争,限制服务贸易,GATS要求成员方在其他成员的请求下举行磋商,交流信息,以最终取消这些商业惯例。

(3)知识产权领域内的公平竞争原则

《与贸易有关的知识产权协议》(TRIPs)要求成员方应实施最惠国待遇,并加强对知识产权的有效保护,防止含有知识产权的产品和品牌被伪造、假冒、盗版。

TRIPs要求制止、打击利用知识产权进行不正当竞争的行为:

第一,TRIPs专门对知识产权许可协议中限制竞争的行为作出规定,允许成员采取适当措施,防止或限制商业做法。

第二,TRIPs要求各个缔约方应确保在其国内法中使用TRIPs中规定的执法程序,公平、公正、及时打击任何侵犯受TRIPs保护的知识产权的行为;司法当局可以下令将侵权的货物清理出商业渠道而不予补偿。

第三,TRIPs规定了侵权者的民事责任,即对于侵权者,应当向受害人支付“足以补偿因他侵权而造成的损害”，支付包括律师费在内的有关费用。

第四，临时措施。即为防止侵权产品流入市场，TRIPs 第 50 条第 1 款规定，司法当局有权采取迅速有效的临时措施，以达到阻止任何侵犯知识产权的发生，制止侵权货物流入市场，或经海关检查扣留制止其进口或出口；保护侵权诉讼的证据。

第五，海关措施。即根据 TRIPs 第 51 条规定，当权利持有人有正当理由怀疑有假冒商标或盗版品进口时，有权向行政或司法当局提出书面申请，要求海关暂停放行。

3. 公平贸易标识

FAIRTRADE 的公平贸易标识表示该商品是在不用童工、保护环境和价格公开的条件下生产与提供的。从 2003 年年初开始，欧洲 13 个国家的市场上悄然出现了带有“公平贸易”标识的商品，有关专家提示，如果中国产品能够获得这个标识，进入欧盟市场就多了一块敲门砖。为了帮助发展中国家农产品打开欧美市场，世界上第一个“公平贸易”标识 1989 年在荷兰诞生。此后，许多欧洲国家也都先后引入了自己的公平贸易标识，但标识和名称各不相同。1997 年，包括英国、法国、德国、比利时在内的欧洲 13 个国家和美国、加拿大、日本等国的公平贸易组织联合成立了“国际公平贸易标识组织”（FLO），总部设在德国波恩。为了便于消费者辨认和进行跨国贸易，该组织于 2002 年决定，推出全球统一的“公平贸易”标识。

咖啡是第一种被贴上“公平贸易”标识的产品。智利符合 FLO 标准的生产者去年以每磅 1.26 美元的价格售出了咖啡豆，而当时美国纽约期货市场上的价格仅为每磅 47.35 美分。不过，FLO 并不直接出资收购产品，而是通过推广“公平贸易”标识，动员大公司加入。

随着国际贸易中的环保、劳工保护和可持续发展问题日益得到重视，“公平贸易”运动在欧美影响日渐扩大。据统计，世界范围的公平贸易商品销售额在 2002 年增加了 21.9%，在法国、美国、芬兰和挪威等国的增长率更超过了 70%。“公平贸易”商品涉及的范围也不断扩大，由咖啡扩大到茶叶、可可、食糖、蜂蜜、香蕉、大米等多种农产品。

4. WTO 框架下作为公平贸易政策之体现的贸易救济法规

自"公平贸易"理论出台后,美国就凭借其经济实力在全球范围内推行这一理论,并力图通过 WTO 将其影响扩大到全世界,并移植到多边贸易规则。乌拉圭回合多边贸易谈判的成果之一就是制定了一系列的公平贸易政策,要求世贸组织成员方必须遵守执行。在 WTO 框架下,公平贸易政策具体体现为互惠原则和促进公平竞争原则。互惠原则是指世贸组织成员方之间相互给予对方以贸易上的优惠待遇,它要求对等实行贸易自由化。而促进公平竞争原则则是指通过消除各成员方对贸易活动的人为干预及其带来的扭曲,维护自由市场原则,促进各成员方生产经营者之间的公平竞争。促进公平竞争原则体现在诸多方面,如:消除歧视性待遇、削减非关税壁垒、扩大多边贸易规则的适用范围、反补贴规则、反倾销规则和保护知识产权等,WTO 的反补贴规则和反倾销规则就集中体现了公平竞争原则。

(二)贸易救济的公平贸易理念

公平贸易作为市场经济的基本法则,不仅适用于国内贸易,也应当适用于国际贸易。有关国际贸易的任何制度设计,都只有符合公平贸易的理念,才能发挥其保障国际贸易正常发展的作用。作为国际贸易法律制度组成部分的贸易救济制度,也必须贯穿保障公平贸易这一基本理念。

尽管在现实生活中贸易救济容易被有关国家用作贸易保护的手段,但我们应当看到,现已确立贸易救济制度的国家,几乎都声称其进行贸易救济的目的是为了维护公平贸易。由此可见,贸易救济和国际公平贸易关系十分密切。贸易救济制度,不仅深受公平贸易理念的影响,而且在实践中只要不被滥用,便能够发挥其维护公平贸易的作用。

如上所述,公平贸易的基本内容之一是公平竞争。虽然"公平竞争"这一概念早已为人们所熟悉,但究竟什么是公平竞争(或正当竞争),在学者的论述乃至立法者制定的法律中,却大多缺乏详细的研究。[1] 究其原因,主要是因为人们平时更多关注的是商业活动中的不公平竞争以及怎

〔1〕 谢海霞:"从竞争法的角度看反倾销法律制度",载《河北法学》2004 年第 3 期;[美]约翰·H. 杰克逊:《GATT/WTO 法理与实践》,新华出版社 2002 年版,第 100 ~ 101 页。

样制止不公平竞争的问题。此外,由于公平竞争行为难以通过列举方式加以穷尽,人们也很难准确地说明哪些竞争行为属于公平竞争。尽管对公平竞争难以通过令人满意的定义来加以表述,但它至少应当包括两方面的要素:一是竞争规则必须公平。竞争规则可以表现为以法律规章的形式确立的行为准则,也可以表现为公认的道德准则。只有竞争规则公平,竞争各方按照该规则进行竞争,才可能产生公平的结果。二是竞争行为必须公平。即参与竞争的各方必须诚实信用,凭自己的实力进行竞争,并接受优胜劣汰的竞争结果,而不得采取不正当的手段损害竞争对手。

公平贸易具有公平性、互惠性和对等性的内在特点。公平贸易的公平性,就是指公平贸易政策能够保证公平竞争的贸易环境。公平贸易的公平性特点,体现在国际贸易主体的公平性、国际贸易规则的公平性以及国际贸易行为的公平性。其中,国际贸易主体的公平性是指从事国际贸易的主体应该具有公平的地位;国际贸易规则的公平性,一方面指世界各国在国际贸易领域的竞争能够按共同约定的标准和规则进行,另一方面指各国共同遵守的规则,它的制定能够公平地体现不同国家的意愿,是各国共同协商的结果,而非一国意志的体现;国际贸易行为的公平性,是指国际贸易行为应该是公平合理的,是在 WTO 的国际贸易规则允许的范围内实施的。互惠性是指公平贸易能够使贸易伙伴之间互相给予贸易优惠待遇。对等性是指贸易双方的一种互动,既包括积极的正面的互动,也包括消极的负面的互动。对等性实质上是权利和义务之间的一种平衡,一国在得到另一国贸易利益的同时,也要相应地对其付出大致相同的利益。公平贸易的特点是内在统一的,只有具备了这些特点的公平贸易政策和措施才能实现真正意义上的公平贸易。

公平竞争是作为不公平竞争或不正当竞争的对立面而存在的,因此,要维护公平竞争,就必须制止不公平竞争。在国际贸易中,不公平竞争行为多种多样,有些不公平竞争行为损害的是特定的自然人、法人或其他组织,如假冒他人商标的行为、侵犯他人商业秘密的行为等;而有些不公平竞争行为损害的则是一个国家的国内产业,如倾销行为、对出口产品的补贴行为等。

一般来说,当特定的自然人、法人或其他组织受到不公平竞争行为损害时,由于这种损害尚未达到对某一国内产业构成威胁的程度,政府并不向受害者提供贸易救济,而是由受害者一方自己采取行动寻求民事救济。但一个国家的国内产业受到倾销、补贴等不公平竞争行为损害时,由于此种损害构成了对国内产业的生存和发展的威胁,并可能危及该国的正常经济和社会秩序,政府通常要采取贸易救济措施对此种损害进行补救。所以,贸易救济制度,与维护公平贸易的理念具有一致性。

从贸易救济制度的历史发展来看,最早的贸易救济制度主要是针对倾销和补贴这两种损害进口国国内产业的不公平竞争行为。如美国 1897 年关税法规定了反补贴税的内容,对接受补贴的外国产品的进口,除征收正常关税外,还要征收等同于补贴数额的额外税。1921 年美国又制定了反倾销法,规定外国倾销商品给美国产业造成损害、损害威胁或使美国产业的建立受到阻碍时,应当对该倾销商品征收反倾销税。其他国家较早采用的贸易救济措施,也大都是反倾销或反补贴措施。由于倾销和补贴是不公平的竞争行为,因而在理论界,大多数人都比较一致地认为,针对倾销和补贴行为采取贸易救济措施,符合公平贸易的理念。

相对于反倾销和反补贴措施而言,保障措施的出现要晚得多。有关保障措施的规定,最早出现在 1942 年美国和墨西哥签订的互惠贸易协定中。该协定包含了一个"例外条款"(亦称为"逃避条款",escape clause,允许缔约一方在其国内产业因从缔约对方进口产品数量迅速增加而受到严重损害或严重损害威胁时,撤回向缔约对方作出的减让)。该"例外条款"即保障措施条款。1947 年签订的《关税和贸易总协定》第 19 条,基本上原文照抄了 1942 年美、墨互惠贸易协定中的"例外条款",只是将这条双边条款纳入了世界性多边贸易的框架中。保障措施针对的是公平的进口竞争,而非不公平竞争行为,因而,保障措施的性质是什么,理论界众说纷纭。有人认为是提供补偿和调整费用;有人认为是为了更好地重新竞争;也有人认为是保护主义。笔者认为,进口国采取保障措施虽然不是为了制止不公平的市场竞争,但保障措施仍然体现了维护国际公平贸易的理念。理由如下:

首先,允许进口国采取保障措施救济国内产业因某种产品进口数量大量增加而受到的损害,是为了维护国家与国家之间的公平贸易。从宏观的角度来看，国际贸易不仅涉及进出口商的利益，而且直接关系到有关国家的贸易利益。经济学的理论认为，世界各国之所以开展国际贸易，直接目的是为了获利，并且，只有双方都能获利，国家之间的贸易才能正常地进行，否则，未能获利或受损害的一方，就不会参加贸易。国家在国际贸易中获利，与商人获利虽有联系，但也有本质上的区别：商人获利只是为自己获取私利即利润，而国家获利则表现为国家的整体利益，如国家经济实力的增强、国内需求的满足、国内产业在国际竞争的促进下效率的提高、国内产业的有序调整、就业的增加等。国家并非国际贸易的经营者，国家与国家之间也不存在直接的市场竞争关系，因此，市场竞争的优胜劣汰法则，对国家并不适用，国家与国家之间的公平贸易，只能体现为双方国家的整体利益都能得到维护。否则，如果国际贸易的结果是一个（或一些）国家获利而另一个（或另一些）国家受到损害，则国际贸易对国家而言就不公平。在任何一个国家，国内产业的发展都事关该国的重大社会经济利益，因而，要维护国家之间的公平贸易，国际贸易中便必须防止一个（或一些）国家获利而另一个（或一些）国家国内产业受到损害的不公平现象的发生。正是由于这个原因，当一个国家的国内产业因某种产品进口数量的大量增加而受到严重损害或严重损害威胁时，该国便有权采取保障措施对此种损害进行补救，也唯有如此，国家之间的公平贸易才能得到维护。

其次，允许进口国采取保障措施救济国内产业因某种产品进口数量的大量增加而受到的损害，有利于更好地促进公平竞争。竞争的产生和存在，必须具备两个最基本的条件：一个是社会分工；另一个是多元的利益主体。所谓“多元的利益主体”，是指在某一市场范围内，存在着多个生产经营同类产品的市场主体。在国际贸易环境下，进口国市场上相互竞争的多元利益主体，既有进口国相关产业的生产经营者，也有出口国的生产经营者。竞争主体的增加或减少，对竞争都会产生影响：竞争主体的增加将加剧竞争，使竞争更充分；竞争主体的减少，则会降低竞争的充分程度；当竞争的主体减少到只有少数几个生产经营者时，便可能形成市场垄断，从而妨碍市场竞争。在国际贸易中，如果因进口产品大量增加而受到严重损害或严重损害威胁的国内产业得不到必要的救济，该产业内的企业便可能面临倒闭的危险,而这些企业的倒闭,显然不利于促进公平竞争。因此,进口国采取保障措施对受到严重损害或严重损害威胁的产业给予救济,以协助该产业内的企业积极进行调整,增强其竞争能力,从某种意义上讲具有促进公平竞争的作用。就此而言,保障措施也没有背离公平贸易这一基本理念。

(三)贸易救济对国际公平贸易的保障作用

当代贸易救济制度不仅受到公平贸易理念的影响,而且,该制度价值的释放,的确能保证国际公平贸易这一理想目标的实现。

首先,从贸易救济的制度设计来看,有关贸易救济的多边协定和国内立法所确立的大量规则,已贯穿了公平贸易的理念。比如,有关反倾销和反补贴的多边协定和国内立法,一方面规定了对倾销或补贴进口产品可以采取反倾销或反补贴措施,另一方面也规定了如经调查进口产品不存在倾销或补贴,则应终止反倾销或反补贴调查。这些多边协定和国内立法中还规定,征收反倾销税和反补贴税的数额,不应超过倾销的幅度或补贴的金额;任何一种贸易救济措施,都只能在防止或补救国内产业损害所必需的限度和时间内实施。显然,这些规则对国际公平贸易都起着积极保障的作用。

其次,从贸易救济的实际效果来看,其国内产业受到倾销、补贴或者外国不正当或不公平进口限制损害的国家依法进行贸易救济,可以迫使倾销或补贴进口产品的出口商或者采取不正当或不公平进口限制的有关国家停止其不公平的做法,从而使国际公平竞争秩序得到维护。如在1996~1997年,美国、加拿大和韩国大量向我国倾销新闻纸,对我国新闻纸产业造成了实质性损害。1997年12月,我国对原产于美、加、韩的新闻纸进行反倾销立案调查,并于1998年7月9日作出反倾销初裁决定,1999年6月3日作出反倾销终裁决定,对原产于美、加、韩的新闻纸分别征收70%,57%~78%和9%~55%的反倾销税。我国的反倾销调查开始后,来自上述三国的新闻纸平均进口价格由1997年的最低点480.5美元/吨回升至1998年的607.2美元/吨,提高了26.4%,并且,美国、加拿大和韩国向我国倾销新闻纸的行为基本停止。由此可见,贸易救济在维护国际公平竞争方面发挥着十分重要的作用。

当然,我们应当看到,在具体实践中,以公平贸易为名滥用贸易救济的现象还大量存在。一些国家为了排斥进口产品的竞争以保护其国内产业,对进口产品采取歧视性的贸易救济措施,显然已经违背了公平贸易的理念。但必须明确的是,实践中存在违背公平贸易理念的贸易救济,并不等于贸易救济就必须放弃公平贸易这一基本理念。公平贸易作为一种理念,应当永远是贸易救济的理想目标。贸易救济的制度设计也罢,具体实施也罢,都只有努力追求这一目标,才能适应当代国际贸易的基本要求。

综上所述,贸易救济的表现形式虽为进口限制,但其制度设计之理念,却并非为了实行贸易保护。贸易救济理念作为贸易救济立法和实践所追求的理想目标,应当是促进国际贸易自由化和保障国际公平贸易。首先,贸易救济作为国际贸易自由化的产物,必须符合促进国际贸易自由化的理念。按照这一理念,贸易救济的制度设计和具体实施,都必须考虑将贸易救济对国际贸易的负面影响降到最低限度,以避免贸易救济给国际贸易造成过分的扭曲。其次,贸易救济作为一项贸易法律制度,也必须符合保障国际公平贸易的理念。按照这一理念,各国有权采取贸易救济措施消除不公平进口竞争以及外国不公平进口限制对本国国内产业的损害,但同时,各国也不应当对进口产品实施不公平的贸易救济措施。

在当今世界上,由于有关国家的贸易保护主义思想尚未根除,贸易救济被有关国家用作贸易保护手段的现象还大量存在。这种现象,只能说明有关国家滥用贸易救济的做法背离了贸易救济的基本理念,但是,贸易救济促进国际贸易自由化和保障国际公平贸易的基本理念,不应当因为贸易救济被滥用或者可能被滥用而有任何的动摇。

四、贸易救济对市场扭曲的纠正:自由贸易下实施贸易救济的理论依据

“二战”之后,特点是20世纪70年代以来,随着贸易保护主义和国家干预思想的兴起,特别是非关税贸易壁垒的新发展,如贸易救济等,使自由贸易越来越成为国际贸易遥不可及的目标。然而,巴格瓦蒂等人证明,在贸易救济等贸易措施和壁垒存在的情况下,国际贸易依然可以达到自

由贸易的状态,[1]这一国际贸易的最新理论进展,为贸易救济打开了通往自由贸易之路。下面以巴格瓦蒂等人发展出来的新自由贸易理论为依据,探讨贸易救济对市场扭曲的纠正,也即自由贸易下实施贸易救济的理论依据。

(一)市场扭曲是现代经济的一大特征

当我们从国家优势的角度谈及自由贸易时,即使一国国内不存在市场失灵,但经济体在贸易中却具有垄断能力(贸易总量决定贸易地位);而且,即使其生产商具有创造力和竞争力,市场扭曲依然是现代经济的一大特征。这是因为单位进口商品的真实社会成本不再是由全球平均价格来衡量,国内生产商决定其配置方案时的依据也不再是全球平均价格,而是全球边际价格。在进行自由贸易时,大国(比如说一个足以影响贸易条件的贸易大国)由于其贸易量的巨大而可能获得最佳的关税条件。

(二)在存在市场失灵的条件下,自由贸易不是最好的策略

引起自由贸易危机的主要原因是市场失灵,或者说是"市场扭曲"。自由贸易有赖于市场决定资源分配的开放式经济的程度。如果市场价格正确反映了社会成本,那么,亚当·斯密"看不见的手"就可以有效地配置资源,从而自由贸易就是最优的贸易方式;但如果市场不能有效运作或市场是不完整的,那么"看不见的手"就会指向错误的方向:自由贸易不是最好的策略。

因此,在存在市场失灵(或扭曲)的条件下,自由贸易不是最好的策略。该结论包含的一个意思是,既然在市场扭曲条件下的自由贸易均衡显而易见是次优的,那么较少的关税将会普遍改善福利。这就引出了对贸易保护"次优"政策的讨论。该命题包含的另一个意思是,通过假设一种不同的市场失灵,人们可以举出无数的例子,证明在贸易保护程度已确定的情况下,实行自由贸易是有害而无益的,这样做只能使人们变得贫困而不是更富裕。

(三)转向自由贸易:使用贸易救济直接矫正国内市场扭曲

以哈伯勒和哈根的观点来看,对于存在市场扭曲的小国(或者只要实

[1] 贾格迪什·巴格瓦蒂:《现代自由贸易》,中信出版社2003年版。

行比封闭经济更好政策的任何国家,无论是大国还是小国)来说,自由贸易不能算是最好的政策。但我们认识到(这一点还没有人直截了当地指出过)如果用一个适当的政策来弥补市场扭曲,那么我们还是可以采用自由贸易政策的。

当然,如果这种市场扭曲发生在国内市场,那将意味着一项精心策划旨在弥补扭曲的政策可以与自由贸易政策一起采用以求收到最好的效果;但是,如果市场扭曲发生在国外市场,适当的弥补政策将会包括贸易(关税和补贴)政策,在这种情况下,自由贸易就不能保持最优均衡状态。

巴格瓦蒂和拉瓦斯瓦米的分析消除了早期市场失灵对自由贸易信念的动摇。他们认为如果自由贸易政策与弥补国内市场扭曲政策一起使用,那么自由贸易政策还是一项最好的政策。当一市场扭曲发生在外国市场的情况下,巴格瓦蒂和拉瓦斯瓦米大大缩小了采用贸易保护政策的可行性。

他们认为,当市场扭曲发生在国内时,如果采用一项针对它的国内政策(税收加补贴)加以弥补,那么自由贸易还是最好的贸易政策。当市场扭曲发生在国外时,自由贸易便不能被看作适合的最佳贸易政策。

深入了解该观点,可以从经济政策理论着手,该理论认为有多少目标,就要有多少政策工具。如果存在国内市场扭曲,那么就应有一个国内政策来弥补,贸易收入最大化要求进行自由贸易。哈根和马诺埃尔莱斯库曾提出由于市场扭曲产生工资差异,从而需要实行贸易保护。但巴格瓦蒂和拉瓦斯瓦米认为最好的政策组合应是工资税和补贴再加自由贸易。如果是由于无法补偿的生产外部性导致了生产者市场的扭曲,那么最好的政策组合就是生产税和补贴再加自由贸易。

第五章　贸易救济的贸易保护性质

本章探讨贸易救济的另外一重性质:贸易救济的贸易保护性质。由于贸易救济是基于 WTO 的公平竞争原则,而公平竞争原则是对国家利益保护的承认,因此贸易救济本身就天然地具有贸易保护的作用,我们将从理论上对此加以论证。贸易救济除了内含的保护性质之外,其在使用中的随意性、滥用和误用的可能性以及单边主义、战略性贸易政策等对贸易救济的利用,都使得贸易救济披上了浓厚的保护主义色彩。

贸易救济作为一类新的贸易政策措施,其本意是以保护自由贸易和公平贸易的面目出现的,使一国产业和市场免受不公平贸易或严重损害,然而,贸易救济作为一种合法赋予世界各国的贸易(保护)武器,它既可用来防御,也可以用来进攻;它既可以适量适度使用,也可以过量过度使用。

在过去贸易救济的实践中,由于多边贸易规则的不完善,更多的是基于单边规则的贸易救济,而不是基于国际规则的贸易救济。一些国家出于贸易保护的目的,纷纷制定本国的公平贸易规则并强加于他国,出现了大量滥用贸易救济的现象。根据经合组织(OECD)1995年发表的一份报告,该组织经过长达5年的调查,得出结论是,以往发达国家90%以上的反倾销行动都是妨碍“自由竞争”的不正当行为,具有讽刺意味的是,反倾销等公平贸易政策的滥用现在已经被公认为一种主要的不公平贸易行为。

一、贸易救济保护性质的理论依据

关于贸易救济的保护性质,我们在分析贸易救济的概念和性质时,已有较为充分的论述,本部分从贸易救济的保护作用的角度,对贸易救济的保护性质进行简要的经济学分析。

我们以反补贴税为例,分析贸易救济中使用的反补贴税、反倾销税和超常高关税的保护作用机制。假设在完全竞争的市场条件下,两个(大)国家交易一种特定商品,用一般均衡的方法分析征收反补贴税的效应。

在出口国对出口进行补贴的情况下,新的一般均衡条件为:

$$P_s^{ex} = S + P_s^{im}$$

$$XS(P_s^{ex}) = MD(P_s^{im})$$

其中:S 为出口补贴,P_s^{im} 为补贴后进口国市场价格,P_s^{ex} 为补贴后出口国市场价格。

征收反补贴税的第一个条件是"低于公平价格",出口补贴的结果是在出口国市场的价格上升到 P_s^{ex},而进口国市场价格下降到 P_s^{im}。存在补贴的情况下,较高水平的出口量($S_1^{ex} - D_1^{ex}$)等于进口量($D_1^{im} - S_1^{im}$)。

显然,补贴使出口商得益,出口国的消费者将要支付比出口市场"类似"价格(like price)更高的价格购买这种商品。出口国消费者由于国内市场产品价格上升的负担部分由该国的纳税人分担,对于出口国而言,净效应是负的。进口国消费者因以更低的价格购买该种商品而受益,进口国进口产品的生产商因价格的劣势使得竞争力下降(失业率上升)。

对进口国而言,因为消费者所得要大于生产者的损失,最终的社会福利净效应为正。如果进口国生产商证明补贴给进口国产业带来了严重的损害,国家就应该对进口商品征收反补贴税来抵消出口国出口补贴的效应。从理论的角度而言,反补贴税将使进口市场价格和出口市场价格相等,达到自由贸易下的一般均衡状态。进一步来说,进口国征收反补贴税(t)等于原产国出口补贴(s),这样的话,进口国商品价格上升,出口国商品价格下降。反补贴税使得进出口两国市场商品价格回落到自由贸易状态下的价格，出口供给等于进口需求。

最终的均衡状态满足以下两个条件：

$$P_{s+t}^{ex} + t = P_{s+t}^{im} + S$$

$$XS(P_{s+t}^{ex}) = MD(P_{s+t}^{im})$$

但是由于 $t = s$，第一个条件变为 $P_{s+t}^{ex} = P_{s+t}^{im}$。这样，进口国进口量下降（回到 $D_0^{im} - S_0^{im}$），进口国供给上升（从 S_1^{im} 上升到 S_0^{im}）征收反补贴税达到了消除出口国补贴给进口国企业的“损害”，进口国企业从征收反倾销税中获益，生产者剩余上升到出口国未采取补贴措施时的水平。同时，进口国的消费者从征收反补贴税中蒙受损失，出口国的生产者受损，出口国的消费者获益。

从上面的分析可以看出，反补贴税最终目的在于保护国内产业，维护国内生产商的利益。通过征收反补贴税抵消进口增加带来的“损害”，反倾销税也有同样的作用。

无论是哪一种贸易救济形式，其作用机制一般都是这样的：国外倾销（补贴、出口剧增）—进口价格下降—国内生产商竞争力下降（产量下降，裁员）—产业受到“损害”—征收反倾销税（反引、贴税、高关税、配额等）—抵消“损害”—进口价格上升—国内生产商竞争力增加（产量上升、增员）—产业得到保护。

二、贸易救济滥用加重了贸易救济的贸易保护性质

“滥用”在英语指的是“abuse”“misuse”等，也即“过度的”“胡乱的”使用，中文词典的解释大体也如此，因此，贸易救济滥用指的就是贸易救济被过度地、错误地使用。我们以下分析贸易救济滥用的现象以及这些现象是如何加重贸易救济的贸易保护性质的。

（一）贸易救济滥用的必然

贸易救济是政府经济职能的延伸，是政府贸易救济政策在国际贸易上的体现。它对于有效地防止其他国家用不正当的竞争手段来侵占进口国的市场，侵害进口国的国内产业具有非常积极的意义。从贸易救济的发展史看，初期的贸易救济，只是一种盲目的消除损害的途径，其手段往往是多变的，执行过程受国家之间政治经济关系的影响而具有很大的偶

然性和不可预见性。从贸易救济的程序看,救济手段的运用也缺少必要的制约和限制,实施条件、救济手段并没有统一的标准。这种盲目的救济方式,虽然在一定程度上保护了本国的国家利益,但它的偶然性和随意性对国际贸易的正常发展造成了阻碍,甚至可能形成贸易救济的滥用。图5－1的分析表明,如果不严格遵守贸易救济实施的程序,那么在反倾销、反补贴、保障措施等各个阶段均可以直接发起贸易救济,这些可能在现实中都是存在的。

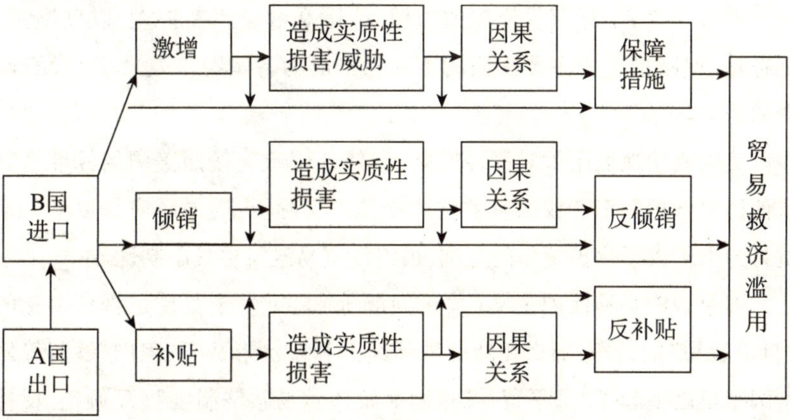

图5－1　贸易救济滥用各种可能性

例如,与流行的有关倾销的观点不同的是,当今的美国和WTO法律并不是将倾销定义为为了占领市场而低于成本销售。倾销仅仅是以低于他国的价格在外国市场上销售或者以低于平均总成本的价格销售。反倾销并不需要掠夺性行为的证据,垄断意图,或其他将竞争者逐出市场的行为的证明。在早些时期,美国反倾销法要求起诉产业提供证明。但随着时间的推移,国会已经放弃了对倾销企图的要求,将注意力放在了预防对国内企业的损害上,并将提供证据的负担从起诉方转移到了被起诉产业或企业的头上,外国企业在能证明其是无辜的以前则假定是有罪的。在现时的美国法律下,只要任何产业到商务部和国际贸易委员会(ITC)告发外国企业在美国市场以低于本国的价格出口产品,商务部就起诉进行调查,ITC决定实质性损害是否已经发生。外国商品一旦被认定在美国以低于“公平”价值销售,美国就可以对其征收反倾销税。更为重要的是,尽管反倾销法与维护贸易公平的本意不尽相同，但在实施中却允许随意解释何为自由贸易何为不公平贸易。

（二）滥用贸易救济作为贸易保护的“合法”借口

反倾销、反补贴、保障措施是当今世界各国保护本国产业经济安全和国内企业利益所广泛采取的贸易救济措施。由于为世贸组织所允许，因而许多世贸组织成员都将其视为抵制不公平贸易、保护国内产业的“安全阀”。进入21世纪以来，由于美国、欧盟、日本等经济体的经济形势不容乐观，全球贸易摩擦的领域、范围和数量不断扩大，以反倾销、反补贴、保障措施为主要手段的贸易保护成为各国经济发展中“没有硝烟的战争”。

美国成功地运用了对等性原则，促使外国政府按照美国的标准修改了他们对保护知识产权的有关法律措施。实际上，美国政府是以不公平贸易为由扩大了保护贸易的范围，最终使贸易政策更具限制性。

如果说旧贸易保护主义（关税问题等）是集中于贸易是否自由化的“自由贸易”的论争，那么在新的国际经济和政治形势下，美国、欧盟等发达国家早已举起了“公平贸易”这面大旗，“贸易救济制度”（反倾销、反补贴、特别保障措施）以及技术壁垒等，都是新贸易保护主义的攻击性武器。但是“公平”都是相对的，发达国家以本国市场竞争的公平性为借口来达到其限制外国商品的进入，保护其本国产业维续的目的。

同时，由于目前的国际经济体系仍然是“二战”后在美国的倡导和主持下建立，同时在“南北”的相互依存中，依存性较小的美、欧把持了在WTO中相关条款的话语权，使得WTO所允许的某些贸易措施出现了滥用的情况。

随着贸易政策体系的演变，各种利益集团为了保护他们的市场地位，在“公平贸易”的伪装下悄无声息地飞快提高了贸易壁垒，而且当较为透明的保护主义形成引起了人们的注意并随之在谈判中废除，利益集团又发明了（或者利用了）新的透明度较低的替代措施，如反倾销法和其他非关税壁垒。

（三）滥用公平贸易原则进行贸易保护

由于贸易自由化的发展，关税和非关税贸易壁垒受到禁止和限制，贸易救济便成为世贸组织允许的各国可采取的一种有效的行政保护手段，具有形式合法、实施主动、立竿见影的特点，已成为各国用来保护国内生产商、限制进口的有效武器。

目前，中美贸易摩擦主要表现在美国对中国产品频繁使用反倾销和保障措施两个方面。反倾销作为WTO允许的贸易救济机制，尽管理论上存在一定的基础，并具备相当的约束力，但也经常被一些国家作为贸易保护的手段而滥用，保障措施因其发起条件中对产业损害标准的确认无定量标准，主观性很强，因此也被美国频频使用。

一个值得注意的现象是，国外企业和政府正在逐步弱化高关税以及配额许可证等传统手段，而越来越多地利用以反倾销、反补贴、保障措施为主要手段的贸易救济措施，尤其是“特保措施”和“市场经济地位”等对我国不利的条款，作为限制我国出口的经营战略和遏制手段。乌拉圭回合后，贸易救济不仅是发达国家而且是发展中国家最常用的一种保护主义工具。

随着世界贸易组织的正式成立和对各成员国约束力的增强，各国的关税水平逐步降低，配额、许可证等传统非关税措施的使用也大大减少，这就使得反倾销等手段得到了越来越广泛的应用。全球反倾销立案数量在1995年之后大幅度增长，而1995年正是世界贸易组织正式成立的年份。

总体上，反倾销和国际贸易相伴而行。公平贸易与不公平贸易两者之间的概念在现实的贸易中难以界定，究竟如何定义公平贸易非常困难，公平贸易有时也会导致经济调整的负担，从而寻求保障措施的实施，并由此导致不公平贸易的产生。因此，与最初被设计用来针对不公平竞争目的的临时措施相反，实际上反倾销和反补贴措施已被异化为解决贸易问题的长期手段。WTO成立后，传统的贸易保护做法，如配额、许可证等非关税壁垒作用日益弱化，而WTO规则允许的贸易救济措施包括反倾销、反补贴和保障措施的使用频率却大大提高，许多WTO成员都想以此来阻拦国外产品进入本国市场。所以，贸易救济措施的使用已经超出了维护公平贸易和避免产业遭受严重损害的范围。贸易救济被滥用还由于以下2个原因：

1. 贸易救济措施是低成本、高效率的贸易保护工具

在贸易自由化过程中,传统的贸易保护做法,如配额、许可证等非关税措施受到严格约束,为保护本国工业不受冲击,各国政府必须在WTO的框架内采取行动。在美国,作为贸易救济措施之一的反倾销由于具备如下特点而被频繁使用:第一,反倾销立法的解释非常宽泛,行政当局有很大的自由裁量权;第二,反倾销所要求的利益损害认定较为简单;第三,反倾销允许针对个别国家;第四,反倾销完全是单边行动;第五,反倾销的威胁会使出口国更容易接受自愿出口限制;第六,反倾销限制进口的效果显著且迅速。由于反倾销和反补贴措施的实施门槛和成本远远低于保障措施,反倾销和反补贴措施已经成为一种保护国内生产者以对付外国竞争的正常贸易手段,即反倾销和反补贴措施已经被用作保障机制。

2. 保障措施容易实施

当其国内产业感到进口是不公平的,但又难以取得诉诸国国内行政程序所必需的不公平贸易证据时,往往会实施保障措施。

(四) 滥用贸易救济保护国家利益

各国对推进贸易自由化的最终态度不仅取决于贸易自由化的利益总量,而且取决于贸易自由化利益分配的公平程度,而贸易利益分配的公平程度则又取决于国际贸易制度中公平贸易制度的培育与完善程度。

如果说倾销的存在只是为反倾销法律制度的产生和发展提供了基础条件的话,那么各国基于国家利益的考虑而制定反倾销法律制度则是反倾销法产生并被频繁使用的根源。

在经济学家看来,国际贸易对参与其中的各方都是有益的。但国际贸易的理论和实践又表明,完全的自由贸易和完全的封闭贸易是国际贸易发展的两种极端方式。亚当·斯密的分工理论以自由贸易为前提条件,在他看来,任何限制贸易的做法都会阻碍国际间分工效益的发挥。但以李斯特为代表的经济学家所创造的“生产力”理论又表明,由于国际间存在经济基础和资源禀赋等方面的差异,无条件地推行国际间的自由贸易对经济弱小和落后国家将是一种灾难,所以任何一个独立的经济体都必须加强对细小产业的保护。也就是说,国际贸易对参与各方的益处是有时空条件限制的,在一定的时空条件下,国际贸易并不必然给参与各方

带来益处。因此,如何协调平衡自由贸易与保护贸易以及参与各方间的关系、最大限度地发挥国际贸易对经济增长和社会福利增加的促进作用,就成为国际社会所共同关心的问题。

“二战”以来,国际贸易自由化得到长足的发展,各国间的联系日益紧密,经济全球化、一体化已经展现在我们的面前。但不可否认的是,当今世界仍然由各民族国家组成,国家利益仍然是各国制定和执行对内、对外政策的基本点。虽然各国为维护国际贸易的正常秩序和整体利益在长期的国际贸易实践中建立了一整套以公平为原则的贸易规则,但在面对与国家利益相冲突的时候,各国所作的选择都是不言而喻的。特别是在国际贸易的不平衡导致国家外汇储备锐减、失业率上升等问题时,各国常常冒天下之大不韪而采取贸易保护政策,更何况是反倾销措施这种得到世界贸易组织协议认可的合法形式呢?

比如欧盟征收反倾销税的一大特点是:反倾销税的征收必须在符合欧盟整体利益的前提下才可以进行。也就是说,即使构成倾销,但如果征收反倾销税使欧盟整体利益受损,便不能征收。国家利益的考虑在反倾销法律制度中的重要地位,由此可见一斑。

三、单边主义条件下贸易救济的贸易保护性质

公平贸易原则是世贸组织成员国必须遵守的一个基本原则。世贸组织认为各国发展对外贸易不得采取不公正的贸易手段进行竞争,或扭曲国际贸易竞争,尤其是不能以倾销和补贴等不公平的贸易方式来销售本国的商品;同时允许采取反倾销和反补贴的贸易补救措施,以保证国际贸易在公平的基础上进行。但从 20 世纪 90 年代中后期以来,随着“冷战”结束,单边主义的贸易政策重新抬头,发达国家也越来越多地采用反倾销、反补贴、技术标准、环保标准等新兴的非关税壁垒,对本国的产业进行保护。众所周知,以美国为首的发达国家近年来越来越多在国际贸易中推行单边主义的所谓“公平贸易”政策,在国际贸易中不顾其他国家的经济利益的单边主义色彩越来越突出。

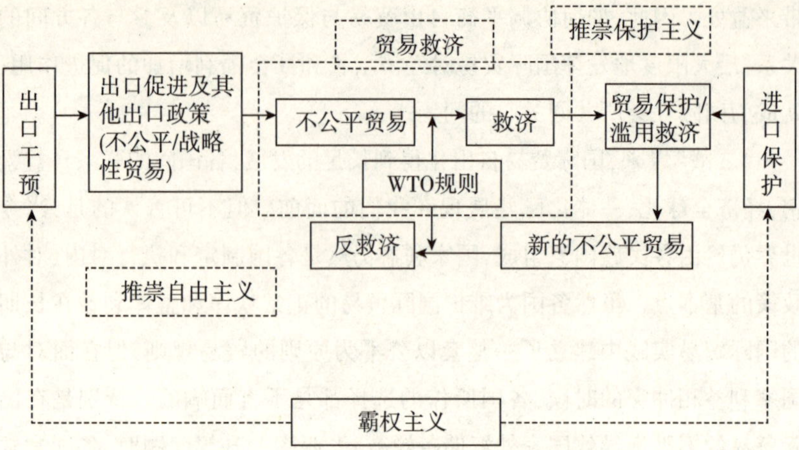

图5-2　霸权主义、单边主义与贸易救济

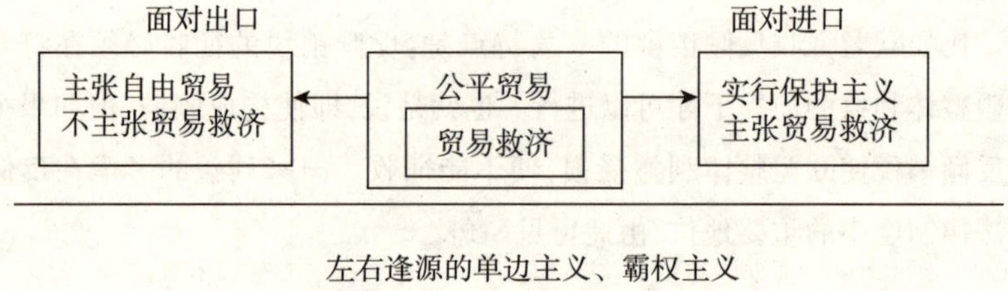

图5-3　进口贸易、出口贸易与贸易救济

（一）单边主义贸易救济的贸易保护特点

1. 竭力推行一系列以本国利益至上为特点的单边主义的“公平贸易”政策，使得“公平贸易”政策变为贸易保护主义的政策

这一保护特点在美国贸易政策中表现得特别突出。1971 年，美国在维持了 80 多年的贸易顺差之后出现逆差，面对与日俱增的贸易逆差，美国人将之归咎于外国对美国商品和劳务采取了不正当竞争手法。美国从原来一直推行的“自由贸易”政策开始向所谓的“公平贸易”政策转变。

美国的所谓“公平贸易”政策，其基本观点是认为美国市场开放度远远高于别国，别国依此一方面广泛运用倾销、出口补贴等不正当竞争手段挤占美国市场，另一方面又筑起重重壁垒将美国商品、服务和资本拒之门外，致使美国贸易逆差居高不下。受到进口打击的有关行业强烈要求美国政府采取保护措施，并由政府出面致力于消除贸易伙伴的“不正当、不合理、不公平的贸易政策或做法”，为美国商品、服务和资本打开有利的海外市场大门。

“公平贸易”的一些论点不是完全没有道理，问题是在单边主义作风之下，别国贸易政策措施的“公平”与否，完全由一国单方面认定，这就使得“公平贸易”政策变为贸易保护主义的政策。事实上，一国判断国际贸易是否公平的标准是看自身的竞争优势是否能够充分体现。在竞争优势能够充分体现的领域，“公平贸易”就等于“自由贸易”，在实力不对称的领域“公平贸易”则被作为保护主义的借口。

布什政府上台后，基本上沿袭了克林顿政府时期的所谓“公平贸易”的外贸政策，除此之外，单边主义的贸易保护政策成为布什政府的鲜明特征。如2002年3月布什动用“201条款”（“保障条款”或“进口救济法案”）对包括来自中国的进口钢材征收8%～30%的关税。在对中国出口美国的农产品中加大反倾销和实行特保措施的同时，对美国国内农业提供高达1900亿美元的出口补贴，将农产品补贴增加67%，远远超过了WTO规定的最高限额，“201条款”比美国通常使用的反倾销法、反补贴法在运用上更具有随意性，因为它不必顾及出口国方面，不用调查出口国的贸易活动是否公平正当，这更加体现了美国对外贸易政策中的单边主义色彩。

2. 对于现行WTO建立的国际贸易规则和贸易条约，符合自己利益的使用，不符合自己利益和需要的就弃之不顾

世界贸易组织作为最权威的国际经济组织，虽然强调公平贸易原则是世贸组织成员国必须遵守的一个基本原则，但其从一开始就带有很强的富国烙印，特别是带有很强的美国烙印，美国对世界贸易组织的许多贸易规则有用则纳之，无用则弃之。世界贸易组织在很多方面是以发达国家在国内已经实行过而且证明对他们有利的游戏规则来界定各项标准的。在中美经贸关系方面，虽然布什支持中国入世，并在其任期内促成了中国入世，但由于布什政府在对华经贸政策上不断施压，中美经贸摩擦日益加剧的趋势也使得双边经贸关系的发展经历着一次次严峻的考验。布什政府强力推行美元贬值政策却不断要求中国人民币升值，继续严控对华高技术出口管制并威胁欧盟不准解除对华武器出口禁令，严格监督中

国履行入世协议却竭力延缓美国取消纺织品配额的步伐,努力利诱别国支持多边合作而自己却不断签署新的双边贸易协定。对非资本主义市场经济国家,尤其是中国等社会主义国家,美国认为该类国家的国内价格是不具可比性的,应找第二国作为参考。例如在对中国实行反倾销时,美国通常选用印度作为参考国。印度的产品在特性、质量和成本上均不同于中国产品。这种替代国的做法无疑有利于美国任意使用它的反倾销技术。作为世界第一经济大国的美国,总是欲将自己的价值观念、行为准则、经济模式、政治模式等一切规则、制度,作为 WTO 制定谈判的原则和框架,并欲成为构造冷战后国际贸易格局的理念。美国充分考虑的是自身的经济利益,其贸易政策在同 WTO 保持一致的同时,也出现了同 WTO 规则的背离。

（二）单边主义贸易救济的政治因素及其贸易保护性质

研究表明,美国的政治体制使得其对外贸易问题更容易为保护主义势力左右,美国主张贸易保护主义或贸易问题政治化的利益集团更容易对国家贸易政策的走向施加影响。[1] 其结果是,单边主义的“公平贸易”政策既成为经济问题,同时也成为政治问题。贸易救济的政治化不仅使其成为保护国内产业的工具,也使其成为保证产业跨国扩张的工具。例如,战后初期,美国为了称霸世界,积极策划在世界经济、政治领域中建立霸权地位,从国际金融、投资和贸易各方面进行对外扩张。侵略性单边主义的“公平贸易”政策也是美国在全球范围内推行强权政治的具体体现,随着经济全球化进程不断加快,哪里不准美国产品进入或存在阻挡美国企业发展的障碍,美国就把公平贸易的矛头指向哪里,公平贸易成了美国顺应和推动经济全球化并意欲主导经济全球化的带有进攻性的武器。由此可见,美国推行的侵略性单边主义贸易政策事实上是政治考虑多于科学的经济考虑。

---

〔1〕 G. M. 格罗斯曼、E. 赫尔普曼:《利益集团与贸易政策》,中国人民大学出版社 2005 年版。

四、作为新战略性贸易政策的贸易救济及其贸易保护性质

(一)战略性贸易政策理论的基本内容

战略性贸易政策(strategic trade policy)是寡头垄断条件下的国际经济理论,这一理论最早由迪克西特(A. Dixit)提出,其后,斯潘塞(B. Spenser)、布兰德(J. Branlder)、克鲁格曼(P. Krugman)等人又对这一理论作了完善和发展。

战略性贸易政策理论放弃了传统贸易理论中的基本前提假设,转而沿着规模经济和不完全竞争的研究路径重新对国际贸易的原因、国际专业化分工的形式、贸易保护政策的效应和最优贸易政策等问题进行探讨。战略性贸易政策理论认为,国际贸易产生的原因不仅是劳动生产率、生产技术的差异(李嘉图的比较成本学说)和要素禀赋的差异(H—O 模型),而且还有生产中的规模经济和交换中的政府行为。在不完全竞争和规模经济条件下,市场自由是一种次优状态,适当实施政府干预有可能改进市场的运行结果,因此,一国政府可以凭借产业政策、补贴政策、经贸外交和保护国内市场与人民身心健康等一些非贸易壁垒手段,扶持本国战略性工业的成长,提高本国企业在国际市场上的占有率,增强其在世界市场上的竞争能力,从而谋取规模经济之外的剩余收益,提高本国的福利水平。

战略性贸易政策理论最有意义的创新在于引入了不完全竞争和规模经济理论,从而使国际贸易理论从完全竞争这一假定条件的束缚下摆脱出来,市场中不完全竞争是普遍现象,完全竞争才是特例。在不完全竞争市场下,产业领域存在着规模经济报酬递增的现象,这个理论有力地挑战了古典贸易理论所认为的规模经济报酬不变的传统观点。由于市场竞争是不完全的,“租”不可能因竞争而完全消失,在一些产业,资本和劳动有时会获得比其他产业高得多的回报率,因而经济中存在着“战略性”部门。如果政府能够识别出这些战略性部门,就有可能采取战略性贸易政策。所谓战略性贸易政策,是指在“不完全竞争”市场中,政府积极运用补贴或出口鼓励等措施对那些被认为存在着规模经济、外部经济或大量“租”的产业予以扶持,扩大本国厂商在国际市场上所占的市场份额,把超额利润从外国厂商转移给本国厂商,以增加本国经济福利和加强在有外国竞争

对手的国际市场上的战略地位。政府参与国际经济竞争显然会从根本上改变国际贸易的通行规则,因而被视为提升其国际竞争力的战略性活动。

如果说经济中存在着战略性部门,那么企业家或经济学家该怎样识别它们?克鲁格曼提出了识别战略性部门的两项标准,一是看该部门是否有大量的"租"存在,即该部门的资本或劳动回报率是否特别高;二是看该部门是否存在着外部经济,即某一企业的研究开发活动或经验对其他企业会产生技术外溢。

(二)战略性贸易政策的贸易保护性质

一旦选定某些产业为战略性产业,政府就应该采取措施保护这些优选产业的发展,克鲁格曼和詹姆斯·布兰德(James Brander)提出了战略性贸易政策的保护形式。

1.通过以转移利润为目的的补贴来进行保护。这项战略性政策涉及运用补贴来加强在有外国竞争对手的国际市场上的战略地位,其基本思想是要把利润从国外厂商转移给国内厂商。政府补贴可能使本国厂商降低产品成本,从而在有利可图的国际市场上占有更大份额。由于成本补贴迫使外国竞争对手削减产量,使本国厂商得到额外利润,这些利润超过政府的补贴数额,即厂商的受益超过纳税人的损失。这说明出口补贴(或生产补贴)增加了国内经济福利。

2.保护本国市场。比较典型和普遍运用的是国内市场保护政策。在国际贸易实践中,对国内进口竞争产业的保护政策历来基于出口鼓励政策。保护政策的古典版本是有名的"幼稚产业"理论,最早由汉弥尔顿提出,李斯特加以发展和完善。克鲁格曼在1984年提出了一些与幼稚产业论相似的论点。一种观点认为,在规模经济情况下,随着总产量上升,边际成本递减,阻止外国厂商进入国内市场,不仅可以帮助本国厂商占领被保护的国内市场,也会使本国厂商在出口市场上获利;另一种观点基于"干中学"思想,"干中学"在结构上与边际成本递减的情形是类似的。在一个受保护的国内市场上,本国厂商生产得更多,比外国竞争者学习得更快,它的"学习曲线"向下移动。

(三)贸易救济成为战略性贸易政策的新手段保护国内产业

关税水平的不断下降以及政府补贴的被禁止,使得各国利用关税贯彻战略性贸易政策越来越难。自《关税与贸易总协定》1947 年签订以来，在其组织下一共进行了八轮多边贸易谈判，各缔约方的进口关税水平都有明显的下降。发达国家的平均关税从 1947 年的40% 左右下降到4% 左右，发展中国家的平均关税也下降到 13% 左右。随着进口关税的不断下降，各国通过征收关税来贯彻战略性贸易政策越来越难了。在关贸总协定 1973 年开始的东京回合谈判中，各缔约方更加注意了非关税壁垒，针对政府采购和其他公共机构提供的采购合同达成了一致原则，规定了作为贸易壁垒的技术标准、证书及其检验制度的实施纪律，规定进口许可程序不能被用作制止贸易的手段，提出了要建立公平、统一、公正的海关估价制度。在这次谈判中，参加国还签署了补贴和反补贴措施的协议。随着补贴的被禁止，各国实施战略性贸易政策的手段减少了。

WTO 在限制传统的战略性贸易政策措施的同时，却为新的战略性贸易政策措施的出现创造了土壤。根据 WTO 的相关协议，反倾销和反补贴是针对不公平贸易的补救措施。1994 年《关税与贸易总协定》（以下简称《总协定》）第 6 条指出，当一个缔约方的产品以低于正常价值的办法输入另一缔约方，对此进口缔约方内已经建立的相关产业造成实质性损害或实质性损害威胁，或者实质阻碍此缔约方内相关产业的新建，则倾销应该予以谴责。《总协定》第 6 条还对反补贴作了相关规定，指出反补贴税应该被理解为，为了抵消对制造、生产或出口所直接或间接给予的任何津贴或补贴而征收的一种特别税；反补贴税的征收金额不得超过对此种产品在原产国或出口国制造、生产或出口时所直接或间接给予的津贴或补贴的估计金额。保障措施是 WTO 允许的在没有遭受不公平贸易情况下使用的贸易救济措施，《总协定》第 19 条对于保障措施的使用进行了基本的规定。为了加强对各项措施实施的约束以防止成员方滥用这些措施，WTO 专门签订了各项协议，这其中包括《反倾销协议》《补贴与反补贴措施协议》和《保障措施协议》。

遗憾的是，以上各个协议与协定似乎并没有办法杜绝这些贸易救济措施的滥用，正是这些措施的被滥用，使得它们已经不仅仅是贸易救济措施，而成为一些国家政府用来实施战略性贸易政策的手段。战略性贸易政策的基本目的是，通过政府行为改变国际贸易当中的竞争结果，达到扩大本国企业利润、把别国企业的超额利润转变成本国的收入、促进本国出口或者扶持本国相关产业发展的目的;反倾销、反补贴、保障措施如果运用得当,完全能够达到以上目标。当一国的国内某些企业由于受到进口产品的巨大压力而无法得到利润的时候,这些企业可以进行反倾销申诉,也可以进行保障措施的申诉。本来,认定是否构成倾销、倾销幅度以及实质性损害,都是有客观标准的,但是在实际操作中各国政府都难以达到完全客观,这方面最典型的例子就是针对中国的反倾销。由于中国在 WTO 成员方看来还不是市场经济国家,在确定中国出口商品正常价值的时候,就不以中国相关产品和原材料的国内价格为标准,而是选择一个市场经济第二国作为替代,以替代国国内相同产品和原材料的价格为基础计算正常价值。在我国被反倾销的历史上,印度、泰国、印度尼西亚、韩国,甚至美国、澳大利亚等国家都曾被选择作为中国的替代国,这些国家中有的人均收入是中国人均收入的几十倍,相关产品和原材料的价格自然很高,这会使计算出的中国产品的正常价值非常高,很容易判定中国产品有倾销。1995 年 1 月 1 日至 2002 年 12 月 31 日,世界范围内共发生反倾销案件 2160 起,其中,对中国产品的反倾销案件有 308 起,占总数的 14.26%,这个比例在所有国家中是最高的。一个国家一旦通过反倾销、反补贴或保障措施对进口产品征收高额关税,就能够达到提高国内相关产业市场份额和利润的目的,同时将对方国家出口企业的一部分利润转变为进口国的关税收入。如果一个国家将这些贸易救济手段与产业政策联系起来,将能够达到扶持重点产业的目的。

不仅如此,将这些贸易救济措施与针对 WTO 的其他战略性措施联合运用,会达到更好的效果,美国将钢铁保障措施与利用 WTO 争端解决机制联系起来就是个例子。各个钢铁产品出口国的经济利益受到了巨大的损失,并直接导致各个国家和地区相继采取对钢铁产品的保护措施。虽然 WTO 争端解决机构专家小组裁决美国对进口钢铁产品加征高关税为非法。报告明确指出,美国为保护其钢铁业而对来自有关国家的钢铁产品征收附加税的决定没有确凿和充分的理由。但 WTO 争端解决机构的裁决一经公布,美国立即表示将继续上诉,并认为特别保障措施并不违背世贸组织规则,许多国家都已这样做了,对进口产品征收特别关税已经见效,美国国内产业正在掀起规模空前的合并与结构调整以增强竞争力,这并不与美国对国际贸易所承担的责任相背离,美国贸易代表还提醒人们注意,美国征收的特别关税每年递减 20% ,第一次减税已经实施。这就意味着,虽然美国败诉,但是其他国家依旧没有办法获得向美国出口钢材的正当权利,只有当上诉机构最终裁定美国的做法违反了 WTO 相关协议和规定,才有可能迫使美国放弃这些不合理的做法,或者寻求补偿。但是,这又是几个月之后的事情了。从中我们可以发现,美国国内钢铁产业正在掀起规模空前的合并与结构调整以增强竞争力,而竞争力提高的一个表现就是美国征收的特别关税已经开始递减。当此案结束的时候,很可能也是美国国内钢铁产业不大需要保护的时候了。

第六章　贸易救济二重性的政治经济学分析

本章试图通过政治经济学的分析来论证贸易救济二重性。由于贸易救济是由进口国发起的，因此我们首先探讨进口国贸易救济政策的供求情况，分析其国内政治均衡是否体现贸易救济二重性，接着，我们探讨在国际间的国家利益冲突和国际规范约束下，贸易救济表现出何种性质，最后，我们把国内和国际政治市场结合起来分析贸易救济可能表现出来的性质。

贸易救济通过政府的作用，将国内政治和国际政治糅合在一起，一方面，国内利益集团政治博弈的最终结果将反映在该国的贸易救济上；另一方面，一国的贸易救济又处于国际贸易体制和组织的框架之内以及本国和他国的相互影响之中。因此，对贸易救济问题的研究，就必须考虑国内政治、国际政治以及国际贸易体制等多方面因素的作用。

国际政治经济学的理论基础和分析思路秉承了国际政治学的精神，但又不局限于国际政治领域，它糅合了制度经济学、公共选择理论、信息经济学等经济学中的相关学说的精髓，开始把国际经济问题也纳入了它的研究范围，它是通过对国际政治和国际经济的互动形式和一般规律的研究来探讨国际问题，研究贸易救济问题，就非常有必要从国际政治经济学中的角度来考虑。毕竟,贸易救济本身包含着经济性因素和政治性因素,不仅牵涉国际政治,更牵涉国内政治。

一、进口国贸易救济国内政治市场分析

一些国家之所以会出现贸易救济选择和使用的不同,从而使贸易救济具有不同的性质,来源于多种利益集团的谋利行为。在民族国家的框架下,国家利益是超越一切的,但是民族国家是人的“集合体”,是各种不同利益取向“集团”的“集合体”。看起来,一些利益集团往往十分强调国家利益,但在实际上却是以“国家利益”的名义,谋取“集团”利益。这样一些“分利联盟”(distributional Coalitions)的存在,往往要通过集体行动来增加自己的利益,但其结果却是以损害国家整体利益或弱势团体利益为代价的。一些强势集团的贸易救济政策选择,虽然会在总体上带来巨大损失,但分摊到每个受损者的身上往往是微不足道的,或者虽然损失较大,但因个人抵制成本太高得不偿失,因此而放弃抵制,排除了这类贸易救济政策被否定的可能性。当这类贸易救济政策以政治上的合法性和道义上的合理性推出时,经济上的合理性就被消解了。

以美国与各国间的贸易冲突为例,1981 年所以要限制日本汽车出口美国的数量,其中有美国的国家利益还有汽车行业的利益。表 6 – 1 所显示的贸易政策制定影响因素表明,国家利益以及国家内各种利益集团的利益选择倾向,在直接或间接地影响各国贸易救济政策的取向。

表 6 – 1 对美国国会专业委员会进行游说的行业集团

年份	法规	支持每一立场的行业集团数量			
		自由贸易	保护主义	模糊	总计
1884	莫里森议案	4	17	0	21
1890	麦金利关税法案	6	20	2	28
1894	戈尔曼关税法案	2	21	1	24
1897	丁利关税法案	2	12	0	14
1909	佩恩·奥尔德里奇关税法案	1	20	0	21

续表

年份	法规	支持每一立场的行业集团数量			
		自由贸易	保护主义	模糊	总计
1913	安德伍德关税法案	6	24	0	30
1922	福德尼—麦坎伯关税法案	5	43	0	48
1930	斯穆特—霍利关税法案	9	69	0	78
1934	互惠贸易协定法案	1	3	0	4
1937	互惠贸易协定法案延长	1	4	0	5
1945	互惠贸易协定法案延长	1	9	0	10
1955	互惠贸易协定法案延长	9	33	0	42
1962	贸易扩张法案	18	45	0	63
1974	贸易改革法案	12	44	0	56
1984	贸易补偿改革法案	7	33	0	40
1991	反对快速立法	9	33	0	42
1993	北美自由贸易协定	7	32	0	39
1994	乌拉圭回合协定	16	38	0	51

资料来源：[美]艾尔·L. 希尔曼：《贸易保护的政治经济学》，北京大学出版社 2005 年版。

从整个国家的观点来看，自由贸易也许是最理想的，但未能付诸实践。从上面的分析中我们可以看到，存在着一种贸易保护的政治市场。贸易保护的需求者是特殊的选民集团、厂商、联合的利益集团和政党，供应者是政治领导人和政府官员。经济行业千方百计地想取得优势，想利用政治体系来提高他们的地位，他们投入资源（劳动和资金）以使影响对他们有利的政治决定。这样的活动基本上属非生产性的，因为它们不增加，至少不直接增加财富和有效劳务的价值，是一种最大限度地增加利润的特殊形式。这样的利润可通过为了贸易壁垒（关税、进口限额等）而进行的院外活动来获得，因为贸易壁垒能产生特殊行动者为他们自己取得的租金（租金追求），或者可通过在政治过程中的竞争从而利用关税中的货币收入来获得(收入追求)。[1]

(一)需求分析

由于贸易救济的公共产品特征,利益集团影响贸易救济的过程不是个人行为,而表现为集体行为。这里可以运用集体行动原理来说明利益集团影响贸易救济形成的过程。

1. 集体行动的原理

制度安排是获取集体行动收益的手段。由于个人理性并不必然暗含着团体理性,个人会为自己的利益去寻找对自己最有利的结果,因此有可能产生利益冲突。贸易政策的公共选择过程,是个人理性下的集体行动过程。从个人理性来说,是在既定约束条件下追求自身福利或效用的最大化。但是一项活动有多人参与时,就会有集体行动的考虑。这里有两种情况:一是亚当·斯密的观点,在"看不见的手"引导下,追求个人的利益的同时将增进整个社会福利。这时的个人利益与社会利益是一致的。二是公共选择理论的观点(布坎兰、奥尔森等人),他们认为看不见的手是失灵的。即个人理性而集体并不理性,也即萨缪尔森的"合成谬误"。"合成谬误"存在于一切市场主体中,即个人利益最大化的集体行动是导致市场失衡的基本微观机理。这涉及贸易政策的形成是否受到集体行动的影响。

政府并非总是根据国家利益行动,相反,他们往往受到利益集团压力的影响。结果这种政策,增加了小的幸运集团的利益,同时却强行增加了较大的较为分散集团的支出。因为,利益集团越小,成功得到保护之后的平均收益就越大。能够形成集体行动的利益集团往往是组织良好或在一国国内对贸易政策持不同偏好的利益集团较量中,一些小的利益集团能克服集体行动的困难,因而在贸易政策的形成中,往往能照顾到其利益。而大的利益集团反而不能影响贸易政策。作为拥有特权的、同质的小特殊利益集团,可以充分利用其地位优势,有能力对其成员实施强制以克服"搭便车"的影响,促使贸易政策倾向于有利于他们的方向(或者说,这些团体的"利益密度"比较高)。集体行动的难题,只有在规模比较小的群

[1] 非生产性逐利行为称作寻租。

体中(每个人能够从有利的政策中获取较大利益),和组织良好的集团中(组织的成员能够被动员去维护组织的利益)才能解决。组织良好的团体,或者说能够克服集体行动困难的团体可以得到有利于他们但牺牲整个社会公众利益的政策。

能否影响贸易政策的形成与利益集团的规模有关。在缺乏特定的制度安排或制度环境下,只要大集团是由理性的个人构成,个人就不会按照集体利益行事。因为集体行动带来的收益具有公共产品性质。一种有组织的、利益倾向非常集中、同时规模不大(能够克服集体行动的困难)的利益集团往往对贸易政策的形成发挥重要影响。而一些大的组织、利益倾向比较分散,不能形成集体行动对政府施加影响。一个多元社会里,往往存在几类压力集团操纵贸易政策的制定。代表公共利益的压力集团要么力量弱小,要么根本不存在,松散的公共利益集团获得成功的可能性极小,因为这类集团的单个成员不能指望他们活动的大部分利益,而一个组织严密的集团则能够克服"搭便车"行为,这类集团往往能够获取很大的成功。

2. 集体行动原理对贸易救济的解释

集体行动原理可以较好地解释贸易救济的产生。在国内的利益集团中,主要分贸易自由化和贸易保护两种类型的利益集团。如果贸易带来的好处由少数人分享,而代价和痛苦分散到大多数人身上,则贸易自由化主张往往占据上风,少数人的利益得到体现。如果贸易带来的好处分散到大多数人身上,而代价和痛苦由少数人承担时,这些人就会组织有力的集体行动迫使政府采取贸易保护政策。贸易自由化的潜在受益者一般没有自由化的潜在受损者那么强的内在动力去获得信息、去组织压力集团进行院外活动及参与决策过程。贸易自由化的受益者的利益在很大程度上往往不确定,且受益面分散,组织集团力量参与政策决策的动因不足。而贸易自由化的受损者一般能感受到其影响是直接的,因而更愿意积极地参与到贸易政策的决策过程中去,更愿意积极地寻找代言人,以影响政策的制定。同样,贸易保护的受益者往往比较集中,受益比较明显,容易组织集团进行游说活动,以影响政府的政策决策,贸易保护的受损者分散面较广,受损的感受不是特别明显,"搭便车"的动机突出,往往难以组织力量影响政府的决策。根据这种推理，往往是贸易自由化的阻碍力量较大，而贸易保护的推动力量较大，这种状态必然是一国贸易保护力量在政策决策中起着重要影响。

支持贸易自由化政策的利益集团中，主要是具有比较优势的出口集团以及政府中从国家利益出发考虑的特殊政治集团、消费者。而对贸易保护支持的利益集团，则包括代表进口竞争性产业的利益集团、特殊政治集团。消费者由于分散较广，存在“搭便车”，往往难以在贸易政策的形成中发挥作用。在贸易政策的形成中发挥作用的是代表进口竞争性的利益集团。由于这种利益集团利益集中、组织性强，往往能对贸易政策的形成施加有效的影响。在发展中国家，由于这种利益集团较多，而出口利益集团较少，这是导致发展中国倾向于贸易保护政策的重要原因。一些发达国家比较倾向于贸易自由化政策的重要原因也在于其具有比较优势的出口利益集团较多。一些农民比例比较低的国家在农产品贸易中实行贸易自由化政策，而农民比例比较高的国家在农产品贸易中实行保护主义政策的重要原因之一。在美国盛行公开的利益集团政治，大部分保护集中在农业和服装业。日本和欧洲对农业的高度保护，是因为农民人数少，组织良好。在贸易中的各种群体中，消费者为一较大的群体，它存在集体行动的困难：尽管实施贸易自由化政策有利于整个消费者群体，但从个人利益出发，谁也不去游说政府作出有利于他们的贸易政策。其结果是消费者往往成为贸易政策的牺牲者。

有组织的经济集团力图在国际竞争中提高贸易救济水平来达到贸易保护，可以假定比较它们这些做法的费用和收益（Baldwin，1982）。图6－1中的横轴计量能达到的贸易救济水平增量，原点表示原来的贸易救济水平，纵轴表示这种活动的费用和收益（用可比的货币单位表示）。OA为院外活动费用曲线，表示各个集团的组织机构通过院外活动获得贸易救济保护的总费用，曲线有一上升的斜率，因为有理由假定，一个经济利益集团要提高有利于它们的贸易救济，困难会逐渐增加。换言之，存在着递增的边际成本。院外活动费用曲线反映出政策供应者愿意给予某特殊经济行业（部门或工业）以附加的贸易救济保护。经济行业组织得越好（A），院外活动进行得越有效（B），社会上其他集团越是感到这个特殊经济行业应该得到贸易救济保护(C),费用曲线就越低。农场主就是一个例子。对于他们要求贸易救济保护以对付外国竞争,社会上许多人依照传统的理由给予他们的支持是抱着相当的利他主义的。除了这些人外,各利益集团支持增加贸易救济,就不是出于这样的利他主义了。各利益集团可能认为这样做能增加自己将来得到贸易救济保护的机会。总之,他们力图造成一种政治交易。

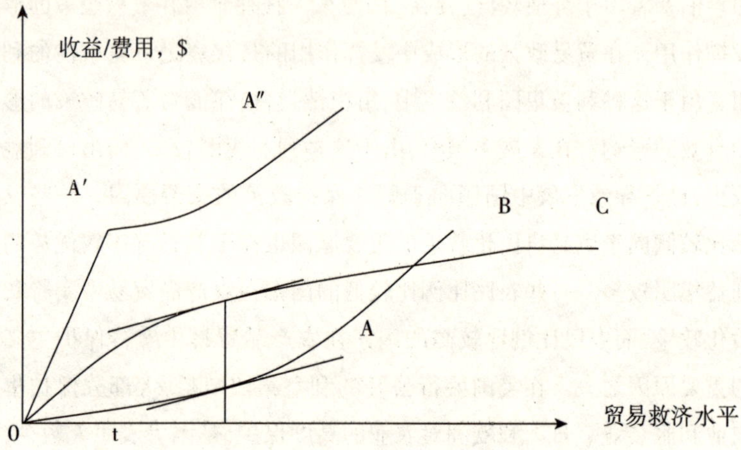

图 6-1　贸易救济保护的院外活动最理想数或集体寻租的最优

让我们再看看图 6-1,OBC 为贸易救济保护利益曲线,表示利益集团进行院外活动后得到的贸易救济保护的货币值。贸易救济增加越多,集团的收益就越多,直到 B 点,该点为禁止性贸易救济所示的最大值的贸易救济保护。利益曲线的斜率不是演绎推理出来。不难理解,递增的贸易救济能导致递增的边际收益,至少在有限的范围内如此。图 6-1 曲线描绘了递减边际收益的整个范围。当集团的院外活动引起相关贸易救济增值 t 时是最理想的,因为在这点上以费用与收益的差额形式表示的“租金”是最大值。该图能说明特殊经济利益集团为增加贸易救济保护所做的院外活动不一定合算。可能院外活动开办费用很高(OA′),使得费用曲线 OA′A″全部都在院外活动收益曲线 OBC 之上,如果这样,就得不到院外活动的正租金了。

这一模型是有启发性的,只有在对决定费用曲线和收益曲线的位置和斜率的因素进行经验计量时,才能解释现实中获得的院外活动和贸易救济保护的限度。

总之,在集体行动中,保护贸易政策能够在政治决策中以少胜多,有几个因素:①收入再分配。自由贸易收入分配的补偿原则不能充分实现。而贸易保护的收益再分配成本较低。②由于信息和投票成本,自由贸易的获益者难以形成集体行动。而支持贸易救济保护的小集团能够克服“搭便车”问题,成功地进行政策游说。③政策决策者并非完全的公共产品,有自身利益的需要。这样少数利益集团可以通过满足政策制定和执行者的需要以使政策最终倾向于它们。

3. 集体行动的效果

政策均衡点往往有两种情况:一种是使极少数人蒙受损失而让大多数人受益的政策。另一种是使广大人民遭受损失而有利于少数群体的政策,代表广泛群体的消费者存在集体行动的困难;尽管实施自由贸易政策有利于整个消费者群体,但从个人利益出发,谁也不去游说政府作出有利于它们的政策。集体行动的困难解释了为什么有些政策不但得不偿失而且受伤害的选民也远超过受益的选民却仍旧被采纳。

从政治角度讲,政府的贸易救济政策应该是使大多数人受益。一种使极少数人蒙受损失而让大多数人受益的政策应该是政治上的成功;另一种使广大人民遭受损失而有利于少数群体的政策应该是政治上的失败。由于集体行动困难的原因,贸易救济保护政策的结果是保护了少数群体,而牺牲了大多数人的利益。政府的成功在于整个经济,而非讨好部门利益。但是,要使得整个经济更好要比迎合部门利益困难得多。贸易政策的民主决策原则是多数原则。阿罗原则揭示了现代民主体制中一个政治决策过程的矛盾,即多数原则实际上是违背多数人意志的。正是这种矛盾导致了贸易政策决策中的失误。贸易政策的决策过程是在政治领域内按民主程序进行的政治过程。这种民主程序本身固有的问题造成了贸易政策决策的错误。

在政治和经济利益分明的世界里,支持反倾销法的政府政策典型地将进口竞争产业的利益置于消费者和以进口品作为投入的生产者的利益之上。一项对美国实施 8 次反倾销税的研究表明,受保护产业每获得

1美元收益,美国经济作为一个整体平均就损失了3.60美元(Anderson,1993)。在一份报告中,美国国际贸易委员会发现,反倾销和反补贴的净成本在1991年一年就达15.9亿美元,占当年国内生产总值的0.03%。

(1)赞成贸易救济保护的集团

与在国内市场供货的外国企业进行竞争的国内企业,对贸易救济保护有着非常强烈的兴趣,一般来说,它们是反对自由贸易政策的。它们中有经济部门的工人和工会参加,这些部门都知道能分享到贸易救济保护所得到的租金。生产互补产品和向进口竞争企业供应原材料的企业是另一个赞成贸易救济保护的集团(如果它们本身并不强烈依赖进口原料的话)。

赞成贸易救济保护集团通常有强烈政治兴趣,因为贸易救济保护政策的变化结果很明显和直观,所以对政治争论非常重视。这些集团可以轻易地争辩,认为贸易救济保护降低会给它们带来直接损失,使生产下降,就业人数减少,而有利于外国行业。相反,加强贸易救济保护会明显地增加国民就业,提高本国生产商的产出和利润。当国内经济出现反常的高失业状况时,这些论点尤其有说服力,会得到工会的积极支持。

(2)赞成贸易自由的集团

社会上赞成自由贸易、反对贸易救济保护的主要集团是出口供应商。向国外市场提供商品的企业意识到国内对贸易保护主义的加强会导致外国的报复,威胁他们出口商的销路。如果国内不准备减轻贸易保护,他们就无法指望扩大通向国外市场的途径。但是,把这些出口利益体现成有效的政治行动相当困难。

跨国公司倾向于赞成自由贸易,因为它们有能力在国际市场上作有效的竞争。同时,贸易保护主义的倾向会导致对它们活动的限制,最终可能导致外国出于对它们国家的贸易保护主义行动的报复而将它们在外国的财产收归国有。

使用进口原材料进行生产的国内企业构成另一个对自由贸易感兴趣的集团,但它们往往同时又属于对贸易救济保护感兴趣的进口竞争部门,所以它们的政治态度是暧昧的,甚至会赞成贸易救济保护。

消费者及其组织(如果有的话)对自由贸易也有兴趣。贸易壁垒使消费者背上重担,他们觉得对商品无从选择,只得对可买到的商品付出较高的价钱。不过,消费者集团对贸易救济政策没有什么影响。理由之一是,消费者一般说来都是雇员和工人,他们的收入通常全都只有一个来源,而支出却分摊于许多不同的商品,有些商品并不(直接)受贸易救济所影响。这样一来,消费者非常注意那些经常从进口保护中获利的生产者方面的态度,就个人而言是合理的。消费者对贸易救济政策没有什么影响的另一个理由是,贸易救济保护所引起的福利损失难以确定。如果实行自由贸易,特别当出现易于掩盖低收入影响的通货膨胀时,决定各种产品价格大小是困难的。贸易救济保护机会成本是"无形"和间接的,根本激发不起消费者为减少贸易保护而进行政治斗争。这就给予那些从减少贸易限制而明显得益的外国消费品进口商和经销商(诸如零售商联营商店、邮购公司和折扣商店等)以部分的补偿。

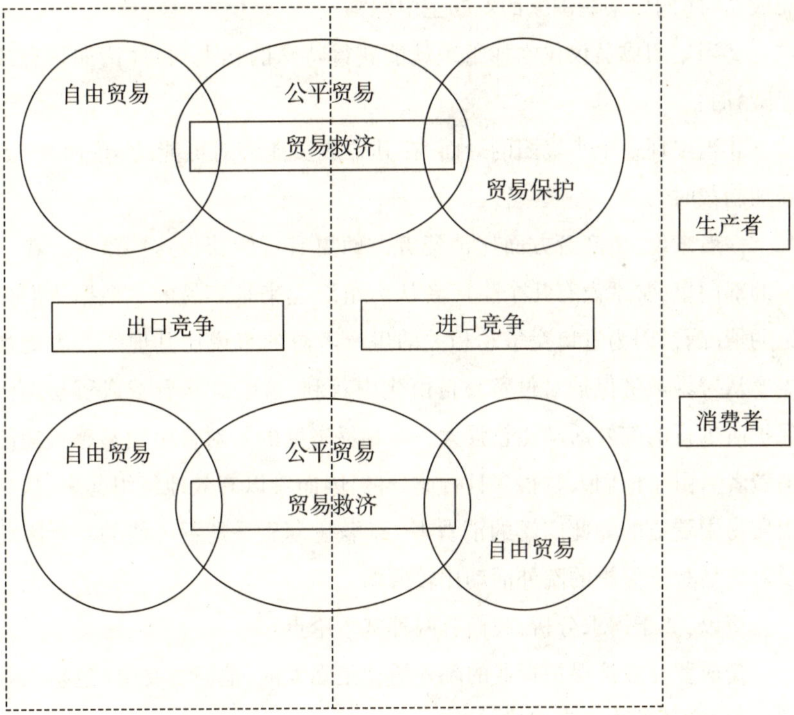

图 6－2　进出口与贸易救济性质

(3)政治组织

不论是赞成贸易救济保护行业或是反对贸易救济保护行业在国家中

占上风，都取决于相应集团的政治势力以及在政治活动中提出它们要求的强烈程度。决定的因素是组织和获得有效院外活动所需资金的能力和激发性。如前所述，贸易救济保护是影响特殊经济部门和职业所有成员的一种公共财产。有一种激发作用使人不参加利益集团或提供财政捐助，因为不论哪种情况，他们都能获得利润。即使某一工业在未来的贸易保护中获利非常大，要筹集院外活动的基金也是困难的，甚至于不可能，因为有一种“搭便车”的倾向。对于反对贸易救济保护行业，也存在同样问题，甚至更加厉害，因为不参加有关利益集团而从较低价格和改善了的出口条件中获利是可能的。

在下列三种条件下，有了公共财产，利益集团很可能形成：

①当集团由于某种原因（不是院外活动）已经形成，或根据政府法令而成立时（例如某些国家的农场主组织）；

②当集团成员仅仅参加组织就能获得特殊的私人利益（诸如信息或保险）时；

③当出现一个小集团的局面，在其中成员能够对可能的“搭便车”者强加制裁时。

一般来说，生产者方面比消费者方面更有可能获得这些条件。在一定的部门里，常常没有几个生产者认为组织起来是容易的。根据我们讨论的情况看，因为进口竞争和相关的生产者总的来说比其他生产者更加需要从贸易救济保护对付贸易自由化中获利，这就意味着赞成贸易救济保护所进行的院外活动比较强大。持相反态度的是对自由贸易感兴趣的消费者。由于他们人数很多且行业分散，因而难以有效地组织起来，从自由贸易中受益的如此广泛的消费者，筹集基金几乎是不可能的事。因此反对贸易救济保护的院外活动比较薄弱。

所以，关于需求分析，我们有两种基本论点：

赞成贸易救济保护行业的院外活动是强大的，他们主要由（包括工人的）进口竞争的生产者组成。

赞成自由贸易行业的院外活动是薄弱的，因为消费者和出口商感到难以（和没有什么刺激去）组织起来和有效地进行院外活动。

(二)供给分析

贸易救济水平和变化,主要是由政治领导人(特别是政府)和官员作出的政治决议决定的。公民不能用直接表决的方式来决定贸易救济政策,选民没有可能投票赞成或反对特定的贸易救济水平。实行贸易保护还是自由贸易,不过是竞选中争论的一个问题,在多数国家里,贸易救济政策在各个时期都为国内的政治和经济因素所左右。

可以假定政府追求某些意识形态目的,不过它要受到种种约束。意识形态目的之一可能是它对待贸易救济政策的态度。一个由自由主义政党组成或操纵的政府,如果其他条件均同,预计会主张开放贸易,但政府必须遵守的最主要约束是需要重新当选。如果它担心在即将到来的选举中被击败,就必然会实行指望在选民中提高其声望的政策。一个在意识形态上表示支持自由贸易的政党,如果它认为这样的政策有利于它重新当选,可能被迫采取贸易救济保护政策。我们已经知道,就对外贸易来说,对自由贸易感兴趣的消费者选民是无足轻重的,而要求贸易救济保护的利益集团则力图通过院外活动尽可能施加最大的影响。因此,对重选前途未卜的政府会转移它的注意力到有组织的利益集团所提出的贸易救济保护的要求上,以此来拉到一些选票和得到竞选活动所需的资金。

政府必须在预算和国际收支平衡所规定的约束范围内办事,它受到的约束程度取决于经济的结构和当时的经济条件。有着高额国际收支逆差的政府可能采取贸易救济保护措施,即使政治领导人在意识形态上反对提高贸易救济保护(或认为这些措施对消除国际收支逆差并不十分有效)。

在贸易救济政策形成中起重要作用的另一个行动者是行政机构,它对贸易救济的“供应方面”有非常大的影响,因为贸易救济法案是由它制定、提出和执行的。对于官员处理贸易救济政策的活动可以再用“理性的”行为模型进行分析。例如,假定他们试图最大限度地增加在受到外面约束情况下的效用。可以假定,他们的效用函数的主要参量是他们对于官方规定职务上为之“服务”的人群(即他们的受保护者)中所享有的声望、权力和影响。多数情况下,受保护者是处于专门的经济部门中。例如对农业部官员来说,受保护者就是农业的那些集团。另外,使官员自豪的是能够表明自己胜任工作，即“成绩卓著”。因此，为了保护“它们的”经济部门对付外来的竞争，他们总是要为其利益而奋斗，为争得贸易救济和其他进口限制而卖力。他们宁愿使用自己控制下的工具，而不愿遵循正式法令所强加的一般规则，因此，他们选择各种非关税贸易保护（反补贴等贸易救济）和支持（补贴等不公平贸易），而不选择一般的关税。

行政官员遇到的政治上约束是议会和政府施加的。但是议会和政府并不热衷于对行政机构严加控制，因为它们要靠它来达到自己的目的；同时，议会和政府得到的有用信息不如行政官员的多，特别是关于有时显得非常复杂的贸易救济保护问题。他们对行政机构有限的控制，使得官员能掌握相当大的自主权，能使用这些权力在贸易救济政策范围内为自己谋利。

认为官员会追求公共利益或集体福利因而肯定争取自由贸易这样的观点必须予以驳斥。事实上可以认为，他们比政治领导人更加赞成贸易救济。因为许多行政机构的部门是按工业系统组织起来的，他们比政治领导人更加强烈依赖于同特殊工业系统的关系。同时行政机构比控制整个经济政策的政府所得到的工具更为有限。结果，个别部门必然更加集中地利用手中的工具来达到他们的目的，他们会保护同他们有关系的经济部门对付国外竞争，这比政府领导人要强烈得多，而政府则通过另外可行的手段来支持各自工业，如果这样做对它有利的话。

Finger 等对美国的行政机构在贸易救济对付外国竞争中的作用曾经专门进行过分析（Finger 等，1982）。美国国会是很少直接对贸易限制进行表决的，在贸易救济方面普遍使用的工具是行政机构对进口商品的管制。利用所谓“例外条款”，认为受到了进口商品“损害”的工业，可以请求国际贸易委员会就此进行调查。国际贸易委员会提出的报告送至美国总统，然后由总统作出决定，即是否需要和如何弥补所受的“损害”。

更为重要的是，“低于公平价值”和“反倾销”事件，前者涉及在美国市场上受补贴出口商品的销售，后者涉及以低于外国生产者长期成本的价格或低于本国市场价格在美国销售的商品。是否接纳这些指控的决定由行政部门（财政部）根据“技术”水平作出。这是国内生产者试图获得贸易救济对付外国竞争可行的途径，国内的进口货用户和消费者是不直接卷入的，因而没有什么发言权，由于程序是技术性的，所以只有交由国内生产者利益集团训练有素的专家和行政机构予以处理。如果没有自由贸易的鼓吹者，行政部门和政府就能为国内生产者效力，而不必受到吃了亏的外国进口货购买者特别是消费者的责备了。

（三）政治上的均衡

贸易救济水平是国内政治市场供求双方相互作用的产物。我们考察芬德利（Findlay）和韦利思（Wellisz）在 1983 年设立的简单模型描述了赞成和反对贸易救济两个利益集团怎样互不相让和怎样导致内生决定的贸易救济水平。

根据传统的贸易理论，只考虑了两种货物：土地要素生产的农产品和资本要素生产的工业品。在两个部门中都使用了劳动，并且来自同一来源，设其劳动总量为 L 。假定是完全竞争。出口的制成品在经济上有相对优势，农产品则是进口的。如前所述，制造商必然为争取低贸易救济水平而进行院外活动，因为可以增加其出口机会。而农业集团则要争取较高贸易救济水平而进行院外活动，因为可以保护他们对付外国竞争。设制造行业为促进自由贸易所花费的劳动为 L_M ，而农业集团为增加贸易救济 T 而花费的劳动为 L_F 。这样，“贸易救济的院外活动函数”是：

$$T = f(L_M, L_F)\text{，且}(\partial f/\partial L_M) < 0,(\partial f/\partial L_F) > 0 \qquad (1)$$

为了专门研究农场主赞成贸易救济的院外活动和制造商反对贸易救济的院外活动两者斗争的结果，假定政治上的竞争是激烈的，使得政府和行政部门被迫屈从于这两大利益集团院外活动斗争的结果。

贸易救济水平决定问题上的斗争在所谓古诺—纳什方法（Cournot-Nash Process）中有所描述。它认为，假定每一集团把另一集团的院外活动资源视为固定，这样，便可计算出本身院外活动资源最理想的投入。如图 6 - 3 所示，MM′为制造商的反应曲线，FF′为农场主的反应曲线。例如，假定农场主为增加贸易救济而耗费在院外活动的资源为 L_F^0 ，制造商相应地选择其反应曲线 MM′上的 P_0 点，即耗费在院外活动的资源为 L_M^0 。这又促使农场主在其反应曲线 FF′上选择 P_1 点并增加其院外活动资源至 L_F^1 。于是又引起制造商将其院外活动资源增至 L_M^1 ，如此类推。图中两条反应曲线相交于稳定均衡点 P^* ，这是两个利益集团的院外活动达到相互

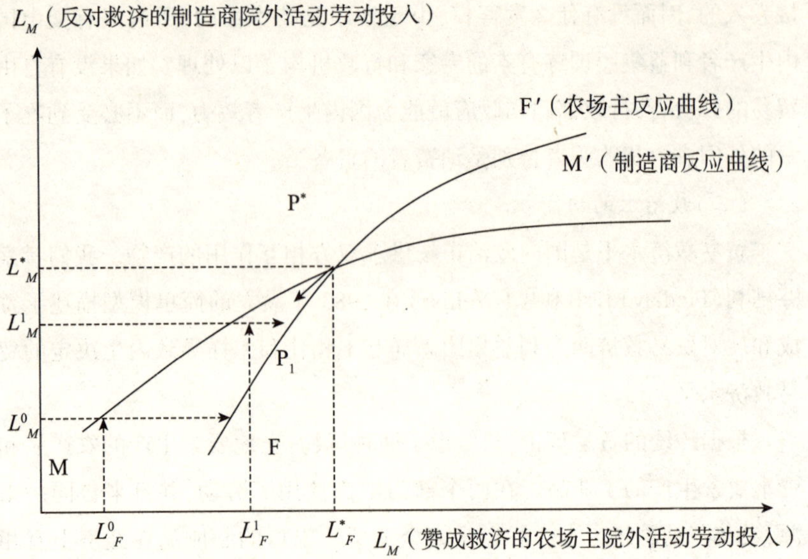

图 6-3 两大利益集团斗争的反应曲线和均衡

一致的唯一点，这时双方都不会互相促使改变院外活动的费用，制造商所耗费的劳动为 L^*_M，农场主为 L^*_F。这一均衡决定院外活动经费的总数（$L^*_M + L^*_F$）和分布 L^*_F / L^*_M 以及贸易救济水平 T^*［据式(1)算出］。

如图 6-4 所示，均衡点 P^* 的左上方对应着较低贸易救济水平曲线 T′，因为假定 L^*_F 不变，反对贸易救济的制造商会使用更多的院外活动经费 L'_M 以影响贸易救济向下降。因此，均衡点 P^* 下方的 P^{**} 对应着较高贸易救济曲线 T″，因为反对贸易救济的制造商出赞成贸易救济的农场主花费较少的院外活动开支。

这个模型言简意赅地说明一个总的均衡，它能决定院外活动全部资源税有多少用于生产经济财富（农产品和工业品）和有多少用于利润追求。用于生产经济财富的劳动力为 $L^* = L - (L^*_M + L^*_F)$，由于政治竞争而引起的福利损失为 $\omega(L^*_M + L^*_F)$，式中 ω 为劳动的经济价值。这个模型从高度综合的观点分析了贸易救济的斗争，它的主要弱点是没有考虑到贸易救济和自由贸易的公共财富特点以及附随的“搭便车”者的影响，而只是假定农场主与制造商利益集团的存在和他们认为进行贸易救济斗争是合算的。

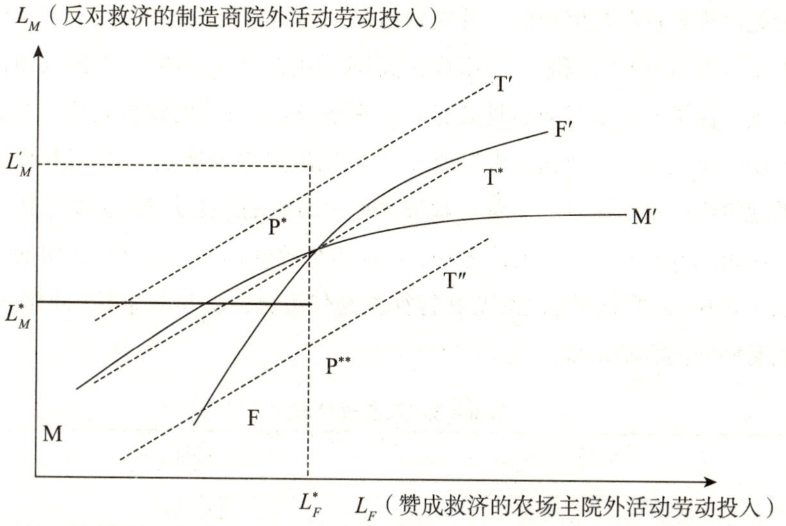

图 6－4　院外活动的均衡和相关贸易救济水平

另外一些关于贸易政策的政治市场的模型比较周密地集中研究利益集团对贸易措施的需求和政党（或政府）对贸易措施的供应两者的相互作用问题（Brock&Magee，1978）。压力集团“投放”选票和金钱以影响政党对待自由贸易和贸易保护主义争端的态度。比较集中和组织比较好的贸易救济得益者，给考虑他们愿望的政党以财政支持，可以弥补他们选票的不足，而贸易救济损失者一般拥有较多的票数，但他们能搜集的资源不足。两个竞争的政党为了上台执政，不得不动用他们所支配的财政经费并在自由贸易与贸易保护主义的争端上选择适当的态度，以便尽可能获得最多的票数。一个政党越是倾向于贸易保护主义，它从赞成贸易救济的压力集团得到的资源就越多，但又因此而疏远了反对贸易救济的消费者选民（同时还失去赞成自由贸易的出口集团的某种财政支持）。当资源增值对重新当选概率的正边际效应等于其他集团失去选票（和资源流动）的负边际效应时，就达到政党对贸易救济问题的最适宜态度。这个模型能内生地决定贸易救济水平、决定用以资助政党的资源总额和分配以及两党间选票的分配。这种结构的贸易救济可以看作成均衡政治市场的“价格”。

可见，贸易政策是由国内政治市场所决定。为了从贸易保护中获取好处而投入资源是值得的。赞成贸易保护集团主要由进口竞争工业(资本所有者、管理人员和工人)组成,他们所持的政治态度激烈,是因为他们对贸易保护的需求显而易见并且容易理解,组织问题也较易处理。赞成自由贸易集团主要由消费者组成,由于"搭便车"者的影响,他们觉得要有效地组织起来是困难的。贸易救济水平和结构是需求方面(主要是按工业组织的利益集团)和供给方面(政府和行政部门)二者相互作用的结果。表6-2所示贸易法案及其特征正是代表自由贸易和贸易保护两种贸易倾向的竞争结果。

表6-2 入选贸易法案

法规	特征
1824年《关税法案》	保护主义
1828年《关税法案》	保护主义
1832年《亚当斯妥协关税》	保护主义
1833年《克莱妥协关税》	自由化
1842年《关税法案》	保护主义
1846年《沃克关税法案》	自由化
1857年《关税法案》	保护主义(众议院)/自由化(参议院)
1861年《莫利尔关税法案》	保护主义
1875年《关税法案》	保护主义
1884年《莫里森议案》	保护主义(众议院)
1888年《米尔斯议案》	自由化(众议院)/保护主义(参议院)
1890年《麦金利关税》	保护主义
1894年《格曼关税》	自由化
1897年《丁利关税》	保护主义
1909年《佩疮·奥尔德里奇关税》	保护主义
1913年《安德伍德关税》	自由化
1922年《福德尼—麦坎伯关税》	保护主义
1930年《斯穆特—霍利关税》	保护主义
1934年《互惠贸易协定法案》	自由化

续表

法规	特征
1937年《互惠贸易协定延长》	自由化
1945年《互惠贸易协定延长》	自由化
1955年《互惠贸易协定延长》	自由化
1962年《贸易扩张法案》	自由化
1970年《米尔斯议案》	保护主义(众议院)
1974年《贸易改革法案》	自由化
1974年《麦金太尔修正案》	保护主义(参议院)
1984年《贸易补偿改革法案》	保护主义(众议院)
1991年《反对快速立法》	保护主义
1993年《北美自由贸易协定》	自由化
1994年《关贸协定乌拉圭回合》	自由化

资料来源:[美]艾尔·L.希尔曼:《贸易保护的政治经济学》,北京大学出版社2005年版。

贸易救济发起国政府,往往迫于政治压力,特别是来自受进口产品冲击大的利益集团和反对党的压力,尤其是在国内大选期间,为了赢得更多选民的支持,顶着外国政府贸易报复甚至是损害双边关系的压力,而采取一些贸易救济措施,以此来作为竞选的政府筹码。贸易救济的背后,有其政治的背景和政治的目的。这就违背了公开、公平、自由贸易的原则。

例如,对美国的研究表明,当其国内产业面对经济调整的巨大压力和过重负担时,往往寻求反倾销、反补贴或者保障措施救济以达到阻止进口的目的,而根本不考虑这些措施本身的针对性。美国政治领袖人物作各种决策,首先关心的问题是争取选民好感,为下一轮选举赢得选票。多年前,老布什在与克林顿角逐白宫时,突然宣布向中国台湾出售大批战斗机,就是因为这笔交易可以给得克萨斯州带来很多就业机会,利于他赢得得克萨斯州的关键选票。2002年3月5日,美国总统小布什宣布,对10种进口钢材采取保障措施,在为期3年时间里,加征最高达30%的关税。小布什总统对钢铁征收保护性关税的命令一出,美国舆论立即普遍指出,小布什已在为下次总统选举布局,他的醉翁之意,是西弗吉尼亚州钢铁工人的选票。赢得选票和重新当选的考虑压倒一切,而给选民以经济利益,则是赢得选票的最有效手段。因此,美国无论将来谁入主白宫和国会,在制定外贸政策时,都会以国内选民的利益为重,即使引起与他国贸易摩擦也在所不惜。

二、贸易救济的国际政治市场分析:国家利益理论

(一)国家利益原则在贸易救济政策中的体现

一国的贸易救济政策形成过程实质上是一个公共选择的过程。从总体上来说,它涉及两个方面的利益,一个是国内各个部门和集团的利益,另一个是国家利益。贸易救济政策对国内利益全局关系的协调和控制,是在具有强制力的国家的基础上,通过不同利益集团在政府部门有秩序的状态下谋求自身的利益满足和利益实现来进行的。而贸易救济政策对国家之间的利益全局关系的协调和控制,则是在没有超国家政府的基础上,通过各个自主的国家在无政府状态下谋求国家利益的最大满足和利益实现来完成的。

国家作为国际贸易的"影子主体",具有自己独立的利益目的。这种利益目标是最终的,是一种比私人和集团利益目标更高一层的利益目标。作为国际贸易活动的控制者,国家既可以利用政治、外交手段为国与国之间的贸易打通渠道、提供保证,也可以出于政治利益、外交利益制定自己的贸易政策。但是,当私人或者某个集团的利益目标与国家利益目标发生冲突的时候,国家就可以借助国家机器的控制力,以种种经济的或非经济的手段,将自己的意愿强加给私人或者这个集团,有效地把私人的利益要求加以转化或强行排除,从而能够并且必然贯彻自己利益目标。因此我们也可以说1860年英国实行自由贸易政策而牺牲农场主的利益是为了实现其世界霸主地位的结果;1960年日本实行严格的贸易保护政策是为了实现其国家复兴的结果;1990年海湾战争以后,美国还对伊拉克实施最严厉的经济制裁,实际上是为了维护美国在海湾地区的政治安全利益;1994年,我国因为坚持自己的基本原则和立场而没有盲目"复关"也是为了维护我国的经济利益和安全利益的结果。

在国内集团利益和国家利益不发生冲突的时候,贸易救济政策则更

多地体现了有影响力的政府部门代表的某一利益集团的利益表达和利益选择的结果,也可能是不同政府部门代表的不同利益集团的利益表达和利益选择的综合或平衡的结果。国内各种利益集团和政府部门都是追求最大自身利益的"经济人",它们都是某种贸易救济政策的需求者,希望某种贸易救济政策能够满足和实现它们的利益。但贸易救济政策不可能公平地满足和实现它们的利益,必然或多或少地损害一部分利益集团和政府部门的利益,至于最后选择能满足和实现哪一个利益集团和政府部门的贸易救济政策,这要看哪个利益集团和政府部门拥有更多的权力资源。因此,贸易救济政策形成过程,也就是不同利益集团和政府部门在权力资源基础上的利益表达和利益选择的结果。从不同利益集团的利益表达和利益选择对贸易救济政策形成的影响来看,我们可以说 1846 年英国废除谷物法是英国棉纺业资产阶级组成的"反谷物法同盟"的利益表达和利益选择的结果;1930 年美国斯穆特·霍利关税法是美国不景气的农业集团的利益表达和利益选择的结果;1960 年以来法国农产品贸易政策是法国农民的利益表达和利益选择的结果;1979 年墨西哥放弃加入关税与贸易总协定的政策是从保护贸易政策中获得巨大好处的工商业界的利益表达和利益选择的结果;在倡导自由贸易的 2002 年,美国还为了国内的夕阳产业和欧盟进行钢铁大战是其钢铁集团的利益表达和利益选择的结果。

(二)发达国家的贸易救济政策原则

1. 出口:竞争优势与自由贸易政策

由于本国产品在国际市场上具有较强的竞争优势,发达国家无须依赖特殊的国际贸易政策支持本国产品占领国际市场。它们管理经济的侧重点主要是保持本国经济的持续稳定发展、降低失业率等,国家利益的重心也在于此。发达国家在世界上所具有的领先的经济发展水平和科技水平,使得它们的大部分商品都具有较强的竞争优势。正如我们所知道的那样,商品的出口将会带来出口乘数效应,刺激国内经济的发展,增加就业率等。对于发达国家来说,实行自由化程度较高的贸易政策,可以使整个国际市场日益开放,有利于本国具有竞争优势产品占领国际市场,进而实现贸易活动对本国经济增长的拉动。因此,他们将选择自由化程度较高的贸易政策。

2. 进口：竞争劣势与贸易保护政策

但是，并不是发达国家的每一样商品都能在国际市场上占绝对优势的。借助国家利益原则，我们也很容易解释发达国家加强传统的低效益的劳动密集型工业的贸易救济保护的原因了。根据比较优势理论，发达国家应当集中力量于自己具有优势的工业制成品，进口发展中国家的劳动密集型产品和初级产品；发展中国家则刚好相反，这样对贸易双方都有利。然而，在现实中，我们却看到各发达国家不仅没有放弃反而加强了对那些传统的低效益的劳动密集型工业的保护。从 20 世纪六七十年代以来，新兴工业化国家和地区实现从依赖传统的初级产品向主要依赖于制成品出口的结构转换，这些产品主要是技术含量低的制成品，如纺织品、服装、鞋类、玩具和基础机械等劳动密集型产品。这些成熟产业从发达国家转移到了新兴工业国家或地区。由于要素刚性的存在或要素比例不对称，发达国家的扩张产业（或新兴产业）难以从收缩的产业部门吸纳转移生产要素，无法及时吸收消化因产业结构调整所造成的结构性失业——而且还是劳动密集并集中在高失业率地区。于是，产生了国内利益集团之间的矛盾。政府为了降低失业率，实现经济目标，加强了对这些产业的保护。2002 年 3 月的世界钢铁大战正是美国为了维护自己的国家利益而保护其相对落后的钢铁产业活生生的例子。2000 年下半年，美国经济的长时间不景气导致了全球贸易的萎缩，全球钢铁产业的产能过剩也进一步恶化，多家美国钢铁公司倒闭并直接导致了大量钢铁工人的失业。为了缓解国内的经济矛盾，降低失业带来的负面影响，美国政府拿起了保障措施来保护其传统的钢铁产业，当然这也引发了世界上新一轮的国际贸易摩擦。

为了防止不公平贸易的产生，WTO 规定成员方可以采取反倾销、反补贴和为“保障”国内产业而采取紧急措施三大原则。WTO 成员方大多利用 WTO 的该规则来保护本国产业，发达国家更是凭借其对 WTO 的控制权和 WTO 规则的熟知，加强对国内产业的“暗保护”。自 1990 年至 2001 年 6 月底，全球反倾销调查立案总数达 3032 起，表 6－3 按数量顺序，显示了这个时期立案数量最多的国家和地区。

表6－3　1990～2001年6月全球反倾销案立案最多的国家和地区

国家和地区	立案数量	所占比例(%)
美国	457	15.1
欧盟	450	14.8
澳大利亚	400	13.2
阿根廷	223	7.4
加拿大	207	6.8
墨西哥	187	6.2

数据资料来源:根据2001年中国经济统计年鉴及2002年WTO年报相关数字计算。

表6－4　反倾销、反补贴和保障措施立案前10名的国家列表

排名	反倾销		反补贴		保障措施	
1	印度	412	美国	70	印度	15
2	美国	358	欧盟	42	美国	10
3	欧盟	318	加拿大	16	约旦	10
4	阿根廷	193	南非	11	智利	10
5	南非	191	澳大利亚	6	捷克	7
6	澳大利亚	174	新西兰	6	厄瓜多尔	7
7	加拿大	133	智利	4	保加利亚	6
8	巴西	119	埃及	4	菲律宾	6
9	中国	110	秘鲁	3	委内瑞拉	6
10	土耳其	97	阿根廷	3	阿根廷	5

资料来源:王云飞:“国际贸易救济措施应用的对比性分析”,载《世界经济研究》2006年第5期。

1995年到2002年6月全球发生的147起反补贴案,主要的发起国家和地区是欧盟、美国、加拿大、澳大利亚、南非、巴西等。其中,美国是使用反补贴措施最多的国家。可见,发达国家充分利用了WTO规则实现了对国内产业的保护。虽然,美国等发达国家实行自由化程度较高的贸易政策,并且凭借自已的经济实力驾驭和主宰着WTO。但是事实证明,发达国家对WTO的支持是建立在本国国家利益的基础上的。从克林顿政府

主张政府积极参与对外贸易事务,变“自由贸易”政策为“公平贸易”政策,并开始实施战略贸易政策,到美国的一再阻碍我国加入WTO都能体现这一点。

“二战”后,美国把公平贸易作为一项政策原则强加给别国。当它贸易出超,国际收支顺差,市场竞争条件有利时,就指责别国实行的关税和非关税政策是不公平的贸易待遇,要求予以取消,向美国敞开大门,这是进攻型公平贸易政策;反之,就指责那些对美国出口剧增或贸易顺差的国家实行不公平的贸易政策,要实行数量限制,或征收反倾销税,或要求出口国家自动限制出口,把自己的贸易逆差都归咎于对方市场上开放的不平等,这是保护型公平贸易政策。近年来,发达国家越来越高的呼声是要求“公平贸易”而不是自由贸易。但很难保不被践踏。毕竟在国际经济中,国家利益还是至高无上的。

(三)发展中国家的贸易救济政策原则

发展中国家既要支持本国具有比较优势的初级产品出口以获得外汇和技术等,又要抵御发达国家的工业制成品对本国市场的冲击,以便为本国的工业化发展提供所需的生产要素和足够的市场空间。由于发展中国家在传统的国际分工关系中,始终是以初级产品的生产者身份出现在国际市场中,而相比工业制成品,初级产品贸易往往会处于不利地位。从需求方面来看,初级产品出口面对的是日益缩小的国际市场和日益下降的价格水平。从初级产品的供给条件来看,由于技术落后和开发过度,开发条件恶化,开发成本日益增大。发展中国家的初级产品生产总有一天会遇到收益递减的困境,发达国家会随时改变将资源更为充裕的国家作为自己的贸易对方国。而且,发展中国家片面追求初级产品出口可能导致国内缺乏投资品工业部门,由此产生的后果是:初级产品和劳动密集型产品出口国因对外贸而增加的有效需求,大部分没有留在国内,而是漏到国外去了。于是形成收入的两个漏出,一个是进口的漏出,另一个是储蓄的漏出。这样,对外贸易没有产生带动本国经济发展的效应。因此,通过加速本国工业化扭转本国的产品结构和贸易结构,成为发展的最有希望的途径。面对加速工业化和国外产品竞争的现实,发展中国家选择贸易救济政策来保护本国市场也成了自然的选择。

发展中国家实行保护性的贸易政策还出于国家利益中的文化利益——民族自尊。进口商品的品种和质量常常反映了别国的文化和经济发展水平,而且进口的商品一般比国产的要"物美、价廉"一些,尤其是发展中国家进口的先进工业制成品,许多是国内不能制造的。在消费者崇洋媚外的时候,政府往往会觉得有损民族自尊心和自信心,为了增加民族自豪感,政府一方面从政治上把使用国货作为爱国主义来宣传,另一方面希望通过贸易救济政策来减少外来冲击,发展民族工业。

"二战"后,获得政治独立的大多数发展中国家采取了贸易保护的国际贸易政策,以期实现工业化,改变自己在国际分工历史中形成的畸形经济结构和地位。但绝大多数没有如同英美等国的历史以及亚洲四小龙那样取得预期的效果。根据李斯特的幼稚工业保护论,一国国民经济发展的主要因素为国民的素质、各国经济部门的相互关系、国内市场的扩张力、社会的各种制度等。在符合社会生产力发展要求的条件下,实行保护性的贸易政策才会产生经济发展长期利益的良好效果。新独立的大多数发展中国家之所以没取得应有的效果,除了一些客观条件外,在于没有注意培养和创造这些条件,没有正确地选择应保护的民族产业——应当是具有潜在的优势,其发展能带动其他部门的发展的产业。所以对于发展中国家来说,选择贸易保护政策,并创造符合生产力发展要求的社会条件,是实现工业化目标的"国家利益"的关键。

虽然 WTO 对发展中国家的政策给发展中国家带来的好处极其有限,但它的一些优惠政策确实对发展中国家的经济发展起了一定的促进作用。对于发展中国家来说,也应借助 WTO 规定的其他缔约国不应谋求发展中国家作出有害其经济健全或发展的让步等原则,促进民族经济的发展,实现工业化,这甚至关系到发展中国家的生存利益。就是站在发达国家和世界经济长远发展——相对稳定和均衡发展的角度来看,也有必要促使发展中国家借助贸易保护实现自身经济的发展。当然,发展中国家的贸易保护并不等于闭关自守,也不是绝对排除国际竞争,而是把这一竞争限制在本国经济所能承受的范围之内,通过扶植逐渐增强其国际竞争力,这正是为了自由贸易创造条件。

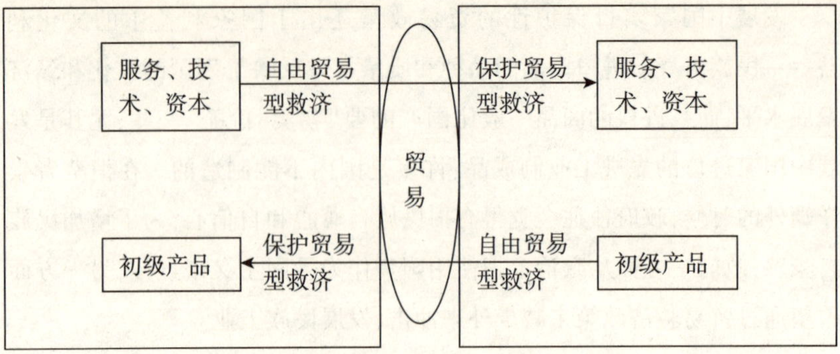

图 6－5　国家性质与贸易救济

三、国内与国际双层博弈:贸易救济性质的决定

国与国之间的贸易救济政策经常是相互影响的。一国的贸易救济政策可能会引起贸易伙伴国的报复,最终爆发国与国之间的“贸易战”。国与国之间也可能通过贸易谈判互相降低贸易救济壁垒。区域性的自由贸易协议涉及几个甚或十几个国家之间的合作,而关贸总协定的关税谈判包括的国家数目更多。国与国之间围绕贸易救济政策的博弈,实质上是一种“双层博弈”。一方面,国家在制定本国贸易救济政策或围绕贸易救济政策谈判时,要考虑到其他国家的反应;另一方面,每个国家的执政者还必须面对本国的政治力量,他必须考虑如何使自己的义理性支持最大化。

我们的讨论将以格罗斯曼和赫尔普曼 1995 年发表于《政治经济学杂志》的《贸易战与贸易谈判》以及他们同年发表于《美国经济评论》的《自由贸易区的政治学》为基础。

(一)贸易救济的实施

约翰逊(Johnson)早在 1950 年便曾讨论过两国之间互相实施报复性的关税政策。到了 1960 年,迈耶、雷兹曼(Riezman)又讨论了两个国家之间的贸易政策谈判。他们的这些研究假定政府的行为目标是追求社会福利最大化,一国的外贸政策制定还要受到他国的政策决策影响。

我们将首先讨论两国在非合作的条件下的贸易救济政策博弈,也就是说,一方面一国的贸易救济政策制定必须考虑到他国的贸易救济政策决策;另一方面,一国的贸易救济政策制定并不考虑其决策可能对他国的公众、利益集团的福利所造成的影响。简单地说,我们假定每个国家均在他国的贸易救济政策为已知的条件下相应地调整本国的贸易救济政策。

执政者关心的还是本国选民和利益集团的利益。假定一国可以影响世界市场上的价格,那么执政者还关心如何可以通过贸易救济政策改善本国的贸易条件。正是由于本国的贸易救济政策以及他国的贸易救济政策均能影响到世界市场的价格,所以这便影响到国内利益集团的收入状况,并进而影响到其政治献金的提供数量。

格罗斯曼和赫尔普曼指出,在均衡条件下一国的关税水平受两个因素的影响。一是本国国内政治博弈对贸易救济政策的影响,二是新增加的一个部分,即对贸易条件的考虑。实际上,若只考虑这种因素,所得出的结论和约翰逊提出的最优关税公式就会一样。

假设我们将一国经济分为进口替代和出口两个部门,如果进口替代行业的利益集团实力雄厚,又或者出口行业没有出现利益集团,那么进口替代行业得到保护性的高水平贸易救济,而出口行业却要交纳出口税。在这两种情况下,执政者对改善贸易条件的关心与主导性利益集团关心自己利益的关心正好吻合。执政者想通过贸易救济提高本国产品的国内价格,这便受到本国进口替代行业的支持;执政者想通过加征出口税提高本国产品的世界价格,这也使除出口行业之外的其他利益集团得利,因为它们均可能为出口产品的消费者,现在它们可以以更实惠的价格消费到出口行业转为内销的产品。

在进口替代行业中不存在利益集团或是出口行业中利益集团实力雄厚的情况下,利益集团的利益与执政者改善贸易条件的努力发生冲突,最终出台的贸易救济水平受到多种因素制约。

(二)贸易救济争端与谈判

根据最优关税理论,若是一国可以影响世界市场上的价格水平,它便可以通过实施贸易救济保护改善本国的贸易条件,以便使本国的收益比在自由贸易条件下更大。但是,一国实施贸易救济保护的结果将降低其他国家的福利水平,而且,若是两国之间互相实施报复性的关税水平,便可能会使它们的福利水平低于自由贸易条件下的福利水平,如果认识到这一点,这两个国家便有可能通过贸易救济谈判降低彼此的贸易救济水平,这样一方面能减少贸易救济带来的社会成本,另一方面也可以将彼此的贸易条件确定在一个双方均能接受的水平上。

格罗斯曼和赫尔普曼提出了一个分析两国之间贸易救济谈判的思路。当两个国家愿意互相合作、共同商定其贸易救济水平时,它们所关心的并不仅仅是本国的利益,还会关心另一国家的利益。这类似于这两个国家在贸易救济谈判问题上结成了同盟,"合并"成了一个"政府",追求的是一个共同的目标函数。

格罗斯曼和赫尔普曼指出,在最后的均衡状态下,两国决定的是两国贸易救济水平之比,这是因为,决定两国福利水平及其国内各行业利润的并非其各自的绝对价格水平,而是其相对价格水平。相对价格水平是由两国贸易救济之间的差异所决定的。

两国间贸易救济水平的差异取决于其各自的国内政治博弈及经济结构。若甲国国内的利益集团较活跃而乙国国内的利益集团不活跃,则甲国就能争取到相对较高的贸易救济水平。若甲、乙两国同一种行业内的利益集团均很活跃,那么它们之间的较量又取决于:(1)该行业产量在两国经济总量中的比重哪个国家中该行业的产量在该国经济总量中的比重更大,就意味着该行业在国内政治中的分量也更重,该国的贸易救济水平也相对较高。(2)两国执政者对本国社会福利给予的权重。若一国的执政者考虑更多的是本国利益集团的利益而非公众的利益,它便会提出更高的贸易救济要求。(3)该行业特种要素所有权的集中程度。若该行业在某一国的所有权更集中,表明该行业利益集团的成员数量较少,更易于达成合作,所以该国的贸易救济水平也相对较高。此外,对于一国的某行业来说,若其进口需求对价格变化的反应较不敏感,则它便有相对的优势说服该国的执政者实施高水平贸易救济。这是因为较高的进口需求弹性意味着实施贸易救济保护的社会成本较高,可能会令执政者望而却步。

若两国利益集团的力量势均力敌,则两国的贸易救济水平也恰好持平。一国的进口贸易救济水平恰等于另一国的进口补贴。在这种情况下,两国的福利状况与在自由贸易条件下完全一致,格罗斯曼和赫尔普曼的分析表明,利益集团的活动并非导致贸易救济水平较高的主要原因,导致两国贸易救济水平偏离自由贸易条件的根本原因是两国国内利益集团力量的不平衡。

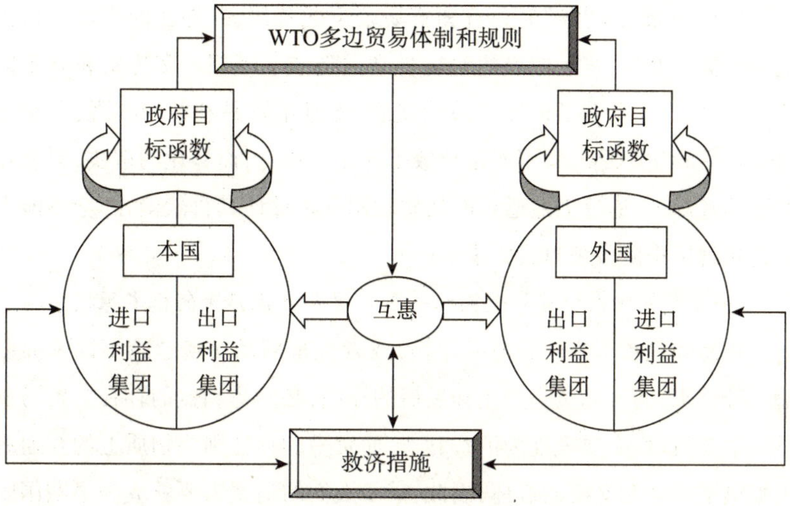

图 6-6　WTO 体制和规则的政治经济学

总之,在不同的时期,一国贸易救济政策表现出的侧重点有所不同。随着国内外政治形势的变化,贸易救济政策的重点或是朝国内经济和政治利益倾斜或是朝对外经济和政治利益倾斜。不过,无论贸易保护主义的贸易救济还是贸易自由化的贸易救济都是国家利益的实现方式。随着全球化和国际关系的日益紧密,一国政府更多从世界经济和政治的高度推行符合国家内外政策目标的贸易救济政策,必须对满足国内利益和国外利益的需要进行平衡。国内外利益驱动下的贸易救济政策表现为推行贸易自由主义或实行贸易保护主义。

四、WTO 法律框架下的贸易异化

异化是指主体在一定的发展阶段,由于自身的活动而产生出自己的对立面,而这个对立面又变成异己的外在力量,并转过来反对主体本身。所谓的主体并非一定是人类活动,只要是存在自然和社会属性的一切事物在特定的情况下都会产生异化的情形,而异化的对立双方的关系也并

非静止的或是单向变动的，一方的活动必然会引进对立方的相应反应。而本部分正是从异化理论的角度出发，对当今国际贸易体系进行哲学反思，从而探讨贸易体系产生和发展的一般规律。

贸易的异化是指贸易利益和贸易政策的背离，并外在的表现为自由贸易和保护贸易，贸易的异化对贸易利益造成了减损。多边贸易体系的建立，虽然大大推动了世界贸易的发展，促进了贸易利益的实现，但是它对于贸易异化不是消弭了而是导致了异化的深化，而异化的解决，只能在发展的基础上，通过创造适合的物质和制度条件使其自然消亡，绝不能人为地超越历史阶段来盲目索求。

（一）贸易利益和贸易政策的关系是贸易异化产生的根本原因

贸易即是指国家间的商品交换，或者说是商品交换超越了国家界限的一种结果；而推动贸易产生和发展的原因，必然是利益的存在。贸易利益的早期阶段，主要表现为消费利益，而贸易的存在则为物质上的互通有无提供了可能和必要的载体，因此，满足人们的消费需要就成为早期国际贸易利益的主要表现形式。随着生产力从自然经济为主的家庭生产过渡到社会化大生产，贸易利益也从消费利益为主转变成生产利益为主的阶段，而国际分工则成为国际贸易产生和发展的基础。

贸易利益的存在要求参与贸易的国家建立起必要的制度以创造和保护这种利益，正是在这种情形下，贸易政策逐渐建立和发展起来，并成为国家政策中的重要一支。贸易利益的存在（尤其是发展到贸易利益以生产利益为主的阶段）是促使贸易活动广泛发展的重要原因，而为了约束和管理贸易活动以保障贸易利益的取得是贸易政策和贸易体系建立的初衷，也就是说，是贸易利益的不断发展创造了贸易政策和贸易体系，贸易政策是为了贸易利益的创造和扩大而服务的。

但是，基于“比较优势”的模型只研究了贸易利益的产生，而没有探究贸易利益的分配。对于一个参与贸易的国家来讲，其要保护和获取的贸易利益（生产利益）就有了两层含义。其一，是在既定的贸易条件的情况下，贸易利益总量的扩张；其二，是在贸易利益总量既定的情况下，贸易条件的不断改善。而贸易政策则是以国家利益为出发点进行制定和完善的。相应地，各国的贸易政策也就不再单纯是为了保护和推进贸易利益总量的扩张，而转变为追求本国贸易利益的最大化，也即在扩张贸易利益总量的同时更加注重通过必要的政策措施和安排来获取贸易条件的改善。而如果一国通过贸易政策来实现贸易条件的改善，其后果必然是造成另一国家的贸易条件的恶化，而另一国家也必然会采取措施来保护并攫取自己的贸易利益，从而使各国贸易政策的重点从争取贸易利益总量的扩张转变为现有贸易利益的争夺，而在争夺过程中以邻为壑的贸易政策最终会损害贸易利益创造和扩大，甚至会造成现有贸易利益的减损，贸易政策成为贸易利益的对立面，至此，贸易的异化形成了。

（二）自由贸易政策和保护贸易政策的对立和演进是贸易异化的外在表现

自由贸易政策是为了保护和推进人类总福利的增加和贸易利益总量的扩张，是反映贸易利益要求的外在表现。保护贸易政策的实施基础是在现有贸易利益总量的情况下，通过必要的政策措施来为本国获取更多的国际贸易利益，争取贸易条件的改善，是贸易异化的实体化。

自15世纪人类社会进入了资本主义生产方式的准备时期开始，保护贸易和自由贸易两大政策便开始了对立和交替演进的过程。两大政策体系相融合而存在，相斗争而发展，是贸易异化发展的外在表现。一国在自由贸易和保护贸易之间的政策抉择仍然以获取最大化的利益为决策目标。当贸易发展很快，贸易利益总量增长很快的时候，国家倾向于采用自由贸易政策以保护和推进贸易利益总量的扩张；当贸易发展放慢，贸易利益总量增长乏力的时候，各国政策的重点转向现有贸易利益的争夺，国家倾向于保护贸易政策。如此，便表现为保护贸易和自由贸易的对立和交替，表现出贸易政策和经济环境的密切相关性。贸易异化是导致这一现象的根本原因，要解决贸易保护主义的不断回潮和反复，归根结底是解决贸易异化问题，可以预见，在一个较短的历史时期内是无法解决贸易异化的，因此贸易保护主义也将长期存在并不断发展。

（三）多边贸易体系创立和发展及异化的深化

现行多边贸易体制始于1948年《关税与贸易总协定临时适用议定书》的生效，其创建是人们对于战前贸易体制进行深刻反思的结果。主要的资本主义国家为了摆脱1929～1933年的世界性经济危机的困扰，纷纷推行以极端贸易保护主义为代表的贸易政策,造成了贸易的极大萎缩,进而引发经济民族主义的泛滥。而这种极端的贸易保护主义就是贸易异化激化的集中体现,而为了缓和、管理乃至解决贸易异化问题则成为现行多边贸易体制构建的最主要内部动因。

于1995年成立的世界贸易组织(WTO)作为关税与贸易总协定(GATT)在多边贸易体系中的继任者,在职能、机构、机制和内容四个方面都作出了重要的扬弃和发展。其目标是通过有效的国际协调来克服乃至解决贸易的异化问题,进而追求贸易利益最大化和国家利益最大化的统一,贸易冲突(异化的激化)一直坚持在多边贸易框架下协商和解决,但这绝对不是说,贸易的异化已经或者将在现行多边贸易体系下得以消弭,异化的表象虽然得到控制,但异化的形式和内涵却在不断发展,也就是说,现行多边贸易体系下,贸易异化深化了。

贸易异化的深化并不是对贸易利益简单的扭曲和削弱。它是在多边贸易体系下,通过成员方间的多边协议的约束来规制各国贸易政策措施的单一和统一,而并不涉及各国政策目标,这样,成员方只能通过有限的措施和手段来实现多元化的政策目标,形成了政策手段和政策目标间的扭曲,进而造成政策成本的增加和贸易利益的减损,具体表现在:

1. 体制哲学、宗旨和基本原则

世界贸易组织的体制哲学,主要能够表明该组织性质和主张的思想状态。“世界贸易组织不是一个自由贸易机构,它只是致力于逐步实现贸易自由化,促使成员方开放,由此营造一个公平无扭曲的竞争环境。”可见世界贸易组织对于推进贸易的发展不是强调成员方要在多大的程度上采取放任的政策(自由贸易政策),而恰恰是强调应采取足够的政策措施来对贸易实施管理(保护贸易政策),然后通过对这些政策措施的管理和约束来推进可贸易商品的种类和规模的不断扩大。从这一性质来看,尽管世界贸易组织表现为一个追求贸易自由的多边贸易机构,但就其体制的哲学却是管理和干预的保护贸易思想,深藏其中的仍然是贸易的异化。

世界贸易组织的宗旨和目标在1993年12月完成的《建立世界贸易组织协定》中阐述得清楚而明白,除了对可持续发展和环保进行强调之外,对于贸易的推动与发展仍是坚持在不减损成员利益前提下进行,而这种不减损往往是对世界贸易利益的一种损害(帕累托改进和卡瑞多改进的关系),政策仍然未能完全与利益相统一。

世界贸易组织的基本原则内容相对广泛,包括诸如:非歧视原则、关税保护与取消数量限制原则、促进公平竞争原则、透明度原则、允许例外和差别待遇原则、稳定和贸易发展原则。其中最核心、最基础的是非歧视原则,其最惠国待遇和国民待遇两个标准对于整个多边体系产生着重大的影响,但这两个标准本身也推进了贸易异化的深化。其实质上扭曲了贸易方向和利益,对世界总贸易利益也造成减损。

2. 多边贸易体系的职能

根据《建立世界贸易组织协定》,世界贸易组织的职能包括:促进世界贸易组织目标的实现;按一体化的争端解决规则与程序,主持解决各成员之间的贸易纠纷;按照有关贸易政策审议机制,负责定期审议各成员方的贸易制度和与贸易相关的国内经济政策等,为讨论的简明起见,我们只选择其中的贸易争端解决机制(DSU)来进行评析。

世界贸易组织的争端解决机制本身对于贸易异化构成抑制,但是必须说明的是,一个规则是否成功之处不仅在于其规则本身的完备、逻辑、公平和有效,而且必须包括违规之后的强有力的监督和惩处。从DSU来看,维护其权威性的主要措施是,授权胜诉方可以对拒不执行裁决败诉方实施“报复”乃至“交叉报复”(cross sectoral retalliation)。而这种“报复”行为本身就是通过彼此减损贸易利益的做法来达到权利义务的重新平衡,贸易政策再一次合法地背离了贸易利益,贸易在更深层次上异化了。

3. 多边贸易体系的决策机制

世界贸易组织的决策机制仍然沿袭关贸总协定“协调一致同意”原则。但就关贸总协定和世界贸易组织所举行的历次贸易谈判来看,在决策机制中最核心的却不是“协调一致同意”这个制度原则本身,而在于其决策的程序。由于核心成员全部属于发达国家,因此,其贸易议题也主要集中于发达国家所亟待协调的领域,而对于发展中国家的重大利益所在则较少的涉及或者是仅仅作出一些非具体的原则性规定。这样,一方面导致发达国家的贸易政策不再致力于创造更多的全球贸易利益，转而致力于现有贸易利益的转移（实际变成从发展中国家攫取，在发达国家间协调利益分配）；另一方面，使得发展中国家的优势无法实施，资源配置仍然是扭曲的，全球实现的贸易利益相比于潜在利益仍存有巨大的差距。

4. 多边贸易体系的政策手段和措施

关贸总协定和世界贸易组织对于成员对国内市场和产业的实施保护是认可的，但是，对于保护手段措施却有着严格的规定，即采用透明度、非歧视性和非数量限制特点较强的关税措施作为唯一合法的保护手段。这一规定对于遏制超保护贸易政策和非关税壁垒的泛滥有着重要的作用，但是，我们也必须看到它同时也使政策手段过于单一，造成成员在合法的对国内幼稚产业和产业升级实施保护的时候，政策成本提高和贸易利益减损。

总之，现行的多边贸易体系在克服贸易扭曲、规范和实现贸易利益方面做出了巨大的成就，但却没有克服贸易异化。异化在新的环境下不断变化、发展和深化，而这种深化了的异化也必将推动多边贸易体系进一步走向完善和规范。

（四）贸易异化的解决

异化在自然界和人类社会中普遍存在，异化的解决也绝非通过简单而直接的反对异化的具体形式来实现，我们必须长期与异化共存，研究和总结异化产生、变化和发展的一般规律，然后创造必要的客观条件从而使之最终自然消亡。具体的从解决贸易异化的层面上看，我们应该在以下三个方面坚持与时俱进、革新调整。

1. 坚持贸易政策为国家利益服务的原则

贸易政策所追求的贸易利益是超越国家利益的，是一种更高层次和更深意义上的利益，在一个相当长的时期内，它只能作为潜在利益的形式而存在。这种潜在利益的实现，不能仅仅依靠一个国家对于国家利益的放任，而应该是世界各国的共同努力、共同超越国家利益的结果。在现阶段，任何一个国家对于国家利益放任的后果，不仅无法实现更高意义上的利益，同时也将导致国内利益的巨大减损乃至影响和破坏整个国民经济的发展。世界各国坚持贸易政策为国家利益服务的原则，通过最大化的扩张局部利益来推动整体利益的扩张,尽管帕累托最优不是人类社会利益的最高状态,但在一定历史阶段,实施帕累托改进却是成本最小的一种追逐更高利益的方法。在一个相当长的时期里,我们坚持国家利益最大化则就是坚持寻求世界利益的最大化,我们坚持贸易政策为国家利益服务,就是坚持贸易政策为世界利益的实现服务。

2. 坚持对多边贸易体系的调整和革新

多边贸易体系是协调国家间利益、避免异化激化的重要机制。各国在追逐本国利益最大化的同时,必然会涉及分享利益或是利益重叠的问题,这种问题的解决可以通过有效的国际协调来处理,也可以通过国家间的实力对决来实现。而实力对决的结果则往往是两败俱伤,不仅使要追逐的贸易利益成为泡影,而且也将使已经实现的贸易利益遭到减损。这样,不断对多边贸易体系的相关规则和运行机制进行调整和革新,有序地扩大多边体系的范围和外延就成为进一步追逐更高层次贸易利益的必然要求,同时也成为现有贸易利益的稳定和发展的重要保障。

3. 坚持鼓励和规制贸易集团化和区域经济一体化的发展

从目前的情况看,发展水平最高的区域经济一体化组织是欧洲联盟(EU)。而回顾欧盟的发展史,就是在区域范围内对贸易异化解决的历史,通过一体化的进程在约束主权国家利益的同时,使区域利益这种更高层次的利益显化,并成为各个成员国追求的首要目标,域内贸易利益和成员国间贸易政策的异化大大削弱乃至消除了。随着欧盟东扩速度的加快,至2004年又将有十个国家加入欧盟,并将遵守欧盟的运行机制和相关规则,域内贸易异化的削弱和消除的程度和范围还将进一步扩大。因此,作为对贸易异化问题解决的一个阶段性成果,我们应该积极鼓励和推进其发展。

但是我们也必须看到,区域经济组织对于异化的解决仍然只限于域内,对于非成员国来讲,贸易转移所造成的福利损失远远大于贸易扩大的所获取的贸易利益,贸易的异化不仅没有削弱反而大大加深了。而如果放任区域经济组织的行为,则必然会使未来贸易冲突在更大规模上爆发,利益更加难以协调,实力对决的对象不再是国家,而是区域贸易集团。因此,对于区域经济一体化和贸易集团化的规制也是非常必要的。

贸易的异化与人类社会和自然界的其他异化一样,也是特定历史阶段人类文明进步的一个必然过程,贸易异化产生、发展和深化正是推动当今国际贸易体系发展和革新的根本原因。对于异化的解决,必须是在坚持发展的前提下,通过创造适合的物质和制度条件,使得对立双方自然地选择统一,从而使贸易利益在“否定之否定”之后在更高的层次和水平上实现。

第七章　美国贸易救济二重性的实证分析

本章试图从实证的角度论证贸易救济二重性。我们选择一个非常典型的国家美国来进行实证分析。在了解美国实施贸易救济基本情况、特点和主要行动条款的基础上，我们将从美国贸易救济产生和发展过程、实施的内容等角度，分析美国公平贸易和贸易救济所表现出来的矛盾和贸易政策性质，通过分析，我们将从美国贸易救济政策的实践中得到一些启示。

GATT 签订初期，美国奉行“自由主义”贸易政策。在 GATT 成立后的二三十年里，美国基本上奉行“自由主义”贸易政策。因为此时受到“二战”创伤的英、法、日等国都在进行经济的恢复与重建，而唯独美国经济保持平稳发展，美国产品的竞争力具有其他国家所无法比拟的优势。理所当然此时的美国只担心其他国家实行贸易保护。因此在随后的 GATT 的多边贸易谈判中美国一直是自由贸易政策、减免关税等谈判主题的积极倡导者。直至 20 世纪 70 年代，美国基本上实行“自由主义”的贸易政策。

一、美国实施贸易救济措施情况

（一）频繁实施贸易救济

美国作为传统的四个主要反倾销国家和地区（美

国、欧盟、澳大利亚、加拿大)之一,一直是国际反倾销的主要指控国。美国反倾销案占世界反倾销案的比例较高:20 世纪 70 年代占到 44.4%,80 年代占到 22.4%,90 年代占到 16.13%。由于从 20 世纪 80 年代开始,南非、印度、巴西、墨西哥和阿根廷等发展中国家步入反倾销大国行列,美国反倾销案占国际反倾销总案的比重有下降趋势,但从绝对数来看,美国仍然是国际上运用反倾销手段最频繁的国家之一。

美国也是反补贴和保障措施最主要的实施国,在 1990 年至 1999 年全球发生的 285 起反补贴案件中,美国发起了 116 起,占了 41%;在 1995 年到 1999 年间国际社会所实施的 35 件贸易保障措施案中,一半以上是由美国、印度、韩国提出的;在 2000 年至 2001 年间的 79 件世界反保障措施案中,美国也是最主要的发起国。

(二)主要使用反倾销、反补贴贸易救济手段

美国自 1980 年到 2003 年年底,共发起 981 起反倾销案,在最后终裁的 726 起反倾销案中,征税的有 447 件,279 件终止或撤诉,征税率为 45.6%;美国共发起了 442 起反补贴案,其中 114 起征税,328 起终止或撤诉,征税率为 25.8%。美国实施保障救济措施的总数比反倾销、反补贴数少得多。从 1974 年《美国贸易法》制定到 2001 年年底,美国共提出了 73 起保障措施立案,且主要针对钢铁和纺织品等产品。

(三)中美贸易救济摩擦频繁

自 1980 年到 2001 年 6 月底,共有 29 个国家和地区提起对华反倾销案件总计 446 起,其中美国以 87 起名列第二,约占对华反倾销案总数的五分之一,在 1970 ~ 1994 年间,美国排在对华反倾销指控国家的第一位,WTO 成立后到 2001 年 6 月,印度后来居上,位居第一,欧盟和美国退居第二位、第四位。

由于美国也是世界上最主要的保障措施发起国,而且实施保障措施原则只针对产品,因此,美国也是对华实施保障措施最频繁的国家之一。

(四)实施贸易救济措施遵从政治需要

当 GATT/WTO 新成员国那些具有比较优势的产品随着关税等传统贸易壁垒的减少而涌向美国市场时,美国国内的生产者集团就会对政府施加压力,要求对实施贸易救济措施提供方便。而美国历届政府最主要

目标就是重新当选。此时,政府就会迎合各种政治势力的要求,选择向GATT/WTO新成员国实施贸易救济措施。

(五)美国贸易救济法律的行动条款

1."337条款"

"337条款"起源于美国1930年《关税法》,在制定初期其目的主要是解决进口产品对美国企业的不正当竞争、侵犯美国的知识产权和反垄断等问题,后经1974年《贸易法》、1979年《贸易协定法》等多次修改,最终形成了现代意义上的"337条款"——1988年《综合贸易与竞争法》第1342条和1995年《乌拉圭回合协议法》对美国法典第28编的修订。

表7-1　"337条款"的主要内容

类　　别	内　　容	实施情况
侵犯知识产权的产品	侵犯美国专利权、商标权、著作权、集成电路布图设计(拓扑图)、商业秘密等的产品	占有绝大部分比重,对于进口产品和国内产品侵权标准不一,存在非国民待遇
侵犯反不正当竞争法的产品	采用不公平竞争手段,或是进行虚假宣传、侵犯商业秘密的产品	比重较小,约为7%,强调国内产业损害
侵犯反垄断法的产品	非法地限制进口贸易,垄断贸易,非法定价以及价格歧视	比重较小,约为3%,强调国内产业损害

2."301条款"与"特别301条款"

"301条款"是指美国1988年《综合贸易与竞争法》第1301节至第1310节的全部内容,其主要目的是保护美国在国际贸易中的权利。根据这项条款,美国可以对它认为是"不公平"的其他国家的贸易做法进行调查,并可与有关国家政府协商,最后由总统决定采取提高关税、限制进口、停止有关协定等报复措施。

"特别301条款"最初实际上指的是经过修改的美国1984年《贸易与关税法》的第182条,而在1988年《综合贸易与竞争法》第1303条中对其作了增补。因为它与"301条款"内容有关,所以称为"特别301条款"。该条款的正式名称是"确定那些拒绝为知识产权提供足够保护的国家"。

3.“201 条款”

属于市场结构破坏条款,作为贸易救济制度的重要组成部分,是典型的国家利益导向下贸易保护的产物。“201 条款”又称“免责条款”“例外条款”(escape clause),是美国 1974 年《贸易法》的第 201 节,美国法典第 19 编第 2251 节。内容是如果国内行业受到由于进口增多而造成的实质性损害或威胁就可以要求国际贸易委员会(ITC)实施补救性措施。不同于美国的反倾销、反补贴法,此条款不要求调查出口国是否进行了不公平的贸易活动。“201 条款”是整个贸易救济制度的关键一环,与其他相关贸易法律制度共同构筑了美国外贸法律救济制度的完整体例。

4.“406 条款”

2000 年之前,美国国内贸易法中反进口激增的条款主要有“201 条款”和“406 条款”。“406 条款”专门适用于共产主义国家、非市场经济和转型经济国家。中国在加入 WTO 之前,出口至美国的产品就一直适用“406 条款”。作为中国入世的谈判条件,控制中国产品的大量涌入,2000 年依据中美正常贸易关系法案在美国 1974 年《贸易法》中添加的一条针对中国产品的反进口激增条款,也是《中国加入 WTO 议定书》第 16 条“特定产品过渡性保障机制”的“原型”。

二、美国公平贸易政策与贸易救济的产生及滥用

(一)公平贸易政策产生的原因是为了自由且公平的国际贸易

公平贸易政策最早起源于 19 世纪 80 年代的英国。面对日益激烈的国际竞争和国内一些传统优势产业的衰退,发达国家特别是美国认为,当今的无障碍自由贸易不再是公平贸易,应该推行对等开放市场、平等竞争、双边互惠的公平贸易。

这一理论产生的重大原因,“是不公平的外国竞争导致美国的竞争压力不断上涨”。由于市场进入机会是在双边和特定领域达成的,为了达到某些领域中对等的效果,特惠贸易集团、双边贸易、报复措施便滋生起来,市场因此被分割而相对缩小,多边贸易谈判取得的自由化成果付诸东流。主张贸易互惠的对等和公平的原则,是美国 20 世纪 80 年代以来对外贸易政策的重要支点。该政策有两方面的要求:其一,各国必须开放市场,

允许自由贸易;其二,各国有权采取必要措施防范不公平的贸易行为和贸易结果的发生。贸易救济制度,正是为了保障国际贸易的自由与公平而形成和发展起来的一项独特的法律制度。

1985 年 9 月,当时的美国总统罗纳德·里根所作的“自由且公平”的演讲,被视为美国贸易政策思维转向的信号或风向标,但其受到国际普遍的关注和重视却始于 1988 年 8 月美国国会通过的 1988 年《美国贸易和竞争综合法案》,该法案标志着美国从其一向奉行的自由贸易政策转向了所谓的公平贸易政策。该法案认为美国的贸易伙伴的不公平贸易行为使美国的贸易状况恶化,因而这些贸易伙伴应该在支持更开放的贸易制度方面负有重大义务。此外,在公平、平等的竞争条件下,美国的企业具有足够的同任何外国企业进行竞争的能力,这是公平的贸易。当这些条件消失时,就成为不公平的贸易,美国将有义务维护公平贸易的环境。该法案要求美国贸易代表将其他国家不公平贸易做法记录在案,每年 5 月末向国会提交有关报告。该法还授权美国贸易代表,一旦未能通过谈判要求相关国家改变受到指控的不公平贸易做法,可以对这些国家单方面采取制裁措施。于是,发达国家的贸易政策便被赋予了一种新的职能,即维护公平的贸易秩序,反对不公平的贸易行为。

(二)美国对公平贸易理论的理性认识

美国教授理查德·戴蒙德(Richard Diamond)等人在论述美国政府为什么要抵消国外补贴对其国内产业的影响时,也认为根本原因在于国外补贴的不公平。这种补贴给进口国企业家的决策增加了一层风险,在不得不与外国财政部门竞争时,造成了一种不公平的感觉。

美国前总统卡特认为:“自由贸易也必须是公平的贸易。”前总统克林顿进一步提出:“经济增长前所未有地依赖开辟新的国外市场和扩大世界贸易量,因此,我们在国际市场上坚持把进行公平贸易作为扩大贸易的国家经济战略的一部分。”美国官方人士也认为贸易救济旨在保障自由贸易。如 2001 年美国贸易代表佐立克在参议院就职演讲时强调:“只有建立国内公众对自由贸易的支持,才能获得自由贸易的好处,为此,必须强有力并迅速地执行针对不公平行为的贸易救济制度。”从而彻底完成了美国贸易政策从自由贸易向公平贸易的转变。小布什上台之后,大体承袭了以前的公平贸易政策。

因此,在自由贸易的基础上,以追求公平为手段,促成多双边贸易政策的一致,是公平贸易这个概念最基本的含义,即美国人创造这个概念的原意。

(三)美国滥用公平贸易保护本国市场

随着美国纺织品与服装、钢铁、汽车等在国际市场上竞争优势相继丧失,国内纺织业主、钢铁与汽车生产商对政府施加压力,要求政府实施进口贸易救济措施。美国执政党、反对党为了自己在中期选举、大选中获胜,不得不对其他国家或地区采取强硬的贸易政策,以争取选票。

在实施公平贸易时,美国更多依照自己制定的标准,如进入市场机会均等,判断的标准为双边贸易平衡,而不仅仅以是否满足双方要求为标准;贸易限制对等,即以优惠对优惠,以限制对限制;竞赛规则公平,衡量标准为美国法律,相关法律允许美国单方面对所认定的外国"不公平"竞争者实施制裁。

美国的决策者们对不公平贸易已不只是从开放程度的不对称来定义:他们已用各国国内政策和制度的不对称来定义不公平贸易事实,通过1988年《综合贸易和竞争法案》第301条,他们甚至已经寻求用贸易报复相威胁,把贸易对等的要求强加到外国政府及其公司。在美国,关于不公平贸易的争论已成为政治生活的重要部分,这无形中增强了保护主义,因为实质上任何同他国之间的不平衡都可以被称为不公平贸易。例如,近年来中美贸易摩擦,其主要原因就是美国对中国贸易逆差的急剧扩大,导致美国对中国反补贴等贸易救济措施的实施。

美国滥用公平贸易的做法,有其特殊的社会性和意识形态性。

第一,同结构更加社会化的欧洲和日本社会相比,美国决定性的道德标准是公平而不是正义。因此,参与机会均等比成功的均等更重要,机会均等远远比结果均等更重要。同其他地方保护主义者相比,美国的保护主义者们发现:即使声称自己无法参与竞争而要求保护的借口并不太时髦和有效,而使用"不公平贸易"作为对付外国公司的政治武器的策略更为明智。

第二,世界范围内竞争的加剧和相对优势的丧失,使得各公司越来越注意审视对手,反对对手们从不同的国内政策和制度中获取各种优势,他们典型的要求是竞争领域的平等,即负担平等,成本适度,借以将各国间

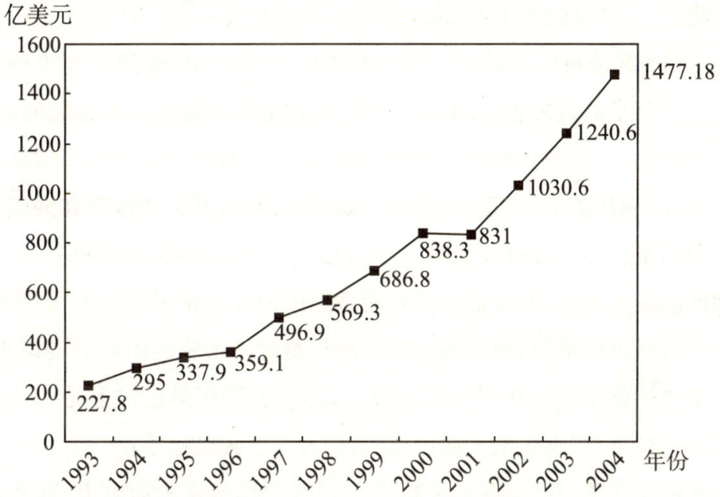

图 7－1　美国统计的中美贸易逆差

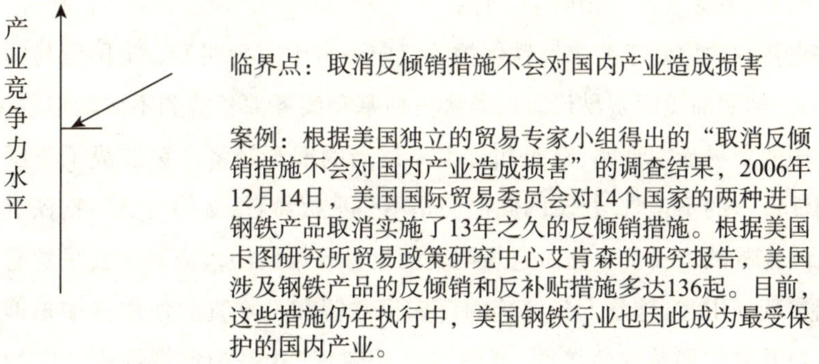

的差异尽可能地消除。

第三，美国在 20 世纪 80 年代和 90 年代早期的衰弱感，或者“巨人萎缩综合征”，也刺激了对公平贸易要求的逐步转移。人们越来越多地谈论 21 世纪将属于亚洲，就像 19 世纪是英国的而 20 世纪是美国的一样。克林顿在进入白宫时，完全被厌日情绪所包围着，这些人一有机会就大放厥词，日本被克林顿总统描述成一个不公平的贸易伙伴，说日本的出口是掠夺性的而进口是受到严格限制的。在克林顿总统任期内，这一点尤为明显。克林顿确实继承了这一转移，但他使之变本加厉。因此，布什总统在日本崛起成为一个巨大而成功的对手后，坚决拒绝了日本的自由贸易游说。

第四，克林顿总统第二任期从另一个角度见证了公平贸易鼓吹者的又一收获。这一次,新的援军是区域主义也就是《特惠贸易协定》,简称PTAs。在《北美自由贸易协定》(NAFTA)的辩论中,轮到墨西哥被丑化成一个不公平的贸易者。国会民主党领袖在政治圈中作了充分的游说,差一点否决《北美自由贸易协定》。他们声称同墨西哥进行自由贸易是不公平的,因为其劳工和环境标准都不如美国,并且其民主也存在缺陷。十分有趣的是,在同时进行的加拿大—美国自由贸易协定的谈判中,情况正好相反。在加拿大,该协定的反对者嫌美国的社会水平低!但是,美国并没有对自己进行审视,而是气急败坏地拒绝加拿大—美国自由贸易协定,原因是两国就不同标准产生了分歧。显然,公平贸易在这里是一件便利的工具,它可以用来向他人提出要求,但又不会使自己难堪。

保护主义者们就很容易地将矛头对准个别国家的瑕疵上,并将它们转为不公平贸易问题。而在像乌拉圭回合谈判那样,许多国家讨论几个问题时,情况就大不相同了。保护主义者们时常以不公平交易作托辞,这在克林顿政府对于要求钢铁保护的反应一事中尤为明显。美国贸易的代言人,例如前美国贸易代表巴尔舍夫斯基和商务部长戴利不停地抱怨说,美国的贸易赤字证明,欧盟和日本不适当的宏观经济政策造成了美国对钢铁进口的不正常增长,因此他们是不公平贸易者,必须对美国钢铁进口无法控制的增长负责任。这表明美国贸易政策已堕落成对不公平贸易连篇累牍地申述,这是十分可笑的。如果欧盟和日本真的使用保护来抑制进口并将它们转嫁给美国,那确实该受谴责(这是根据钢铁生产者的观点,尽管较便宜的进口钢铁对钢铁的消费者和需求者来说是有益的)。但相反地,美国却说,"你的宏观经济政策不够好,这使你们成为了不公平贸易者"。20世纪80年代,在美国对宏观经济管理不力时,如果欧盟和日本都对美国进行相似的指责,美国的政策制定者们会高兴吗?当然,对不公平贸易这一修辞的颠倒,尽管与经济逻辑不符,却使得对脆弱的钢铁工业进行保护的要求和做法变得容易。

今天在美国,除了少数人外,如前民主党参议员丹尼尔·帕特里克·莫伊尼汉(Daniel Patrick Moynihan)和参议员、前经济学教授、共和党人菲尔·格拉姆(Phil Gramn),太多政客成为患有"不公平贸易强迫症"和自私自利的一群人。总体来讲,他们分成两派:比较不讨人厌的一派标榜

"自由和公平贸易",另一派则标榜"自由贸易前的公平贸易",前总统克林顿属于这一派别,他不仅让人们对日本的公平贸易问题纠缠不休,而且还在2000年1月的国情咨文演讲中"为21世纪的美国建立一个更自由、更公平的贸易体系"而大声疾呼。

美国政客无休止地对倾向于自由贸易的观点进行抑制,明显将造成这样一个后果:选民们认为只有美国是公平的贸易者,其他国家在一定程度上都有不公平的行为。而这种公众认识会相应地鼓励国内那种认为自由贸易在经济上是不明智的、在政治上是天真的想法。政客们对公平贸易花言巧语式的让步也助成了这种不幸的情绪。

表7-2　美国的主要贸易立法及美国贸易政策性质的变迁

法案	年代	类型	发起政党	总统
丁利	1897	保护主义	共和党	麦金利
佩恩—阿尔德里奇	1909	略微的贸易自由化	共和党	塔夫脱
昂德沃德—西蒙斯	1913	较自由的贸易	民主党	威尔逊
福特尼—迈卡姆博	1922	保护主义	共和党	哈定
斯穆特—霍利	1930	非常保护主义	共和党	胡佛
互惠贸易协定法案	1934	较自由的贸易	民主党	罗斯福
日内瓦	1947	—	—	—
安纳西	1949	—	—	—
托奎	1950~1951	—	—	—
狄龙回合	1956~1961	—	—	—
贸易扩大法案(肯尼迪贸易回合谈判,1964~1967年)	1962	较自由的贸易	民主党	肯尼迪
伯克—哈特克	1970	非常保护主义	共和党	尼克松
1974年贸易法案(东京回合贸易谈判,1974~1979年)	1974	较自由的贸易	共和党	尼克松/福特
1979年贸易法案	1979	较自由的贸易	民主党	卡特

资料来源:Stephen P Magee and Leslie Young(1987),Endogenous Protection in the U. S 1990－1984 in Robert M. Stern(ed) U. S Trade Policy in a Changing World Economy, Cambridge, MA ,The MIT press.

三、美国公平贸易政策与贸易救济实施内容

(一)限制进口,保护国内产业

20世纪70年代初期开始,美国开始实行"保护主义"贸易政策。受20世纪70年代的石油危机和"尼克松事件"冲击,美国经济屡遭重创。而此时的欧、日经济却迅猛直上,造成美国的国际贸易逆差不断加大。随之,贸易"保护主义"在美国抬头,其表现为以当时的"自由和公平"贸易目标取代了以前的"自由主义"目标,其所谓的"公平"是以美国的相关法律、法规为准绳的。主要表现为:

1. 在GATT多边谈判中,美国贸易"保护主义"思想昭然若揭。在1973年开始的第七轮多边谈判中签署了《反倾销协定》,体现出美国保护国内产业的意图;在其后的第八轮谈判中,美国为发挥其服务贸易优势,提议将服务贸易也纳入关贸总协定的适用范围并使关贸总协定的基本规则和某些原则也同样适用于服务贸易。

2. 加强国内立法,为其"保护主义"及"侵略性单边主义"思想寻找基石。自20世纪60年代到90年代,美国制定了十几部关于国际贸易的国内法,为美国实施贸易保护进一步奠定了法律基础。进入80年代,美国的贸易逆差以惊人的速度急剧增长,美国政府再次对贸易政策做出重大调整。众所周知的"301条款"系列可谓美国"侵略性单边主义"思想的典型代表。

3. 逐渐重视"非关税壁垒",以限制进口。20世纪70年代起,较为隐蔽的非关税壁垒在美国日益流行,主要方式有自动出口限制、有秩序的销售安排、数量限制、反倾销、反补贴等。例如,实行歧视性的政府采购政策,要求政府优先采购美国制造的产品;实行进口最低限价的"启动价格制",限制对欧、日的钢材进口等。

反倾销是美国用来保护其国内生产商不受不公平竞争损害的最为有效的一种方法。美国的反倾销法从理论上讲是公平的、透明的,但在实际应用过程中却存在很大的不可预测性和不公正性,特别是在针对所谓"非市场经济国家"的反倾销时,采取所谓替代国的做法来衡量某国产品的公平价格,但第三者替代国的选择却往往是任意的,其结果是"非市场经济

国家”产品被判构成大幅度倾销并被征收高额的反倾销税。

美国还利用对进口产品发起反补贴调查并征收反补贴税的方法来避免不公平竞争对国内造成的损害。反补贴在一次案件审理中被判为不适用于非市场经济国家，原因是在非市场经济国家难以测算出是否补贴和补贴的幅度。

（二）促进出口，推进贸易自由化

20世纪80年代以来，尤其是“冷战”结束后，区域一体化和经济全球化成为世界经济发展的一大特点。在这样的大环境下，作为世界上最大的市场体，处于国际分工制高点的美国，置国际经济宪章和国际经济法原则、发达国家应该履行的义务于一旁，利用其在国际经济交往中先发制人的优势，对外强化市场扩张，对内变相实施贸易保护主义，竭力维持在世界市场上的主导地位。

随着西方国家经济力量的壮大、亚太地区经济的高速增长和新兴工业化国家的崛起，美国对别国市场的依赖也在不断加重。为此，美国采取一系列措施开拓国外市场，敲开别国市场大门，并保持在世界市场上的优势。

1. 举“公平贸易”大旗，迫使他国市场对美国作相应程度的开放

在强国跟弱国，大国与小国之间搞完全对等的“公平贸易”其中含义是明白无误的。克林顿总统就明确地表示，美国的市场已足够开放，现在与别国对等开放，将“得大与予”。

2. 实行单边主义

即美国在处理与别国贸易纠纷时倾向于单方面采取措施，常常以贸易制裁相威胁，积极使用美国贸易法中的“301条款”以及“超级301条款”，迫使贸易伙伴减少贸易壁垒、对美产品和服务开放市场。至20世纪末，美国依据“301条款”和“超级301条款”对贸易伙伴国实行的公开调查共有近百起，其中日本的超级计算机、卫星和木材贸易、巴西的进口限制、印度的保险和投资、中国台湾地区和韩国的市场准入、欧盟的金融服务等都被广泛殃及。

3. 推行新干涉主义

美国接过欧盟提出的“全球社会契约论”，以劳工待遇和福利、生态环

境等因素为理由推行其"新干涉主义",竭力主张在国际贸易协议中,引入"社会条款",即"国际劳工标准",并以此作为市场准入的条件向发展中国家施加压力,限制自由贸易。为此,美国等自然少不了要制造一些理由和借口,谎称发展中国家不遵守结社自由、集体谈判等,大量使用童工、女工,用强迫劳动等方式生产出的廉价商品充斥国际市场,并说这在国际贸易中是极不公平的。此外辅以对外援助、技术出口、国际金融等政策工具,如在对外援助上,转向通过贸易来推动发展中国家进行市场导向的改革。

4. 注重"成果导向"

美国对别国市场的要求不仅须以"规则导向",即大家遵守相同的游戏规则也要以"结果导向",即美国货必须有相当的市场占有率。美国已不满足于一般的框架协议,而要有具体的"开放市场清单""商品减税清单"和"数值指标"。"四不主义"事实上已成为它的贸易行为准则,即不固守自由贸易信条、不容忍不公平贸易、不拖延报复时间、不放弃以经贸手段达成政治目的。如1993年1月27日,克林顿上台伊始,就对进口钢材征收最高达109%的惩罚性关税,涉及西欧、日本等8个工业国和11个发展中国家。3月底,在美国政府的一份报告中,被列入有不公平贸易行为的国家竟达44个。

(三)美国反倾销法及二重性

美国反倾销政策的执行是配合贸易政策,贸易行政法体系下的反倾销法是产业政策的辅助工具。1980年,反倾销的调查权限从财政部移转至商业部,这一职权调整代表美国的反倾销政策从侧重"特别关税"的运作,转变为反倾销案件的考量因素,其目的在于强调并配合其对外的贸易政策。

Barcelo教授曾指出,从反倾销法的立法沿革观之,对于此法的立法取向大体可分为两派:一派主张反倾销法应从反托拉斯法角度去解释,另一派则主张反倾销法应从贸易保护条款去解释,这两派的拥护势力大体相等。[1] 换言之,从美国国内学者的观点上看,对于反倾销法的性质及

---

〔1〕 John J. Barcelo, Tibor Varady, Arthur T. von Mehren, International commercial Arbitration, West Group, 1999.

执行方针,究竟应着重于促进竞争抑或为配合贸易政策,长久以来就有争议。依 Barcelo 的观点,1974 年贸易法的立法尤其是关于免责条款的立法,是针对有威胁的进口所采取的贸易保护措施,这是无疑的。1921 年反倾销法的精髓,应是追随反托拉斯法的宗旨,即是对进口的不公平(不诚信)竞争行为的规范,目的在于在维护公平竞争的环境。然而,又有学者承认,1921 年反倾销法及其以后的法案,其执行及解释已逐渐显现出与竞争法规精神的不同,这一趋势最明显之处在于对"损害"定义的转变。在 1967 年前(该年美国签署接受 1967 年国际反倾销协定),美国国际贸易委员会遵循财政部的政策,对于倾销行为所造成国内产业的损害认定应为"实质"的损害,才能构成反倾销法的要件,因此,仅有 223 起案件成立损害。然而在 1967 年后,美国国际贸委员会采用了所谓"微小"损害的原则,即任何损害而非为微小的损害,均构成之,这一转变使构成损害的案件大为增加,1967 年到 1973 年间,约有 73% 的案件成立损害。这一急剧的转变,也说明了反倾销政策的执行摇摆不定,而不像竞争法那样有长久的准则。正如前任美国国际贸易委员会委员 Eckes 指出,美国国际贸易委员会所须关心的课题是进口是否对美国产业构成损害,而不是对国内竞争环境的影响。

以损害认定的用语而言,虽然 1979 年贸易协定法要求损害必须为"实质损害",但"实质损害"一词被定义为"不是无影响、不是不严重或不是不重要"。有学者指出,美国国会自身都承认添加"实质"一词的结果与原 1921 年反倾销法的原意并无任何重要的差异。自 1967 年后,损害成立案件增加是因为美国国际贸易委员会采用了所谓"微小"损害的原则,而非法律用语的改变,此一事实显示,所谓损害的标准甚至反倾销法的执行实以美国政府的贸易政策为依归。

下述美国反倾销法案的阶段发展也体现了这一点。

1. 第一阶段:1921 法

鉴于 1916 年反倾销法的执行无法配合美国产业政策的需要,1921 年美国国会遂通过另一反倾销法,即 1921 年反倾销法。该反倾销法摒弃 1916 年反倾销法的罚责与民事责任的规定,而仅采用单一的特别关税形态的措施。美国财政部则被赋予全权调查有关倾销嫌疑的进口行为。

1954年的修正案将决定损害的职权从财政部移转至美国关税委员会,后者即为美国国际贸易委员会的前身。虽然1921年反倾销法是为了遏制“不公平”的进口竞争行为,然而该法本身并未要求执行单位检验倾销品的价格政策在商业道德上有无可责难之处。同时,由于该法并未要求执行单位证明倾销行为人是否有危害美国国内产业的故意(犯意),因此1921年反倾销法较其前身1916年反倾销法更易于适用。然而正如欧盟学者指出的那样,美国1921年反倾销法中“产业损害”的标准、与GATT第6条以及1967年反倾销协定的规定不一致,这是遭到其他缔约国批评美国反倾销政策执行的原因。

2. 第二阶段:1979法

GATT东京回合谈判落幕后,美国按多过贸易谈判的协议完成其1979年贸易协定法的制定,该法是美国国会为打击外国厂商或政府对美国不利的竞争行为所做的多面性尝试。就整体而言,除缩短调查及审理程序和采用较严格的损害认定标准外,1979年贸易协定法在有关判定倾销的要件及课征反倾销税的规定方面,承袭了1921年反倾销法的贸易行政法性质。虽然损害的认定标准是正式引进实质损害的观念,但反倾销税法乃是为配合进口国国家经贸政策而设,并定位于贸易行政法规的一种。

3. 第三阶段:基于公平贸易理念的1984法

1984年贸易及关税法揭示了若干重要的改变,美国总统里根颁布此项法案时,曾称该法是美国国会在十年来所通过最重要的贸易法令,其意义应指反倾销法及平衡税法的措施是为配合美国的贸易需要而设立的。学者指出,基于1984法的规定,反倾销税及平衡税可就尚未进口的货物课征。另外在实务上,曾对“补贴”一词也有所争议,究竟是否包括上游的(生产)补贴。1984年贸易及关税法则明确规定,若上游的原料及半成品曾受有补贴,且最终产品也产制于同一国家时,如该最终产品输入美国对同类产业造成损害,则对上游的补贴得课征平衡税。在反倾销法规方面,对“下游倾销行为”是否应得课征反倾销税曾有争议,所谓“下游倾销行为”是指最终产品中所使用的原料或半成品是以倾销的价格所购得(由于下游产品的廉价是导因于上游的倾销行为),有学者认为,应称“上游倾销”似较妥帖。里根政府认为对该类的“倾销”课征反倾销税，实际上违反了GATT和1979年国际反倾销的精神，故强烈反对。虽然1984年贸易及关税法并未通过对“下游倾销行为”课征反倾销税，但在1988年贸易竞争法的立法过程中，此争议性倾销行为再度成为立法的焦点而终获通过。

另一重要的修正案是有关决定损害与否的准则。在过去的实务上，美国国际贸易委员会在确定损害时，是否可累计各进口国所输入相同的倾销商品对国内同类产业所造成的影响？此一问题常引致争议。在1984年贸易及关税法的规定中，美国国际贸易委员会须累计各进口国的进口同类货物对国内相似产业所产生的影响，然而要适用此一规定，必须符合以下的要件：①进口须为涉及的受调查货物；②进口须为与国内产品及从其他国的进口产品相竞争的货物（因此，各进口品的性质须有可替代性）；③受调查的进口其销售应是在相关的期间。综观上述规定，并无明确指出累计的方法是否适用于所有的进口（包括无倾销的进口）。对国内产业构成威胁的进口并非必然为倾销的进口。换言之，低价进口若低于国内相似产品的价格时，均能对国内产业造成危害，然倾销与否，乃决定于进口品的价格是否低于其出口国市场的价格，因此，低价且具有威胁的进口，并不当然构成倾销的要件，再进一步推之，输入的进口品构成倾销的价格有可能高于从其他国家输入的更低价但不构成倾销的价格，可想而知，后者的低价显然对进口国的产业构成更大的危害；另外，考察现行（国际条约与国内法）的规定，并未说明倾销的行为是否违反商业道德的规范，虽然美国贸易代表署在1984年的立法过程中，强调这一法案的目的在于达成更自由与更公平的贸易（此处当“互易”理解似更恰当），但该法并未对出口国的价格政策是否符合“公平性”有明确的定义，那么又如何在“公平贸易（交易）”与国内产业的保护之间求得均衡？

有学者亦指出，1984年贸易及关税法中，对反倾销法与平衡税法的适用范围略有不同。在反倾销法中，其适用对象是对进口货物的“销售”；而在平衡税法的适用对象，则是对进口货物的输入。从文义上解释，当受出口国补贴的货物输入时，即使进口商是为国外出口商与关系厂商或该货物的输入非以直接销售为目的（如进口加工的情形），平衡税法仍可以适用。在倾销案件的情形下,倾销品必须是售与进口商或有关系的进口商转卖给无关系的买者时,出口价格才能决定,因此若进口品非以销售而是以其他的目的输入时,比如有关系的进口商输入加工,或非为立即销售的其他情形,反倾销法的适用就会产生困难。

4. 第四阶段:1988 法

美国最近的反倾销法规是 1988 年综合贸易及竞争办法。美国学者 Barton 及 Fisher 在诠释 1988 年综合贸易及竞争立法时,曾论及"倾销行为"的性质,他们认为,在国际贸易上,一国的出口商倾销其产品于他国,此种行为的性质实与国内市场的价格歧视行为相类似,在此两者情形下,厂商运用价格歧视政策,其效果是使不同的顾客就相同的产品给付不同的价格,其目的均在求取最大的利益。依上述见解,国际贸易上的倾销行为之所以被谴责,是由于其本质与国内市场的价格歧视行为性质相类似,则倾销行为的"不公平"或"不诚信"的本质与从国内竞争法的观点并无差异,然而反倾销法乃是特别关税的一种,关税法的立法宗旨似与竞争法的本质不能相提并论。另外他们也认为,平衡税的立法目的,是在于抑止外国政府用补贴手段所从事的"不公平竞争"行为,此一解释似乎将平衡税法的法理归类于竞争法的范畴,然而此种解释似乎又忽略了补贴的本质是由外国政府为之,而竞争法的法理仅在于规范私人间的商业行为。

考察美国此一阶段的反倾销政策及其立法趋势,其政策取向似将反倾销的立论基础,从以往的竞争法则的规范,到国家产业(保护)政策的配合,蜕变而导向于力求贸易行为的公平性,按竞争法则与产业保护政策的立论,不论在学说还是在法规的执行方面均已有其相当的基础,然而对于贸易行为的"公平性"以及贸易法的理论架构,仍未有定论。就反倾销法以及倾销行为的性质而言,此种蜕变可以代表贸易国对于反倾销理念的再认识,从而也须对于反倾销法以及贸易救济的本质的再定位。

四、启示:贸易救济成为进攻性的贸易自由化工具

本章通过对美国贸易救济政策的考察,我们发现,贸易救济不仅与进口(国)贸易政策存在着天然的联系,而且也与出口(国)贸易政策存在密切联系。在过去,我们通常认为,贸易救济是应付进口竞争的贸易工具,

然而,还存在当一出口国面临其他进口国贸易救济措施时所采取的对策,我们常常称为反救济措施,或者贸易救济应对措施。

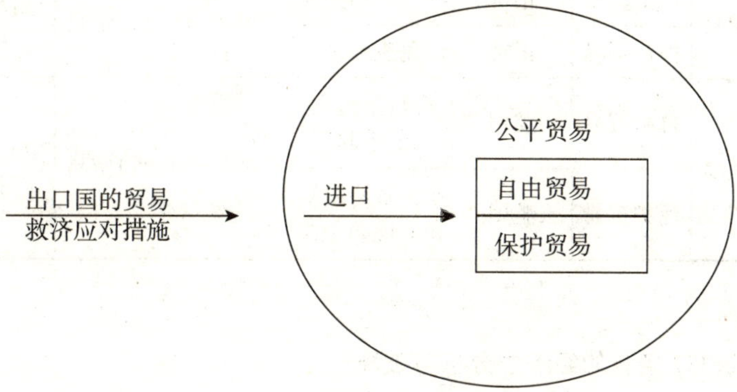

图 7-2　进出口、贸易救济与反救济

而我们对美国的考察结果表明,美国不仅使用其他手段来应对外国的贸易救济措施,而且,美国还把本应该在国内使用的防御性贸易救济,发展成为对付外国贸易救济措施的进攻性手段,即以本国的贸易救济措施对付外国的贸易救济措施及其他贸易壁垒,以争取公平自由的出口贸易环境,甚至变成强行打开外国市场的武器,贸易救济成为进攻性的贸易自由化工具,这样无论贸易救济是自由贸易倾向还是贸易保护倾向,都符合美国的利益。这一点我们在第五章贸易救济保护性质及滥用的讨论中有所论及,理论上的可能在美国找到了现实的依据。我们在表 7-3 中说明该现象。

表 7-3　贸易救济异化为对付自身的手段

政策类型	性质	使用程度	作用	结果	应用领域	表现形式
公平贸易	自由贸易	正常	纠正市场扭曲	自由且公平的进口贸易	进口贸易	贸易救济措施
	保护贸易	正常	免遭损害			
公平贸易	自由贸易	滥用	推行单边主义公平政策	自由且公平的出口贸易	出口贸易	贸易救济应对措施
	保护贸易	滥用	作为贸易报复和要挟的手段			

五、337 条款的经济学分析与破局

(一)一般评价及应对措施的总结

一般来说,对 337 条款的评价主要有三类:第一类是法律类评价,包括法的性质、法的正义性和法的完备性评价;第二类是经济类评价,包括 337 条款的经济影响、对落后产业的保护和获取竞争优势;第三类是社会类评价,即 337 条款对于社会公平、人民权利等问题的影响。从现状来看,研究的最深入、发展最系统的是法律类评价,而另外两种评价鲜有人研究和提及。而在法律类评价的基础上,形成了一系列较为深入地应对 337 条款的应对措施和战略,见表 7-4。

表 7-4　对于 337 条款现有研究的总结

措施类别	措施内容
专利战略	建立我国自己的专利战略,推动新技术的研发和现有技术的保护,培养自主知识产权
事先预防	在出口前进行必要的专利和商标检索;在合同中对于侵权和应诉责任进行相关的认定;采用不同的生产方法;采用不同的商标标识和包装
积极应诉	联合应诉,分摊费用;寻找对方的权利瑕疵,如原告是否为权利的合法持有人,原告的权利技术与商标是否与我方构成相同或类似,原告是否符合国内产业的定义
利用程序	采用中止程序为自己赢得更多的准备时间;订立仲裁协定,排除 ITC 的管辖权

续表

措施类别	措施内容
以攻对攻	我国在立法中制定相关的法律和程序来对抗外国的侵害
为我所用	利于337条款,在美国获得相关知识产权,排除美国国内竞争和来自国外竞争对手的压力

(二)337条款对我国的影响

根据美国ITC网站截至2004年的统计,近年来,中国大陆已经超过日本和我国台湾地区成为美国337条款的最主要的受害国。而1995年以来,在立案处理39件商品中,主要集中在特种磁铁、糖精、农用车、无汞碱性电池、DVD播放机等产品上,其中审理情况见表7-5。

表7-5 2000~2004年美国337条款调查案件汇总表

调查对象	2000年		2001年		2002年		2003年		2004年	
	件数	占比	件数	占比	件数	占比	件数	占比	件数	占比
世界	17	100	24	100	16	100	15	100	26	100
日本	5	29.4	5	20.8	2	12.8	2	13.3	3	11.5
台湾地区	6	35.3	10	41.7	3	18.8	3	20	5	19.2
中国大陆	3	17.65	1	4.2	5	31.25	7	46.7	10	38.5

资料来源:美国ITC网站,337条款统计。

表7-6 截至2005年上半年我国遭遇337案件的审理情况表

审理结果	侵权成立	撤诉	未结案	胜诉
数量(起)	14	6	15	4

资料来源:根据美国ITC网站的内容整理。

从侵权成立的案件来看,绝大多数是实施了LEO,仅有1起被执行了GEO。而从撤诉的情况来看,撤诉的原因主要为我国与美国企业达成妥协,获得专利等知识产权的使用许可,并支付给美国企业技术使用费。

(三)337条款的经济学分析

从上文的论述来看,337条款是一种技术贸易壁垒,且其与知识产权的独占性相关,为了论述上的系统,将经济学分析分为刚性模式和柔性模式两部分。所谓刚性模式即是指以排除令作为审理结果,企业的产品被排除在美国市场外部;而所谓柔性模式是指以和解作为审理结果,企业的产品仍然能够进入美国,只是价格提高了(需要支付技术使用费)。为了研究的方便,进一步明确以下三种情形和环境:

(1)垄断问题。知识产权是一种维护垄断性的制度安排,其独占性可以保证在一定的时间和区域范围内的完全垄断,除非其他人得到了知识产权人许可的使用、制造、销售或进口等权利。因此,从刚性模式的特点来看,其实施的结果是加强了知识产权人在美国市场上的垄断力量;而从柔性模式来看,其没有改变原有的竞争格局,但是加大了国外竞争者的资金负担,或者说是由知识产权人向国外进口商课征了一定比例的"进口税"。

(2)排除进口量的问题。对于柔性模式来讲,相当于课征关税以后的排除量,有典型的分析模型和手段。而对于刚性模式,由于 GEO 的实施概率较低、条件较高,因此绝大部分排除都不会造成完全垄断,只是会造成进口量的缩小,而这种缩小不是由价格效应所导致的。

(3)对美国国家政策的影响。表现在两个方面:首先,政府会不会因337 条款调查而获利,从 337 条款的制度安排来看,即使原告胜诉,所带来的一切收益也均归原告所有,政府未能获得必要的利益,甚至因为进口关税的减少而受损。其次,337 条款的实施会不会给特定的国内压力集团造成损害,是否会影响公共选择,这一问题较为复杂,将在下文的论述中进一步明确,但需要注意的是,美国总统是受到压力集团左右的,而其可以因为公共政策和利益的问题可以否决 ITC 的终裁。

▲柔性模式分析

根据前面对情形和环境的强调,柔性模式下相当于知识产权人对进口美国的商品课征了"进口税",而没有根本改变市场的竞争结构,因此,这种课税的结果如图 7－3 所示:

根据图 7－3 所示,初始价格为 P_0,进口量为 Q_1Q_2,而在当事人之间达成妥协以后,出口方支付给美国权利人单位为 $T(T=P_1P_0)$ 技术使用费,从而使其出口至美国的国内价格从 P_0 上升至 P_1,达到了一个新的均衡,进口量削减为 Q_3Q_4,美国权利人自身的产量扩大至 Q_3。从福利经济

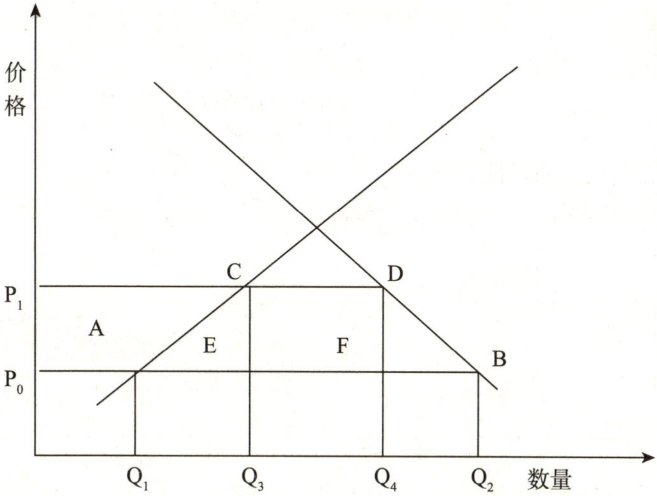

图 7－3　柔性模式下 337 条款效果示意图

学的角度来看，美国权利人（生产者）的福利增加，其值为 S（P_1P_0AC）＋S（CEFD）[1]，美国消费者福利净损失为 S（P_1P_0BD），且 S（P_1P_0BD）＞S（P_1P_0AC）＋S（CEFD）。出口人利益净损失，在忽略贸易条件效应的情况下，其值恰为 S（CEFD）。

▲刚性模式分析

根据前文的论述，刚性模式下排除部分甚至是全部的竞争，国内市场的垄断性增强。由于刚性模式下，LEO（在此包括 GEO，下同）严格限制了买主为了避开本国生产者而从国外购买的能力，从而使国内生产者具有一条对其产品倾斜的需求曲线。在此基础上，国内生产者会（谨慎地）把其价格提高到更高的可获得最大利润的水平，对于这一垄断者来说，更高的价格将使需求和产出量降低到边际成本与边际收入相等的水平。这一更高的价格为 P_2，受到更多限制的国内生产水平为 S_2，见图 7－4。

如图 7－4 所示，在刚性模式条件下，因为 LEO 排除了外来竞争（令其仍然维持 EF 段的国外进口），加强了其国内垄断，因此，权利人并不会像我们预期的那样补充上排除以后的产品产量，即在 B 点生产。其生产点进一步回落到 A 点，以获得垄断情况下的超额利润，即 S（ABC）。在这

〔1〕　第一项代表生产者剩余的增加；第二项代表权利租（即课税）的收入。

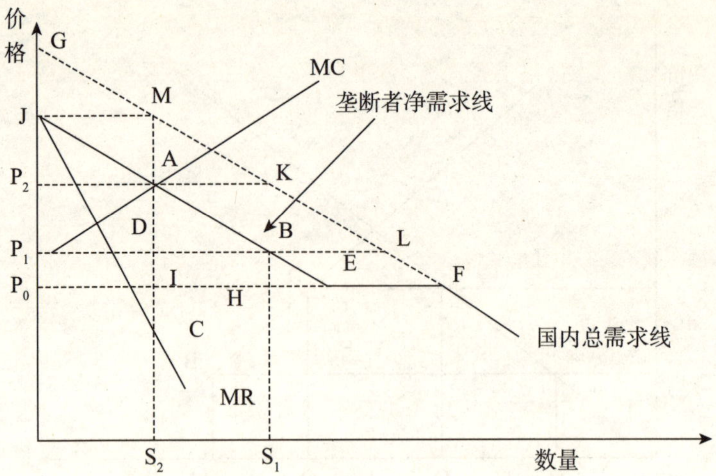

图 7-4　刚性模式下 337 条款效果示意图

种情况下，作为权利者获得了 $S(P_0P_1AE)-S(BEH)+S(HIC)$ 的利益，而消费者利益则急剧减少，从 $S(P_0FG)$ 减少到 $S(P_2KG)$。国外没有转移利润的进入，但却有国外出口商“搭便车”获得了美国市场上的利益 S(AKFE)，美国利益净流出。

进一步分析我们发现，刚性模式下的消费者福利净损失远远大于柔性模式，消费者消费的数量从柔性模式下的 P_1B 下降为刚性模式下的 P_2K，价格从柔性模式下的 P_1 上升到 P_2，从图 7-4 中看，其超额损失约为 $S(P_2KLP_1)$。

为了防止利益的净流出（即宁肯损失也不让国外出口商分享），可行的方案是实施 GEO，虽然阻止了利益的净流出，可是消费者福利又进一步减少，数量为 $S(P_2AG)$，消费者利益减少高达 $S(JP_0FM)$，这种减少不可能不引发消费者的反对。而作为人数最多的群体，一旦成为压力集团，是任何一届美国政府都无法承受的。因此，在美国的具体实践中，除非该产品在国内业已存在替代和竞争，或是其是无关紧要的奢侈品，否则 GEO 一般只是停留在法案上的一种警告。

▲刚性模式和柔性模式的比较分析

从上述两个模式来看，这种利益分配对于每个主体而言是不平等的。我们将讨论四个当事人之间的利益关系。

(1)权利人(生产者)利益比较。从图中可以看出,刚性模式下存在超额利润,并且将价格上升至均衡价格以下,在一般情况下将获得比柔性模式生产者更多的利润。但如果在极端弹性的情况下,比较需求弹性(供给弹性)趋近于零或无穷大,这种利润由于外部转移进来(出去)的增多或减少,也会发生改变,即在特殊情况下,权利人在刚性模式下并不一定总是大于柔性模式下的利润。[1]

(2)消费者利益的比较。从图7-3和图7-4的比较来看,显然刚性模式条件下消费者的利益损害更大,但由于其过于松散,这种损害往往只在生产资料的337条款案中可以促使压力集团的形成。

(3)国外出口商利益的比较。刚性模式条件下出口商分为两个部分,第一部分出口商完全损失了市场份额,无法从美国获得任何贸易利益,但也没有自身的利益转移至美国。第二部分出口商是仍然有权利进入美国的出口商,由于其对于出口的谨慎使其不可能扩大输出(以免遭到与第一种出口商同样的命运),其不仅获取了原有的市场利益,而且获得了超额的利润,美国利益净流出。在柔性条件下,通过对出口商的课税,使其一部分收入转移至美国,美国利益净流入,但这种流入并不能抵偿美国消费者的损失。在考虑贸易条件的情况下,流入的利益不会减少(甚至有可能增大),而消费者福利的损失会进一步下降。对于出口商来说,虽然损失掉一部分利益,但是保留住了市场,转移出去的只是来源于美国市场利益的一部分。

(4)政府利益的比较。如前文所述,政府本身并无经济利益推动其实施337条款,这一点与反倾销有些很大的区别。而对政府构成压力的主要来源于维护知识产权和推动技术创新的国家战略;竞争力下降的垄断工业构成的利益集团;或者由受损阶层组成的反对337条款的压力;以及中立咨询集团和政府特定的执政哲学和公共政策基础。

(四)经济学分析基础上337条款的破局

要想打破337条款对我国企业出口的不利影响,是一项系统而深入的工作,前文所述的方法都是卓有成效的,本书在此,仅基于上文的经济

---

〔1〕 限于篇幅,本书对于弹性分析未能进行考察。

学分析，给出 337 条款可能破局的原则和定性预案。

(1)区分出口产品的性质，观察其在美国市场上的弹性结构

如果该产品处于弹性趋于极端的趋势之中，可以根据权利人利益的变化而进行必要的游说，从而获得宽容和理解，或者是从刚性处理模式转入柔性处理模式，以减轻我方所遭遇的损失。

(2)区分出口产品的类型，调动产品购买者维权的积极性

对于生产资料类的产品，由于其顾客较少，购买量较大，利益较为集中。从 337 条款的实施来看，无论哪一种模式都会损害这个集团的利益，尤其是刚性模式，这种损失利益的程度更大。因此，在遭遇相关调查和应诉的时候，积极将可能的后果传递给美国的合作伙伴和购买者，可以获得他们的支持而影响 ITC 的判决甚至是总统审裁。

(3)积极参加美国中立咨询集团的活动，建立良好的关系

这一方案单个企业实施起来会有难度，考虑到 337 条款的"连带责任"，应团结和联合应对，最好通过行业协会的形式来处理。美国的中立咨询集团绝大部分是由知识精英组成的团队和小规模的组织，但其对于美国主流社会的思想和行为有着重要的影响，其政策的着力点往往是"超然"的美国国家利益。将 LEO 甚至是 GEO 的危害传递给中立咨询集团，指出美国利益外流的危机，避免措施的极端化，也可以将我国的先进技术输入美国或在美国申请专利，以实现利益共融和双赢，从实现来看，一旦出现这种情形，美国法院和 ITC 的判决往往都是承认交叉许可。

总之，337 条款是我国出口企业所面临的一个重要的非关税壁垒，随着我国贸易地位的上升和产品技术含量的升高，这一条款给我国的影响仍将进一步加大。积极探索 337 条款的原理和实质，在基于法学对当事人权利义务的有效分析之上，通过福利经济学的角度，对各方当事人的所得和利益损失进行比较分析，可为出口方游说美国利害关系人以及进行应诉提供有力的理论基础，对于维护我国的外贸环境稳定，推进我国的出口产品结构升级和优化有着重要的意义。

第八章　中国贸易救济制度建设的若干建议

本章是对贸易救济二重性理论的应用分析。根据本书所揭示与论证的贸易救济的二重性,我们应当改变传统的目光,应当改变从单一的性质来看待国际贸易救济制度和国家贸易救济制度的传统,本着贸易救济具有自由贸易和贸易保护的双重性质这一客观事实,促进国际贸易救济制度的规范化,完善我国的国家贸易救济制度建设。

一、贸易救济的规范化

(一)基本理念

1.开展国际合作

以反补贴为例,显然一国采用补贴,或肆无忌惮地采用反补贴针对他国工业都可能招致相应的报复,由此引发国际范围内的贸易大战,不言而喻,对全球经济福利来说是减损的。补贴和反补贴制度的最优状态是国际合作。在补贴和反补贴立法方面,包括美国学者也不得不承认,连美国这样的经济大国,如果任意挥舞补贴和反补贴大棒,进行单边保护主义,最终结果也是不利于自身的。

美国是全球最大声疾呼自由贸易和开放市场的国

家，但在成衣、建筑、运输、广播等行业却又坚守保护本国生产者的政策。美国贸易保护主义的触角延及世界，受害者包括巴西柳橙业、毛里塔尼亚成衣业、英国航空业、中国台湾货物运输业、法国乳酪农业和俄罗斯钢铁业等。与此同时，美国的关税和其他贸易保护措施也导致自己国内某些行业经济效率不佳，迫使消费者付出较高的价格和赋税以补贴就业。举例来说，美国对进口轴承征高关税，保护了国内制造业和就业机会。但为了保住轴承业的一份工作，美国纳税人必须付出43.8万多美元。就补贴方面来说，美国贸易官员抨击其他国家政府对生产者的补贴政策，矛头尤其指向欧洲的空中客车工业集团。不过，欧洲国家则反唇相讥，美国波音公司和洛克希德马丁公司同样受惠于纳税人出资的国家航空航天总署，国防部等机构作的研究。美国学者Alan O. Sykes在其《从经济角度透视反补贴法》一文中，对美国反补贴法的经济效应作了分析，作者认为，从分析和实践反馈来看，单边的反补贴法并不能系统地提升国内福利。美国自己的反补贴法也经常被他国揪着尾巴，其专向性测试，实质性损害认定也都并不具有充满信服力的充分理性。该文结论认为最优的反补贴法应充分反映国内和外国企业的边际成本并恰如其分地针对外国补贴。作者甚至认为应废除国内反补贴法而走统一国际立法的道路，当然目前的条件不允许，但至少应改革国内的反补贴法。[1]

时势使然，反补贴统一国际立法的重任落在了WTO的肩上。WTO对补贴或反补贴总的态度是“较少的保护总比较多的保护好”（A little protection is better than a lot）。其对贸易保护在一定限度里是宽容的，这从我们上面的分析也知道，在目前彻底取消贸易保护是不可能的。即使是WTO也无法将各种不同的政策目标完美地结合到一起。但从发挥比较优势的理论出发，从贸易自由化的角度出发，从增进全球福利的角度出发，WTO的努力方向都是对的，补贴和反补贴立法必须走国际合作的道路。

保障措施作为WTO框架下的贸易保护措施，其根源是贸易自由化动

---

〔1〕 Alan O. Sykes, Courtervailing Duty Law: An Economec Perspective, Columbia Law Review, March, 1989.

力和贸易保护主义压力的交锋中的折中产物，所兼容的贸易自由和保护双重特性，正显现了发达国家与发展中国家、进口国与出口国在贸易自由化体制进程中经济利益的均衡。对进口国来说，多边贸易自由化经常导致进口的急剧增加，这可能使整个国家的经济受益，但也会对国内的同类产业造成冲击，而让少数与进口竞争的国内生产者来承担贸易自由化所带来的全部负担显然是不公平的。在某一产业的进口的大量增加对本国产业造成严重损害或构成严重损害威胁时，一国政府可通过暂时限制进口产业与国内同类产品的竞争，为国内产业进行经济结构调整和提高生产效率获得宝贵的时间，并逐步使该产业在将来具备与外国产品竞争的能力。保障措施条款的设立也说明，任何的国际法律体系应作出在某种情况下可以放宽约束的规定，以使不变的法律规则达到适应变化多端的社会经济生活的目的，为更多的主权国家所接受，也有助于保持 WTO 法律体系的有效性和普遍性。在特定的情形下，在自由贸易为主导和理想追求的现实贸易政策世界中，一定程度的保护是合理的甚至是必须的。保障措施的规定使用的限制性较大，导致了自愿出口限制等替代性的制度安排的出现。由于保障措施是对自由贸易体制的一种修正，也具有一种路径依赖的倾向，国际和国内的利益集团对这种制度具有强烈的需求，而在多边贸易谈判中保障措施规则的演进，正是反映了其制度变迁中的一种重复的博弈。

2. 贸易救济应该有一个原则和限度

反倾销、反补贴、临时进口限制(保障措施)这一类旨在维护公平贸易的措施，则是进口国的贸易保护手段。运用这些手段必须经过一定的程序，从立案调查到裁决生效，要付出大量的时间和人力、物力、财力。进口国一般不会轻易采取这些措施。但在一定条件下，果断采取这一类措施对维护进口国的切身利益和经济安全又是十分必要的。

从 20 世纪 90 年代以来随着经济全球化的发展，各国进口关税的逐步降低和非关税的取消，国际范围内的竞争日益激烈，反倾销反补贴保障措施案件日益增多，出现了以贸易救济为名的贸易保护主义，这种现象也值得关注。我们在肯定贸易救济措施对维护公平贸易制度重要作用的同时也反对滥用反倾销措施。在新一轮 WTO 谈判中反对滥用反倾销措施，贸易补救应当是以足以弥补产业所受到的损害为限度。

3. 贸易救济的规制应当体现于国际和国家两个层面

在国际层面上,应有共同的国际规则的约束,使国家层面上的相关规则规范化、合理化;在国家层面上,不但应当有体现公平性和合理性的法律规则,而且应当有体现公平性的理论来指导具体的贸易救济实践。

为了在尊重各国制定产业政策的自主权利和维护国际贸易的公平竞争秩序之间取得平衡,贸易救济国际规范的目标就应具有双重性:一是确保成员方在运用补贴等措施时不会损害另一成员方的贸易利益;二是确保贸易救济措施的运用不会对正常贸易构成不合理障碍。这就要求在贸易促进措施的利弊之间、贸易救济的利弊之间以及两者的矛盾之间寻求一条"中间道路"。其中应当遵循的原则和宗旨就是确保国际贸易的"公平"与"自由"。国际层面和国家层面的规则和实践是否体现这样的宗旨,应当如何体现这样的宗旨是问题的关键所在。

4. 贸易救济应体现公平贸易原则

(1)多双边贸易关系的公平性

在自由贸易的基础上,以追求公平为手段,促成多双边贸易政策的一致,是公平贸易这个概念最基本的含义,即美国人创造这个概念的原意。平等互利是发展多双边贸易关系的基石。随着这些贸易关系的发展和深化,特别是积极参与经济全球化所引起的这些关系的进一步发展和深化,平等互利的作用就越来越重要。从这个意义上讲,贸易救济的运用要抛弃公平贸易这个概念中被美国人赋予的不顾别国具体国情而强行推行其经济霸权主义的消极方面,并对其积极方面加以改造、丰富和发展,这个概念是可以为我所用的。应当承认,美国人对公平贸易这个概念的一些学理性的阐述还是有一定道理的。

(2)国际贸易规则的公平性

关税与贸易总协定随着缔约方的增多和这个机构数十年卓有成效的工作,其缔约方之间在国际贸易领域的竞争已基本上都能做到按相互约定的"游戏规则"办事了。随着关税与贸易总协定进一步演变为世界贸易组织,其组织性得到了强化,其成员也更为广泛,其制定的规则也更加具有约束力。运用包括贸易救济在内的规则时,世贸组织成员在规则面前人人平等;世贸组织成员按规则作贸易就是公平的贸易。从这个意义上说,公平贸易就是规则贸易。

(3)国际贸易主体的公平性

在市场经济条件下,一般地讲,对一切经济活动主体都不应当有从事经济活动领域方面的限制,包括不得从事国际贸易活动的限制。一切经济活动主体都有权自行决定自己是否从事国际贸易活动。

(4)国际贸易行为的公平性

国际贸易活动是跨国境的商业行为,充满了竞争。为了使这些竞争有序进行,国际上有许多通行的体现公平竞争的惯用做法,如退税、反倾销、反补贴、临时进口限制、自动出口限制等。随着世界贸易组织的建立和其成员的不断增加,这些做法已在全世界范围内得到了越来越广泛的运用,成了体现公平贸易的最常见的一个方面。

(二)规范化一:国际层面

1. 坚持 WTO 框架下的公平贸易原则

(1)WTO 以促进公平贸易为己任,公平的理念应当成为 WTO 的思想精髓

公平原则是指成员方避免采取扭曲市场竞争的措施,纠正不公平贸易行为,在货物贸易、服务贸易和贸易有关的知识产权领域,创造和维护公平、公开、公正的市场环境。在货物贸易领域,为了使外国产品处于平等竞争地位,WTO 要求成员方取消数量限制,实行国民待遇;为减少关税给外国产品带来不利影响,实现自由贸易,要求成员方逐步降低减少关税;规定最惠国待遇原则,使来自不同国家的产品能够公平竞争。货物贸易领域的其他具体协议中也都不同程度地体现了公平竞争原则,如《反倾销协议》《补贴和反补贴协议》《保障措施协议》等。乌拉圭回合谈判的结果使得多边贸易体制的约束范围由单纯的货物贸易向服务贸易、与贸易有关的知识产权领域拓展,相应地,在这两个领域,各成员方同样也要遵守公平竞争的多边贸易原则。

从市场经济的角度来讲,公平竞争是市场经济健康发展的一个必要条件。现代市场经济国家一个重要的任务就是通过立法来保障市场的公平竞争秩序。国内市场需要维护公平竞争的秩序,国际市场也同样如此。

在 WTO 的成员方中,要么是实行市场经济,要么是正在处于向市场经济体制的转型时期,总之没有一个国家实行单纯的计划经济体制。作为一个由 140 多个成员方组成的“经济联合国”,WTO 只有尊重市场经济的规律,倡导公平竞争才能从根本上维系整个多边贸易体制,也才能实现“提高生活水平、保证充分就业、保证实际收入和有效需求大幅稳定增长以及扩大货物和服务贸易的生产和贸易”的目的。这也是成员方愿意加入 WTO 受其约束的根本原因。

(2)在 WTO 基本原则上统一对贸易救济的认识

贸易救济是建立在 WTO 的基本原则之上的,否则对它的认识很容易形成偏差。WTO 倡导自由贸易和公平竞争,符合 WTO 规则的贸易救济政策才是真正意义上的贸易救济政策,如果只从一国自身的利益出发制定贸易救济政策,而不符合 WTO 的基本原则,名义上是保护了本国企业的利益,但实质上却对其他国家形成了贸易保护。

因此,贸易救济,必须是 WTO 规则下的贸易救济,而非一国规则下的贸易救济,它必须与 WTO 的基本原则相一致,必须基于 WTO 的基本原则。基于此,本研究认为公平贸易就是公平竞争的自由贸易,贸易救济政策就是为了维护公平竞争的自由贸易秩序而制定的贸易政策。

贸易救济是一个动态的发展过程,而不是仅仅局限于一种形式,不同国家在经济发展的不同阶段,贸易救济的内涵都是不尽相同的,可以说贸易救济内涵是有不同的发展阶段的,对于落后的发展中国家来说,摆脱贫困就是贸易救济的首要内涵;而对于新兴工业化国家来说,确保公平合理的贸易地位就是贸易救济的首要内涵;而对于发达国家来说,保证国内外企业同等的竞争条件就是贸易救济的首要内涵,但无论是哪一个国家,哪一个发展阶段,贸易救济的前提不能变,就是必须遵守 WTO 的基本原则和法律体系。

同时 WTO 的原则和体系与不同国家的不同发展状况也是相适应的,因为 WTO 对于发展中成员国也有例外条款和免责条款,因此说,符合 WTO 基本规则和法律体系的贸易救济也是存在不同形式和内涵的,而本书所定义的贸易救济内涵,也就是 WTO 所倡导的一般意义上的贸易救济,其内涵是处于较高水平的,它高于一般发展中国家的贸易救济发展阶段。但正是这种较高层次贸易救济，才能促使和引导世界整体的公平贸易水平向前发展。

(3)在WTO的框架下解决贸易救济争端的途径

解决贸易争端的最原始的方法就是依照本国国内法采取单边行动。反倾销措施本来就是一种进口国对出口商的单方行动，如果争端双方之间经济实力悬殊，作为争端一方的贸易大国或大贸易集团往往会凭借其绝对或相对的贸易谈判优势，动辄以其国内法的名义对贸易伙伴的行为进行制裁，或者置对方的制裁甚至国际法于不顾。例如，在GATT时期，美国就援引GATT的“祖父条款”，依照本国的法律实施反倾销措施，其他国家甚至GATT也对它无可奈何，随着国际经济发展的多元化和WTO对成员国的约束力增强，这种只手遮天的情况已经大为减少，但事实上仍然存在，只不过手段比以往更加巧妙。

相对于单边行动而言，双方协商解决显然更有利于国际经济的发展，并更有效率，这也是GATT/WTO最推崇的争端解决途径。争端双方在尊重对方国家法律和依照国际通行法律的前提下，进行互谅互让的谈判，或请中间人进行斡旋，努力达成共识，通过各自修改或撤销不适宜的法律、法规和措施，在WTO的推动下，更多的争端将会以依照协议磋商的方式得到解决。

就解决争端的范围而言，最有效的经济贸易组织非GATT/WTO莫属。尤其是WTO，其成员众多，管辖领域广泛，并且制定了统一、严密而又有灵活性和约束力的争端解决机制。与其他组织相比，WTO争端解决机制既考虑到若干贸易大国的利益，也照顾到广大发展中国家的利益，更重要的是，它不是简单地追究哪一当事方应负什么责任，应受到什么制裁，而是积极寻求成员方相互都能接受的解决方案。实践表明，WTO在GATT多年解决争端的经验和教训基础上，发扬原有机制的优点，弥补原有机制的缺陷，逐渐显示出该统一规则的有效性。因此，在WTO成立后，其争端解决机制得到了大多数国家的认同，寻求在WTO解决贸易救济争端的成员越来越多。

2. 利用国际协议对贸易救济进行法律规制

在各国纷纷制定贸易救济法律制度的过程中，为了克服盲目贸易救济所导致的不良后果,国际社会逐渐注意到应当对贸易救济条件和救济手段进行一定的约束和限制。关贸总协定(即现在的世界贸易组织的前身)成立之后,在这方面取得了突破性的进展。贸易救济领域所公认的反倾销、反补贴和保障措施三项救济制度,正式以国际协议的形式得以确立。贸易救济制度从一国个别的补救措施,转变为国际社会通过协议来进行规范的法律制度,是贸易救济制度的重大发展。作为国际协议形式的贸易救济制度的确立并得到世界上大多数国家的支持,在国际贸易的发展过程中具有里程碑式的意义。

首先,以国际协议形式确立贸易救济制度,意味着公开承认反倾销、反补贴和保障措施等贸易救济形式的合法性。在关贸总协定之前,这些贸易救济形式并未得到理论界和各国实践的一致支持,反倾销的利弊及其合理性在理论界受到广泛的质疑,反补贴的意义和作用也是争论的焦点,保障措施条款仅仅是一些双边条约和协定中可供选择的自主约定。通过国际协议的形式,正式确立反倾销、反补贴和保障措施的合法性,避免了对此问题上旷日持久的争论,减少了因采取这些救济措施而引发其他争端的可能性。

其次,利用国际协议的形式对反倾销、反补贴和保障措施进行规定,统一了世界各国的贸易救济法律制度。在形成统一的反倾销协议、反补贴协议和保障措施协议之前,各国对这些贸易救济的法律、贸易救济的形式、实施手段、期限、实施程序等的规定各不相同,实施中有着很大的随意性和偶然性,使国际贸易经常处于不确定之中,对国际贸易的正常发展造成了一定程度的阻碍。在这些贸易救济协议生效后,各国的法律和司法实践将受到协议的约束,违反协议的法律和行政执法行为还可能被起诉。这就极大地增强了对各国贸易救济立法和行政执法的监督,从而减少了不必要的贸易摩擦。同时,这也使国际贸易行为具有比较明确的预期,为国际贸易的正常发展创造了有利的条件。

最后,通过国际协议的形式统一各国的贸易救济法律制度,标志着各国救济观念的转变。贸易救济的方式逐渐从政治的或其他的途径转化为依照法律来解决的方式,使贸易争端的解决程序和解决办法逐渐规范化、明确化,也逐渐得到了人们广泛认同。同时,以协议形式确立贸易救济方式,也使对因国际贸易而造成或可能造成的损害的救济方式从完全救济形式转变为适度救济。

3. 从通过单边措施、多边措施对贸易救济进行规制

在经济贸易组织中寻求多边解决也不失为一条好途径,但这一途径的有效性要看所在的经贸组织的经济互补性、组织规模和一体化程度而定。目前,有不少地区性的经济组织制定解决反倾销争端的规则,在组织内取消反倾销措施或者以特殊方法加以解决。最典型的是欧盟,根据欧盟条约,其各成员国之间不适用反倾销措施,而将有关的贸易争端诉之于欧盟的竞争法在实践上。欧盟内部已经实现了商品、资本、服务流动的自由化,成员国之间的竞争优势行业得到了进一步的整合,成员国间的反倾销也就没有太多的实际意义,因而可以有效地消除内部的反倾销争端。澳大利亚和新西兰想模仿这种做法,从 1990 年起实施取消两国间反倾销措施的协定,但是,这两国的一体化程度和成员数明显低于欧盟,其协定所取得的效果也很有限。此外,由美国、加拿大和墨西哥组成的 NAFTA,也规定了反倾销的争端解决条款。但由于其内部竞争优势各异,也没有统一关税,因而成员国需要保留对其他成员国反倾销的权利。该组织的争端解决条款只能较好地缓解内部的反倾销争端,而不能有效地消除或减少争端。由巴西、阿根廷、乌拉圭和巴拉圭组成的南锥体共同市场,虽然在 1991 年通过了共同市场内反倾销的共同规则,但基本上没有什么效果。总体来说,区域经济一体化会引起联盟成员之间和联盟自身竞争优势的变化,提高解决内部争端的效率,贸易伙伴间经济发展的依存度越大、经济贸易关系越密切。两国之间相互依赖程度越大,真正实施贸易报复、关闭彼此间的市场会导致两败俱伤的后果。因而,贸易救济措施争端中相互妥协、最终各自作出让步的结果居多。图 8－1 和图 8－2 分别展示了欧洲和非洲区域经济合作的情况。

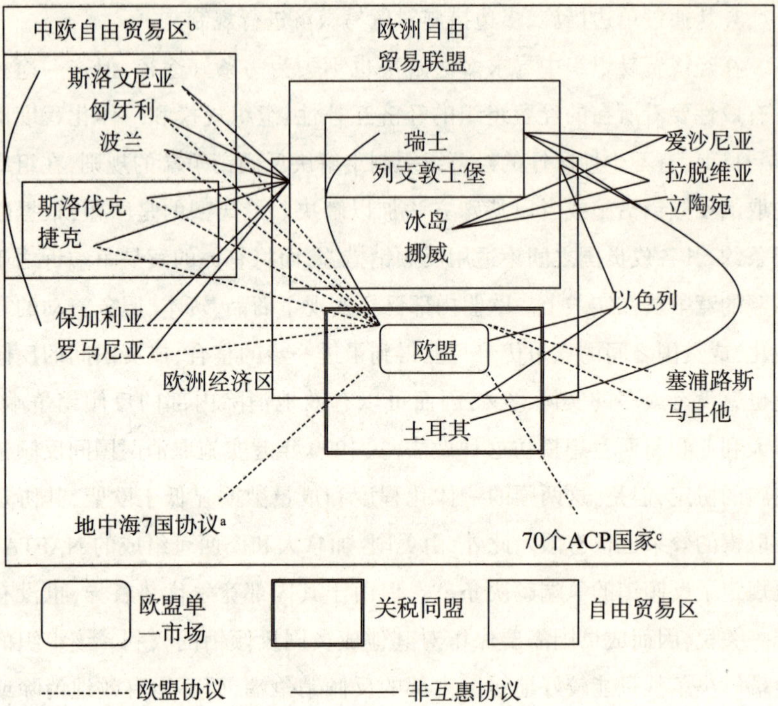

a：阿尔及利亚、埃及、约旦、黎巴嫩、摩洛哥、叙利亚、突尼斯

b：捷克共和国、匈牙利、波兰、斯洛伐克、斯洛文尼亚

c：非洲、加勒比海和太平洋地区国家

图 8－1　欧洲特惠贸易网

资料来源：[美]贾格迪什·巴格瓦蒂：《现代自由贸易》，中信出版社 2003 年版。

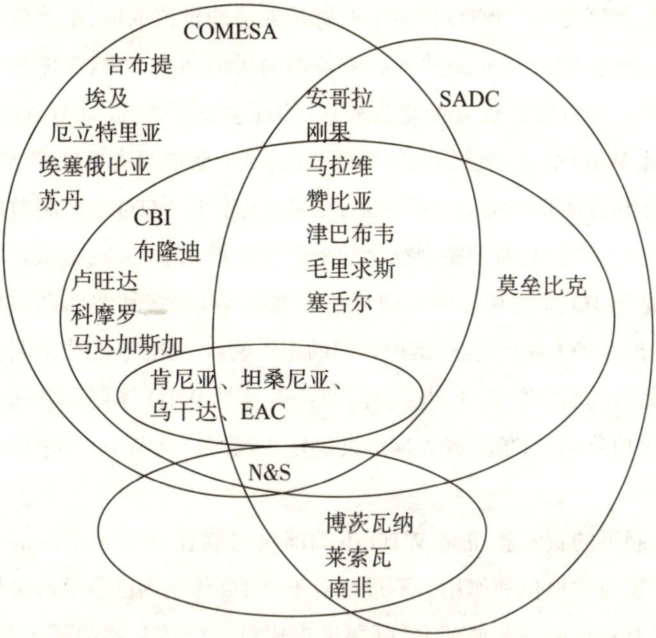

CBI：双边贸易协定　　　　　　　　　　SADC：南部非洲发展共同体
COMESA：东部非洲和南部非洲共同市场　SAC：南部非洲关税同盟
EAC：东非合作委员会

图 8－2　非洲特惠贸易网

资料来源：[美]贾格迪什·巴格瓦蒂：《现代自由贸易》，中信出版社 2003 年版。

(三)规范化二：国内层面

1. 双向兼顾性

双向兼顾指贸易自由与贸易公平的兼顾，WTO 是一个负责管理 WTO 多边贸易体制顺利运行的国际组织。作为保证多边贸易体制顺利运行的国际组织，WTO 也是以贸易自由作为其价值目标。然而，由于不同国家的实际发展水平不同，贸易的绝对自由也会导致实质上的不公平。为了消除这种实质上的不公平，WTO 在推动贸易自由化的同时也制定了众多体现贸易公平的规则，构成了贸易自由与贸易公平兼顾的法律体系。

2. 利益平衡

建立 WTO 体制下的贸易救济是非常必要和重要的，它应是当前国际经济利益分配制度之一。WTO体制下的贸易救济的价值取向,不能仅仅是为了保护、增进WTO多元公共利益中各国的局部利益。WTO体制下的各国贸易救济审查管辖权应当遵循WTO的理念和原则,按照WTO的规则追求多元WTO公共利益的良性发展状态,尽可能地解决自身管辖权内、WTO多元利益体系内部的矛盾关系;尽可能地保持WTO多元利益体系的平衡和稳定,维护有益于整个社会的平衡和发展制度环境,也就是利益平衡。它是WTO多元利益体系的特性。维持WTO多利益体系的特性,就是在维护WTO多元利益,维护各国的根本利益。因此,实质上利益平衡本身就是贸易救济的客体,是一种利益,而且是WTO体制下各国贸易救济历经价值判断、价值选择而应最终决定实现的符合WTO要求的高层次的利益。

WTO体制下的贸易救济是WTO争端解决机制在成员方境内的延伸,同样具有重要的地位和作用。不过相对于WTO体制内的争端解决机制而言,它又有双重的任务或使命:既要追求成员方经济利益的最大化,又要保障WTO的整体利益;既要保护成员方当事人的经济利益,又要维护其他成员方当事人的经济利益;既要保护一般利益、私人利益,又要保护WTO的根本利益、各成员方的公共利益。当然必须强调的是,所有以上如果有WTO规则和国内法律,则必须以其依据,而不能偏袒、有失公正。在没有WTO规则和国内法律为依据或明确依据的情形下,贸易救济自由裁量权,则应当坚持WTO体制下利益体系的特性,平衡相冲突的利益,不得偏袒一边,而有失公正。这实质上就是要把利益平衡作为WTO体制下国际贸易救济的价值取向。

3.“无救济、无权利”原则

世贸组织为确保WTO协定及其附件所规定的权利义务能在各成员方领土范围内得到尽可能的执行和遵守而设立的一种保障机制,其目的是保障WTO的反倾销、反补贴、保障措施等规则得到有效实施,进而建立一个成熟、公平、有序的国际贸易环境和市场。成员方贸易管制机关有权依法采取反倾销、反补贴、保障措施来打击恶意倾销产品,救济受损权利,恢复市场平衡。但是由于行政权的开放性、自我扩张性、自由裁量性以及利益集团的压力,往往可能滥用这种权力,过度采取贸易救济措施,高筑贸易保护非关税壁垒，阻碍 GATT/WTO 促进贸易自由化的组织目标实现。贸易救济司法审查机构，作为一个法律羁束性远比行政机构强的行为体，运用司法审查程序，对贸易救济行政行为进行纠正或确认，无疑会有助于相关方的私利益、成员的国家利益与 WTO 组织中国际大家庭的利益，有助于 WTO 组织目标的实现。

例如，美国 1988 年贸易法第 301 条赋予了政府一种权力，甚至是一种义务。那就是在美国单方面认为其他国家实施了不合理的措施的情况下，美国政府可以以所谓的“超级 301 条款”的名义谴责这些国家，并随之实行关税报复。这种被称为“侵略性的单边主义”的做法遭到全世界的谴责，而今天单方面歧视性使用“301 条款”这一背离现有贸易义务的做法，实际上已被宣布是违反 WTO 规则的。

4.“条约必须履行”原则

建立国际贸易救济司法审查制度是世贸组织强加给各成员的一项基本义务，成员方无从拒绝。世贸组织各有关协定和协议规定，每一成员应维持或尽快设立司法的、仲裁的或行政的法庭或程序，以便能够迅速审查和纠正与国际贸易救济有关的政府机构行政行为。

这是国际贸易救济司法审查制度在世贸组织各成员方内部得以建立并完善的首要基础。在成为世界贸易组织的成员之前，世界上许多国家（包括欧盟和一些独立关税地区）的宪政体制框架内就已经确立了对政府行政行为实施法律监督的司法审查制度；但是，就针对国际贸易救济行政行为而开展的司法审查活动而言，其从来没有像今天这样容易被世界各国所实践。不论从理论上说还是从司法实践而言，国际贸易救济行为可能早已经包含在了各国的司法审查或行政诉讼受案范围之内。正是因为 WTO 义务的普遍性、国际性和强制性，才真正有效地保证了国际贸易救济司法审查制度在各成员方宪政体制框架内的建立、维持和成功实践。

5. 提供司法救济途径，平衡自由贸易和公平贸易

贸易救济司法审查制度能为市场主体的行政权利多提供一个公正救济之途径。对世界各国之国际贸易主体行政权利的公正救济是实现国际贸易自由化和公平竞争的关键，也是国家外贸持续增长、国民经济持续健

康发展的重要保证,因而世界各国大都非常注重市场主体行政权利救济机制的建设。世贸组织各成员之所以要建立并维持国际贸易救济司法审查制度,其根本动机就在于能在已有的行政程序救济机制、行政司法救济机制、行政复审救济机制等行政系统内部救济渠道之外再为市场主体行政权利的公正救济多提供一条可能的外部途径。

6. 运用司法权监督贸易管制机关严格依法行政

国际贸易救济司法审查制度有助于防止政府行政权力的滥用。成员方国际贸易救济司法审查制度的建立和维持,部分地也是出于权力监督与制衡的考虑。众所周知,世贸组织的基本宗旨是“贸易自由”与“公平竞争”。而要实现国际贸易的自由化和公平竞争,如何适当地制约和监督成员方政府的行政权力就成为关键。因为正是成员方政府的行政行为,而不是某一国际贸易商的商业行为或行政参与行为,构成了国际贸易自由化和公平竞争的最大危险。国际贸易救济司法审查制度,由于其审查主体的相对独立性、审查程序的司法性以及审查依据的权威性等特点,使之成为了成员方内部防止政府行政权力滥用的一个极佳手段。

7. 更具公正性

较之其他方式,司法审查的方式解决国际贸易争端有诸多优点。众所周知,诉讼(司法审查)是专为解决社会冲突而产生的法律机制。国际贸易救济行政纠纷作为社会冲突的一种,其虽有当事人私下协商、第三人调解、仲裁和法律诉讼等多种处理方式,但最有效用的显然就是法律诉讼的方式。这不仅是因为其在客观上被注入了更多的有关“公正”的内涵,从而使得争议双方打从程序一开始就对最后的结果满怀期待,还因为通过诉讼程序的逐渐展开,法律的指引、评价、预测、教育和强制等规范作用都能渐次得到实现或部分实现。这也是世贸组织各成员普遍都愿意在国内积极地去构建国际贸易救济司法审查制度的原因。

二、中国贸易救济制度建设的若干建议

(一)我国贸易救济的战略

1. 贸易救济战略的内涵

我国的对外贸易发展还面临着不少矛盾和问题,加快转变外贸增长

方式,实现由贸易大国向贸易强国的转变,是我国对外贸易未来发展中面临的极其艰巨的任务和挑战。最重要的一点就是要主动实施贸易救济战略,减少贸易摩擦。我们要采取正确的对策,积极应诉,争取有利的裁决结果,同时也要认识到防范反倾销比应对反倾销更重要。应对国际对华反倾销、反补贴和保障措施也是一项复杂的系统工程,需要政府、行业协会和企业的共同努力。一方面,要运用相关法律保护我国产业;另一方面,我国产品出口企业要学会积极应对“两反一保”。同时,也要学会正确运用 WTO 的规则主动进行“两反一保”。

贸易救济战略实质上就是现阶段我国新的外贸发展战略,其基本内容包括:市场准入的公平,创造良好的市场竞争环境,维持正常的市场竞争秩序;健全公平贸易工作的支持体系,制定符合国际惯例的贸易政策;建立公平贸易工作协调制度,政府、协会和企业联动,有效地打破国外贸易壁垒。

我国实施贸易救济战略的目标是以保证我国外贸可持续发展和提高国际竞争力为目标,毫不动摇地维护我方的核心利益和尊严,有效解决贸易争端,提高中国综合国力,实现从贸易大国向贸易强国的转变;使我国外贸发展战略适应新形势,在更大范围和领域进一步推动我国对外贸易全面、协调和可持续发展,对减少微观摩擦、宏观摩擦和制度摩擦三个层次起到根本解决的作用。

2. 贸易救济的攻防战略

面对国际上日益严重的形形色色的贸易保护手段,为中国经济长远发展考虑,为中国经济将不断与世界经济相融合考虑,我们必须研究国际上反倾销、反补贴和保障措施对中国经济的影响,并制定相应的攻防方略。所谓“防”,就是在世界上越来越多的国家对中国的出口产品发起反倾销和实施保障措施时,我们应该采取什么办法来应对;所谓“攻”就是由于我国的开放程度越来越高,更多的国外产品可能会潮水般涌入我们的市场,会因此给国内产业带来严重的损害或损害威胁,为此我们应考虑拿起反倾销和保障措施的武器,用合法的规范的手段保护中国的国家经济安全。2001 年中国加入世界贸易组织以后,中国陆续出台和公布了中国的反倾销、反补贴和保障措施的国内法规,这是中国在保护国内产业安全立法与实践的进步与完善,对中国经济发展是十分有益的,是我国社会主义市场经济不断发展与完善的必要保证。因此,我们应该认真研究与思考贸易救济对我国经济的影响和对相关产业的冲击,同时实施贸易救济也是国家经济安全与产业保护的有效手段,从政府到企业都要认真学习有关的国际通行规则,并制定相应的对策。

国际贸易其实也是一场商战,战争中非常讲求进攻和防守的平衡,一支只会进攻而不懂得防守的军队,会因遭到重大损失而元气大伤;而一支只会防守而不会进攻的军队永远不会取得胜利。在足球比赛场上,大牌教练在指挥球队比赛时也特别讲究攻守平衡,不过具体比赛指挥中可以搞“防守反击”,也可以搞“进攻是最好的防守”。不管是什么战略,球队总要有进攻线和防守线,总要有前锋和后卫,总还要有最后一道把大门的守门员,否则后果是不堪设想的。我们在利用贸易救济制定国际贸易发展战略时,同样存在着攻守平衡,就是笔者强调的“攻防方略”,即在国外对我国的出口产品大搞贸易救济,来打击和限制我们的出口产品时,我们应如何应对来突破国外的贸易壁垒;又要学会在外国产品大举涌入我们的市场时,我们要如何使用国际上允许使用的合法武器有效地保护自己。

3. 贸易救济战略的原则

(1)以利益平衡原则作为 WTO 体制下中国贸易救济的指导原则

贸易救济二重性要求 WTO 体制下贸易救济的价值取向是利益平衡。可以说对 WTO 体制下贸易救济的实践已经能够提供一种法理的指导。笔者认为利益平衡是 WTO 多元利益体系的特性,特别是 WTO 规则的精神。应当作为 WTO 体制下我国贸易救济的指导性原则。只有如此,才能为 WTO 体制下我国贸易救济找到根本的法则、最终的标准、正确的方向和调整利益的限度;才能保证 WTO 体制下我国贸易救济实践符合 WTO 体制利益运动的规律。

(2)尊重与监督兼顾原则

贸易救济的基本特性之一是中立性,居中审查,不偏不倚,是适用平衡利益的法来代表正义。而行政权则是国家权力中公共利益的代表,贸易救济广度、深度和力度需要特别注意,尽管在不同理念、制度等的影响下,会有不同,但是由审查权、行政权及其制度的共性所决定的共性,还是有的。那就是审查权是有限度的,行政权是受监督的,也就是审查权既要尊重行政权,又要监督行政权。

从利益的视角看,审查权就是既要尊重行政权所代表的公共利益对经济主体私利益的影响,又要监督代表公共利益的行政权对经济主体私利益的作用。从而使得行政权所代表的公共利益与经济主体的私利益,按照体现利益平衡精神的法来变动,达到某种平衡状态,实现双方利益的最大化。这就是尊重与监督并重的方法。在 WTO 体制下,贸易救济审查的当事人中可能是 WTO 其他成员方的经济主体,会产生外在的政治经济压力,这种尊重与监督的方法更是必需和重要的,具有一定的政治意义。

尊重与监督并重的方法毫无疑问要适用于贸易救济审查领域。但不是整个贸易救济审查领域,所有贸易救济审查活动都适用此方法。它主要用于解决贸易救济审查的基本问题,相应地适用于确定贸易救济审查的审查范围、贸易救济审查的标准和贸易救济审查的管辖机关等方面。

(3)国家经济利益优先原则

在当前经济格局中,我国加入 WTO,是为了参与经济全球化进程,寻求和利用国际机遇发展我国经济,推动我国经济发展,维护和增强国家经济利益。涉外经济行政立法应服务于这一根本目的。既要执行国际经济法,履行国际经济义务,又要维护国家主权完整和尊严。就 WTO 法律制度而言,国际贸易救济审查制度要充分利用 WTO 协定和协议给予我国的优惠和特权,充分利用 WTO 协定和协议所容许的保卫国家经济安全,维护国家经济利益的手段和措施。

不但我国如此,WTO 的成员方无不如此。WTO 体制下贸易救济制度是 WTO 成员方内部的法律制度,虽说应当在诚实履行 WTO 协议规定的义务,实现国际贸易争端各方的利益平衡。但是在当前民族国家仍是国际关系的主要主体、民族利益泾渭分明的情况下,要求任何一方将他方的利益放在优先地位,是不现实的。只有承认各方经济利益优先,国际贸易救济审查机关才具有存在的意义。

（4）诚信原则

在当前建设诚信政府、责任政府的法治进程中，国际贸易救济审查机关诚信履行 WTO 协议的义务是贯彻国家意志，也是实现中国政府入世承诺的必需方式。我国政府也作出了郑重承诺，如《中国加入 WTO 工作组报告》第 67 条规定："中国代表指出，中国始终都是以善意方式履行其国际条约义务。根据宪法和条约缔结程序法，WTO 协定属于须经全国人大常委会批准的重要协定。中国将确保其有关或者影响贸易的法律和法规与 WTO 协定和中国的承诺相一致，以充分履行其国际义务。为此，将在完全遵守 WTO 协定的情况下，通过修订其现行国内法和制定新法律，以有效的统一的方式实施 WTO 协定。"《中国入世议定书》第 2 条（A）节第 2 款中，"中国应以统一、公正和合理的（uniform，impartial and reasonable）方式适用与执行"其"属于或影响"贸易的"所有法律、法规及其他措施"，这里就暗示有诚信原则。

（5）公平原则

"法律面前人人平等"对 WTO 体制下的贸易救济具有新的含义。我国国际贸易救济审查制度除了针对个别国家对我国公民和经济组织的歧视性措施作出反应、实施对等原则外，不得规定歧视外方个人和经济组织的内容。就 WTO 法而言，非歧视原则或称为无差别待遇原则，是它的最基本原则，也是针对歧视性待遇而形成的一项缔约原则。其主要内容是指在 WTO 体制下，各成员方不能在其贸易伙伴之间制造歧视，每个成员方都必须平等地对待其他成员方，对任何一成员方不得采取任何对其他成员方所不适用的优惠和限制措施；同时，也不能在自身和外国产品、服务或国民之间制造歧视。非歧视原则主要体现为最惠国待遇原则和国民待遇原则。不过，WTO 的法律制度还包含了这样一整套法律规定，它们以成员在立法、行政和司法审查方面法律制度的法治化建设为目的，并规定了成员的相应义务。它要求我国实行依法治国，而依法治国基本的原则之一就是"法律面前人人平等原则"。WTO 协议已经对 WTO 体制下的贸易救济提出了公正的原则要求。

尊重与兼顾原则是利益平衡原则的主要实施原则。国家经济利益优先原则、诚信原则与公正原则是根据 WTO 协议总结出的具有普适性的基本原则。我国国际贸易救济审查机关在审理活动中应灵活运用这三个基本原则,既不能片面追求国家经济利益优先,也不能机械地实现利益平衡;要在充分理解政治、经济政策的基础上,根据国际贸易局势,在依法治国的环境下,诚信审查、公正审查,既要保全国家公共利益,又不能触犯WTO公共利益平衡的规律,否则将招致国内、国外、国际三个层面的压力与挑战。

4. 建立健全我国贸易救济法律体系

(1)建立贸易救济制度应成为贸易救济战略的核心

WTO公平竞争原则在对中国对外贸易基本法的发展产生重要影响的同时,也对货物贸易领域其他相关外贸法规规章产生了直接影响。企业在国外遭受一切不公正的贸易和投资壁垒时,我国政府都应依据法律提供保护。

建立和健全政府管理对外贸易的基本法是完善外贸经营制度、实现自由贸易的根本保证。目前,最能体现WTO公平竞争原则的,是2004年我国修改的国务院颁布的《中华人民共和国反倾销条例》《中华人民共和国反补贴条例》和《中华人民共和国保障措施条例》。但这些条例的位阶不高,要创造公平贸易的环境,要提高立法的层级,应在条例的基础上制定相应的法律。

(2)中国要进一步参与WTO的活动,争取在制定有关规则中有更多的发言权,以充分维护中国的经济利益和经济安全

区域经济一体化的发展不可避免地会给中国带来一些负面效应,如美国和欧盟分别是中国的第二和第三大贸易伙伴,欧盟和北美自由贸易区的一些贸易保护方面的政策及由此引起的贸易转移方面的问题,会直接影响中国的进出口总量和投资总量。然而,抵消和减少区域经济一体化负面效应的有效措施之一,就是积极推动和参与国际多边贸易体制,加固WTO的基础和多边贸易规则,利用具有权威性、普遍性和约束力的多边贸易规则,遏制贸易保护主义,公平处理与经济一体化成员之间的关系。WTO处于全球贸易领域中的中心领导地位,承担着监督和引导区域经济一体化发展的责任。经过15年艰苦的努力,中国加入了WTO,并根据WTO规则和对外承诺,逐步降低关税,取消非关税壁垒,放宽服务和投

资的市场准入限制,建立与国际通行规则相适应并符合中国实际情况的经济贸易管理体制。这不仅为中国的经济发展创造更为有利的条件,也为中国与世界各国开展经济合作,推动多边贸易体制发展奠定更为坚实的基础。今后,中国应该更充分地参与多边规则的制定和主动有效利用多边规则,在多边贸易体制发展中起到建设性作用,以获得有利的竞争条件,维护我国的经贸利益。

(二)我国贸易救济制度构建[1]

1. 背景制度

(1)以 WTO 等国际规则为准则

有效利用世界贸易组织认可的贸易救济措施,防止进口激增对我国产业的冲击,完善我国的贸易救济制度。反倾销、反补贴、一般保障措施、贸易争端解决机制以及特殊保障机制,是世界贸易组织成员在市场开放条件下用来应对贸易自由化带来的负面影响和产业损害的合法的贸易救济措施。

世界贸易组织协议所允许的贸易救济手段,也是当前许多成员方频频用来限制进口、自我保护的手段。对于这种情况,一方面我们要做好应对措施,另一方面就是要充分利用 WTO 规则,针对由于大量进口给我国所造成的损害,进行正当防卫,以保护本国的产业。这就要求我们在观念上强化对 WTO 规则的认同,并在 WTO 框架下重新调整我国的贸易保护制度。

(2)以国内贸易制度为背景

中国作为一个发展中国家,经济发展水平不高,产业结构不合理,整体竞争力不强,所以,在加入 WTO 的背景下,由中国具体国情决定了中国对外贸易政策调整目标是实行自由竞争下的适度保护型对外贸易政策,即在逐步按照 WTO 一般原则开放国内市场、实行自由竞争的同时,运用

---

[1] 1997 年 3 月 25 日,中国颁布了《中华人民共和国反倾销和反补贴条例》,初步建立了中国进口反倾销调查的法律框架。经过 3 年的实践后,在中国"入世"前根据 WTO 的规定,2000 年 11 月出台了新的《反倾销条例》《反补贴条例》和《保障措施条例》,于 2002 年 1 月 1 日起实施。此后,中国又制定了反倾销方面的 19 个部门规章,对调查各环节做出了明确的规定。2004 年 3 月对反倾销条例、反补贴条例和保障措施条例进行了修订,修订后的条例于 2004 年 6 月 1 日起开始实施。

各种 WTO 允许的国际收支平衡例外、保障条款、安全例外及幼稚工业保护例外等贸易保护条款,实现对本国幼稚产业及民族经济支柱产业的最大限度的保护。

因此,中国必须修改并完善与 WTO 规则不一致的对外贸易政策,以完善对外贸易政策,使其与国际惯例接轨。即按照国民待遇原则,逐步开放那些具有一定比较竞争优势的产业领域(如纺织业),然后再开放其他领域,改善市场准入条件,实行自由竞争;同时为了防止外国产品的倾销行为及规范市场竞争,必须制定相应的反倾销条款及相关法律法规;而对那些幼稚产业(如农业)与关系到中国经济发展全局和产业安全的民族经济支柱产业(如高新技术产业),按照 WTO 允许的例外原则,制定适度的贸易保护政策,以保护本国经济持续稳定发展,这也是 WTO 许多成员国通常采用的措施。这种对外贸易政策是在中国已经加入 WTO 的前提下,针对中国经济发展的现状,为适应 WTO 的运行机制而提出的,是自由贸易政策与保护贸易政策有机结合的有中国特色的对外贸易政策。其核心就是在国内市场逐步自由放开的同时,在 WTO 框架内实现对本国产业的适度保护。

(3)以外国贸易救济制度为借鉴

他山之石,可以攻玉。为了充分保护本国公共利益,美国、欧盟在 WTO 贸易救济协议的框架下建立了相对比较完善的贸易救济法律制度。在深刻剖析我国现行外贸救济法律体系弊病的基础上,可借鉴欧美国家贸易救济立法的先进经验,充分把握世贸组织赋予的基本权利,利用 WTO 例外条款,密切结合我国立法和司法实践,寻求具有勃勃生机且适合中国国情的外贸救济制度设计,从而使我国的外贸救济法真正成为应对复杂多变的外贸发展新形势的法律。借鉴国外成熟的贸易救济机制,进一步完善我国政府实施反倾销、反补贴、保障措施以及技术性贸易壁垒的法律法规体系,建立起符合国际惯例的贸易救济体系。

2. 基本制度

(1)我国贸易救济制度基本制度的构成

外贸救济法是一项非常复杂的法律制度,须随着国际贸易形势的发展而不断地发展和完善。但是,在一定时期,一国还是可以制定并维持相对稳定的基本外贸救济法律的。美国和欧盟都分别由其权威立法机关(国会)制定了效力较高的反倾销、反补贴、保障措施基本法。随着国际贸易的快速发展,我国当前迫切需要制定权威的反倾销法、反补贴法和保障措施法,建立具有权威而稳定的贸易救济执法制度,以担负起当前繁重的对外贸易调查和保护民族产业的任务。目前,国务院的机构改革基本就绪,各部委的职能比较稳定和完善,为反倾销执法制度的建立准备了有利条件;同时,近几年来我国反倾销司法实践经验的积累和理论研究的发展也为全国人大常委会制定反倾销法奠定了立法上的基础。

笔者认为,我国的贸易救济法律体系应是以对外贸易法为基本法,反倾销法、反补贴法和保障措施法为配套法,反倾销、反补贴和保障措施方面的实施细则和部门规章为辅助的不同层次法律法规组成的、相互衔接、紧密联系的贸易救济法律法规体系。

(2)贸易救济法律实体规定的完善

①反倾销实体法的完善。具体包括:增加规定正常价值及出口价格的调整方法,可以参考美国的规定,要求用于比较的出口价格和正常价值都应处于厂价水平,否则商务部可以对各项可能影响价格的因素进行调整;对于正常贸易过程,可以用排除法来确定,一般认为,关联当事方之间的销售、低于成本销售、非市场经济条件下的销售这三种方式为非正常贸易。非市场经济条件下的销售具有一定的不公正性和歧视性,但我们可以吸收另外两种非正常贸易的方式,从而确定正常贸易形式的范围。对于非正常贸易形式,其出口价格及正常价值可以采用第三国市场价格或结构价格的方式来确定。在确定损害问题上,可以考虑参照美国的做法,分别规定不同损害形态的不同损害事项及其标准。

②反补贴实体法的完善。在补贴的分类问题上,可以结合我国对补贴的一般性规定和WTO《反补贴协议》对补贴的具体分类,对补贴进行定义,并对禁止性补贴、可诉补贴和不可诉补贴进行明确的界定。这样规定,从进口国的立场上,可以向国内宣传正当补贴的种类,保证正当实施的补贴对国内经济的促进作用;从出口国的角度来看,可以避免错误地实施禁止性补贴或可诉性补贴而可能招致其他国家的反补贴措施,同时国内企业也可以据此来判定其他国家反补贴措施的合法性。确立了补贴的

分类之后,我国反补贴法律应明确规定国外的禁止性补贴不需要对国内产业造成影响即可起诉,从而提高对国内产业的保护水平,加强了保护力度。

③保障措施立法的完善。参照 WTO《保障措施协议》及美欧保障措施立法的有关规定,对我国保障措施中所要求的"严重损害"和"严重损害威胁"进行明确界定;同时,在规定按"前一有代表性时期"各出口国所占供货份额来分配给它们的配额时,还"应对已影响或正影响该产品贸易的特殊因素予以应有注意"。符合条件时还应进行"配额调剂"。由于保障措施的实施影响到多个国家的利益,因而实施保障措施的决定应当充分考虑到可能对国家之间的政治经济关系带来的影响,因而笔者建议可以参考美国的规定,采取保障措施的决定应当由我国国务院决定。

(3)贸易救济法律程序规定的完善

首先是提高贸易救济法律法规的立法层次和立法水平。根据最近几年我国贸易救济理论研究和司法实践的发展,制定具有前瞻性的贸易救济法。严格遵循 WTO 协议中透明度原则,提高调查程序的透明度,及时向反倾销、反补贴、保障措施委员会提交有关这些救济措施的法律法规,将其任何变化通知相关委员会。加大反倾销等贸易救济措施的宣传力度,促进贸易救济措施的公正和公开化。对于外贸调查中依照 WTO 相关规定应当公开的事项都及时进行公开,通知相对人其所拥有的相关权利和义务。保证当事人或被调查国有充分的提交材料或发表意见的机会。在规范调查程序和调查方式,完善具体的制度设计的同时,还要对贸易救济法律制度及其具体措施树立正确的认识:它并非是一种惩罚性的措施,而只是避免本国产业遭受损害的手段。因此,在收集证据、提供资料以及对之做出评价时,要保持公平公正客观,滥用反倾销、反补贴和保障措施则不仅会招致他国的谴责和报复,而且最终反而会阻碍我国对外贸易的健康快速发展。

3. 辅助制度

(1)司法审查制度的完善

一国贸易救济法律制度虽是国内法,却又具有国际法的特征。因而,对于其司法审查制度的完善,既要考虑当前世界上反贸易救济法律的最新发展,也要顾及我国司法制度的实际。既要积极吸收当前贸易救济立法比较完善国家的先进立法成果,使立法具有一定的超前性,也要充分考虑我国的国情和法律制度的发展状况。笔者认为,我国贸易救济司法审查制度的完善,除了与外贸救济法律制度一样需提高立法层次外,还应从以下两个方面着手:①建立专门法院,对反倾销等国际贸易案件进行司法审查。考虑到操作的难度和我国司法制度的实际,借鉴前一种做法更有利于目标的实现。即在最高人民法院下设专门法院(国际贸易法院),由其受理反倾销调查案的初审;最高人民法院设立国际贸易法庭,负责案件的终审。建立专门的国际贸易纠纷司法审查法院,可以集中我国现有的人才资源,集中专业法官处理那些涉及面广、影响大的反倾销、反补贴案件,对贸易救济案件利害关系人的利益进行充分的保护,以体现我国的司法公正和效率。同时,它也将为我国日益增加的国际贸易案件的司法审查准备条件,有利于国际贸易纠纷的及时有效处理。②完善司法审查的具体规定。对于提起司法审查的当事人的范围,应当采用明确列举利害关系人的方法予以规定。

(2)进一步完善产业损害预警系统,提供预警信息

贸易救济包含申诉、立案调查、裁定三个步骤,由于调查机关的立案调查基本上可以视作一个程序性法律行为,因此,一个完整的出口产品反倾销预警体系,应包含两个层次的预警,一是对提起反倾销调查申请的预警,监测对象是进口国企业;二是对倾销裁定的预警,监测对象是进口国政府。由于监测对象的不同,所需研究方法也不相同。

国务院已将继续完善产业损害预警体系列入了近年工作要点,根据规划,将不断扩大预警体系覆盖范围,力争用2~3年时间建立起国家(商务部)、行业、地方和企业"资源共享、优势互补"的完整的产业损害预警系统。进一步调动各行业的积极性,推广试点省市预警机制建设的经验,发挥专家系统的作用,进一步完善预警模型、数据挖掘分析和专家评估软件,提高产业损害预警报告的分析深度。此外,今年将开始编写重点国别和区域性敏感商品进出口异常变动对国内产业影响的分析报告,为国内产业提供切实有效的预警信息服务。

(3)加强贸易技术创新,提升我国贸易竞争力

提高科技含量,破除贸易壁垒。我国近年来出口的大多数产品附加值不高,国际知名度低,没有形成国际知名品牌,在国际市场上价格偏低,因此很容易被国外当成反倾销的对象。在市场竞争日益激烈的情况下,科技含量低的资源密集型产品市场相对萎缩,而技术密集型产品市场空间广阔,增长潜力很大,重视生产企业质量保证体系的管理已经成为国际质量管理的发展趋势。企业如果不通过提高产品技术含量,保证产品质量,不加强管理,只想通过政府或打价格战来处理积压产品,占领国内外市场,是绝对行不通的。以苹果为例,我国是苹果生产大国,产量居世界第一位,但目前我国苹果年出口量仅占生产总量的1%左右。出口受阻主要原因是苹果质量差,虫果率高,采后保质能力差,果实农药残留超标。因此,只有加快实施科技兴贸战略,才是扩大出口最有效的途径。

4. 实施机制

(1)运作模式

在反倾销、反补贴和保障措施三种主要贸易救济措施中,政府、企业及行业协会等中介组织三个层面应采取不同的对策和措施。我国已初步建立了政府(包括中央、地方政府)、驻外经商机构、企业、商会和行业协会协调工作的“四体联动”机制。经过努力,该机制已初见雏形,并在实践中发挥了积极的作用。在这一背景下,为了更加充分地发挥政府、行业协会、专业合作社和龙头企业在我国农产品反倾销中的作用,研究我国农产品反倾销的联动机制及其运作模式,具有极为重大的现实意义。

(2)实施策略与技术

研究贸易救济的应对策略,以促进我国出口贸易的发展已成为当前的一个重要课题。我国贸易救济制度实施的策略与技术主要有:争取早日摘掉“非市场经济国家”的帽子;实施经济外交,推行和谐贸易战略;加大“后过渡期”对政府相关人员、中介组织、敏感产业的相关企业等各类人员的培训;建立一支了解国际市场的反倾销人才和律师队伍,要尽快培训和培养大量熟悉双边、多边贸易谈判的人才,培养大量的美国通、欧盟通、日本通等;树立和强化维权意识;建立健全各种会计制度,等等。

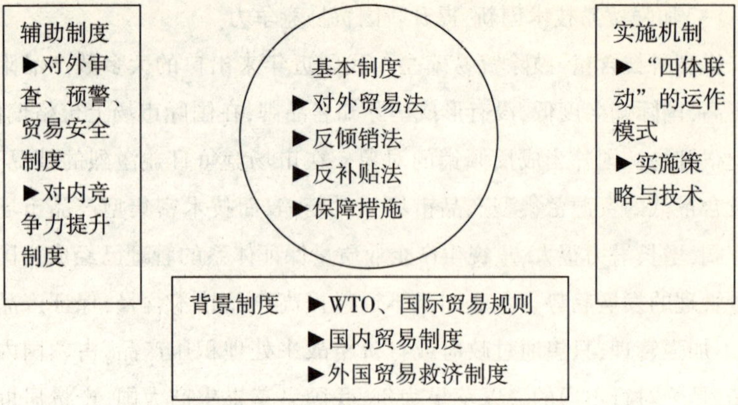

图8－3　我国贸易救济制度的结构

(三)我国贸易救济的策略

1. 一般策略

(1)积极参与WTO新一轮规则谈判

把握WTO及各国贸易救济措施的最新动向和发展趋势,使中国更好地运用贸易救济措施,维护国内竞争秩序及产业安全。今后在规则谈判中,应在配合中新一轮谈判整体立场的基础上,认真研究中方所关注的议题,力争提交有较高质量、有一定影响的提案,在规则谈判中发挥出发展中大国的应有作用。

(2)积极磋商,解决争端

积极地参加贸易政策评审机制,充分运用世界贸易组织争端解决机制解决贸易摩擦。特别是要对与我国有经贸往来的国家的有关贸易政策仔细研究并适时地提出意见和建议,以避免将来有可能发生的贸易摩擦,或者直接与该国进行对话和磋商以及时地化解纠纷。

争端解决机制在解决世贸组织成员间的贸易争端、调整各国的经贸关系、促进多边贸易的自由化发挥了重要作用。同时,争端解决机制也为缔约方在条约中规定的权利义务提供了保障,促使WTO协定能够得以贯彻执行。争端解决机制使成员方在发生争议时多了一条稳定、可预见的解决途径。

(3)加强服务,培养人才

要加强培训和咨询服务工作,搞好“两反一保”队伍建设,努力培养一支稳定的进出口公平贸易工作队伍。做好这项工作,既要求准确理解我国外经贸的工作方针、政策和法律法规,还要了解熟悉 WTO 相关规则,以及 WTO 有关成员国内法的相关规定。因此,创造条件,配备专业素质高、责任心强的人才是做好这项工作的必要保障。

(4)制定政策,练好内功

在我国加入 WTO 以来,市场准入与公平竞争问题日益突出。在市场准入与公平竞争方面,从注重壁垒的构建、实施,转向注重保证市场的公平竞争环境、市场竞争秩序以及制定相关的贸易政策。尽快出台中国《不公平贸易报告》,将扩大内需作为确保中国经济可持续增长的长期战略,不仅有利于缓解贸易摩擦,而且可以避免产业空洞化的问题。同时,遏制国外企业不公平竞争,维护国内产业安全,促进国内产业健康发展。

(5)完善制度,建立网络

进一步加强与完善贸易救济措施制度建设,应对国际贸易领域严峻形势;建立和完善中国的摩擦、争端解决机制,完善贸易救济法律法规体系,保护国内产业和企业应得利益;加强对反倾销、反补贴和保障措施等的应诉和其他相关工作,推进“非市场经济”问题的解决;学会运用反倾销协议应对外国反倾销投诉和对别国进行反倾销投诉。

地方商务主管部门和企业要不断提高对出口产品预警的敏感度,建立健全进出口产品预警机制,及时反映本企业在出口贸易中遭遇的国外不公正待遇,配合商务部门做好国外对我国出口设限的调查工作。

(6)不断完善“四体联动”的应对机制

建立各有关政府部门间的协作机制,及时沟通信息,加强部门间的团结与合作。充分调动好政府部门的资源,中央政府各部门和地方政府各部门均要以国家利益和大局为重,做好沟通、配合,团结作战。政府部门可建立专门的谈判机构,做好应对大量、具体、专业工作的准备。

建立政府部门与行业协会、商会的联系机制,加强沟通信息和指导协调。行业协会和商会要加强联系与合作,共同应对贸易摩擦。有条件的行业协会和商会可以自主合并或组成联合协会。要给企业自主成立行业协会、商会创造条件,使目前的行会、商会在竞争中摆脱计划经济时代色彩,切实发挥作用。

不断完善商务部、地方商务主管部门、中介机构、有关企业“四体联动”工作机制。各级政府部门要积极推动中介组织的市场化运作;地方商务主管部门及各类中介组织要以全局为重,坚决抛弃狭隘的部门利益;要本着对企业高度负责的原则,以服务于企业为共同目标。

商务部应强化对全国进出口公平贸易工作的统一规划和指导,制定有关反倾销、反补贴、保障措施、贸易壁垒调查及其他有关进出口公平贸易相关的法律、法规;加强与中央各有关部门的协调,统一指导地方外经贸主管部门、中介组织、企业的进出口工作。地方各级外经贸主管部门应切实转变职能,提高服务意识,认真做好本地区的进出口公平贸易工作。进出口商会、行业协会和其他中介组织要转变观念,强化服务意识。企业要加强自我保护意识,不断提高国际竞争能力和风险抵御能力,积极应诉国外反倾销、反补贴、保障措施调查,接受外经贸主管部门及相关中介组织的应诉协调和指导;加强企业自律和行业协调,主动抵制低价倾销等扰乱出口经营秩序的行为。

(7)加强信息服务和咨询工作

信息工作在预防和应对贸易摩擦中具有重要作用。政府主管部门要建设信息服务系统,运用现代化手段,向社会提供及时的信息服务。特别是广泛开展与WTO规则有关的咨询服务,将中国“入世”承诺、贸易摩擦发生情况及时向社会发布,做好相关法律规则的咨询服务。

同时要做好学习、宣传、培训和交流合作。应对国外贸易救济调查是中国“入世”后面临的重要问题,要研究和借鉴其他国家应对贸易摩擦的做法和经验,增加与国外政府、研究机构、中介组织的交流与学习。

(8)建立和完善进出口预警系统

商务部目前已开发了全口径监测预警体系,今后要进一步健全该系统,并充分运用该系统,对敏感产品、重点行业、对重点国家或地区的进出口情况进行实时监测,及时发现进出口环节的问题,将反倾销及保障措施应诉工作前置化。

(9)培养一支从事公平贸易工作的高素质人才队伍

要建立适应社会发展的人才机制,建立高素质的专业人才队伍。应对国外贸易救济调查实质上也是各国专业人才的竞争,政府主管部门和行业组织要认识到人才是一切竞争的核心,坚持以人为本的思想,创造有利于发现人才、培养人才、吸引人才,人才创造性发挥作用的机制,提高人才待遇,发扬民主。政府部门尤其要在人才待遇方面进行创新和改革,将其作为转变职能的重要工作之一。地方各级商务主管部门、各有关中介组织和企业应该继续高度重视进出口公平贸易工作的组织和机构建设,努力培养一支稳定的进出口公平贸易工作队伍。

2. 出口应对国外贸易救济

(1)法律对抗:提高运用 WTO 争端解决机制应对贸易救济调查的能力

加入 WTO 为中国解决贸易摩擦提供了新的途径。然而两年多以来,中国参与 WTO 争端解决的实践少,经验不足,能力也很有限。在当前贸易摩擦进入多发期的情况下,运用 WTO 争端解决机制,对于维护中国的贸易地位和经济利益而言,具有现实意义。一方面,对其他成员的贸易措施违反 WTO 规则,损害中方利益的行为,要敢于诉诸争端解决机制,维护中方利益。另一方面,对于其他成员方对中提起的争端,要敢于和善于应对,积极同对方展开磋商,在专家组、上诉机构程序中有效抗辩。

(2)政治交涉:政府有关部门积极进行对外斡旋

在双边机制下,除在双边层面就贸易摩擦进行政府交涉外,继续建立双边磋商合作机制,通过与更多国家和地区建立此类机制,尽可能地减少贸易摩擦的数量或减少其带来的负面影响。在多边场合中,不断加强运用 WTO 争端解决机制应对解决贸易摩擦的能力,积极参与 WTO 规则的制定和修改,参与 WTO 对成员的贸易政策审议。此外,还可将贸易摩擦应对置于区域性组织和机制的框架内,探索应对工作的新途径。

在对外交涉中,充分利用各种多、双边场合与相关国家政府积极进行交涉和磋商;同时,要适时依据《对外贸易壁垒调查暂行规则》开展壁垒调查,破除国外壁垒。还要加强向有关部门和产业通报国外贸易投资环境变化的相关工作,使国内产业能未雨绸缪,及时调整。

(3)出口管理:调整出口的产品结构和市场结构

提高产品质量,优化出口产品结构。不断完善和提高产品的各项技术、环保、卫生、安全等标准,积极研究、追踪和采用国际标准,不断缩小中国与发达国家存在的差距,促进中国企业提高产品质量和科技含量。增加低消耗、无污染、高附加值产品生产,优化出口产品结构。

增强企业竞争力,加强行业自律。要引导企业形成自主知识产权和自主品牌,不断增加竞争力、创新基础和发展动力。提高企业和行业协会的应对能力,开展国际产业间的对话与交流,加强行业自律。

(4)转变贸易,加强投资

不可否认,中国强大的贸易出口增长,招致贸易救济措施在所难免。转变贸易为投资,在海外建立生产基地,绕过贸易救济措施是中国需要考虑的应对措施。特别是对待某些生产企业规模小、技术水平落后、缺乏竞争力的发展中国家,中国应实行走出去战略,而不是继续在贸易上大做文章。中国应当借助国外市场,变贸易逆差国为投资基地,既缓解两国贸易救济措施,又易打进国际市场,绕过欧美对华的直接贸易救济措施。扩大来看,中国企业对一些与发达国家临近的地区进行投资,既可避免发展中国家的贸易救济措施,又可以此为进驻欧美市场的制造基地。

(5)推动中国非市场经济地位问题的解决

对于"非市场经济"问题,遵循以往确定的整体交涉策略,应对工作在多个层面展开。其一,加大对"非市场经济"问题的交涉和应诉指导力度,力争取得更大进展。其二,在个案中,继续指导企业应诉,协助企业证明其已在市场经济条件下运作。其三,积极利用各种场合,加强对中国市场经济建设取得成果的宣传。

3. 进口救济

(1)做好产业损害的防范工作

一个国家一般要指定一个国家机关对国内产业损害进行调查和认定,美国是国际贸易委员会,中国则是国家经济贸易委员会中的产业损害调查局。党的十六大后国家经济贸易委员会和对外经济贸易部合并为商务部,产业损害调查局则设置在国家商务部内。进口预警机制就是由这个政府机构会同其他有关机关设置的常设机构,其工作不仅仅是在国内企业向政府提出反倾销、反补贴和实施保障措施的申请后，要进行产业损害调查，而且在没有接到国内企业提出的调查申请时，也要进行长期的跟踪监视和提前对国内发布损害警告。

(2)及时、合理、有效开展贸易救济措施调查，维护国内产业利益

继续依法推进进口贸易救济措施调查工作，充分发挥进口调查工作应对国际贸易摩擦的筹码作用。随着上半年我国外贸出现逆差，能源、原材料产品大幅涨价，国民经济出现通胀压力，进口对国内产业带来的压力也不断加大。除了依法对已有立案申请或已立案件做出立案或调查、初裁、终裁之外，我们将密切跟踪形势发展和重点行业的运行情况，做好准备，依法、适时采取贸易救济措施，以进一步维护公平贸易环境及中国市场、产业利益。

(3)发挥贸易救济措施对贸易摩擦的制衡作用

进口调查工作应进一步主动加强与相关工作的配合，继续发挥进口贸易救济措施的反制作用。同时，也应注意对进口产品采取贸易救济措施时，要严格依照国内立法，并参照 WTO 协议，在调查中积极与相关涉案成员沟通，避免因中国采取贸易救济措施而引起贸易摩擦。

第九章　国外贸易救济措施对辽宁出口的影响及策略

本章针对辽宁省贸易救济问题进行案例研究。辽宁作为我国对外贸易大省，面临的贸易救济措施及损害也很严重，通过深入了解国外贸易救济措施对辽宁出口的影响以及辽宁应对所存在的问题，从政府、行业协会以及企业三方面提出应对策略建议。

一、研究意义与研究现状

（一）科学意义和社会应用前景

在辽宁对外贸易层面，遭遇贸易救济措施损害的情形很严重。仅在近年来，美国、欧盟、加拿大、墨西哥、印度、韩国等 WTO 成员国在对华立案的调查、初裁和终裁的案件中，涉及辽宁的产品 30 种，涉案企业达数百家，涉及贸易额达百亿美元。

2005 年前 10 个月，又有多起反倾销等立案涉及辽宁。如加拿大提起的热轧钢板反倾销案复审；美国提起的“石蜡蜡烛反规避”案和“维生素 C”反垄断诉讼案；韩国关于对华出口的瓷砖产品反倾销立案的调查；美国对华出口复合地板“337 调查案”；欧盟对华出口“草莓保障措施案”等，涉及辽宁相关企业 100 多家。

欧盟将从今年 8 月 13 日和 2007 年 1 月 1 日，分别正式施行所谓绿色壁垒的“两个指令”:一是《关于报废电子电气设备的指令》;二是《关于在电子电气设备中限制使用某些有害物质的指令》。如果到 2006 年 7 月 1 日之前不完成生产工艺和技术的改造,不能寻找到替代物质和技术,辽宁的相关产品(如家电)企业就有被淘汰出局的危险。显然,这场所谓“绿色壁垒”的麻烦和危险正在急速向我们迎面扑来。

还有信息显示,美国商务部认定并已提出:中国振兴东北老工业基地的“财政转移支付”政策就是补贴。美国正在抓紧修改相关法律,看来对华反补贴之诉可能即将开始。可以预测:今后一段时间,我国产品将更多地遭遇来自发达国家的技术性贸易壁垒。这可能使我国相关产业制造成本增加,出现产业凋敝、断层等现象。

辽宁省在应对措施上虽然也做了一些工作,但还存在许多问题亟待解决。对此,我们必须增强应对“反倾销”“反规避”“反吸收”“反补贴”“保障措施”“特别保障措施”“反垄断诉讼”“337 调查”等国外贸易救济措施的危机感,积极采取对策。

为了维护产业安全,促进产业发展,保护企业合法权益,必须对贸易摩擦的长期性、复杂性保持清醒的认识,做到未雨绸缪。一方面,要进一步深化对贸易救济措施及其他 WTO 规则的认识和运用,完善相关法律体系和预警机制,适时、适当地主动向中央政府建议并发起贸易救济案件;另一方面,要针对国外对辽宁省产品出口不断增加的限制和歧视性待遇,要增强法律意识,转守为攻,积极运用贸易救济措施等 WTO 允许的法律手段,抬升辽宁省应对贸易摩擦的筹码,增强反控制能力,充分、合理、有效地行使 WTO 成员的权利来改善产业和企业的发展环境。

总的来说,本章研究辽宁贸易救济问题的立论依据主要有:

1. 由于外国频频实施贸易救济等贸易壁垒,辽宁省出口已经受到重大影响。

2. 振兴老工业基地的国策面临国外贸易救济措施的威胁,直接影响辽宁出口。

3. 与我国其他发达省份相比,辽宁省尚未建立起有效的应对贸易救济措施的反应体系,如辽宁省产业安全预警监控系统、出口损害统计分析模式,等等。

4.辽宁省“十一五”规划的开放型经济战略。该总体战略中,产业战略与企业战略的有效实施,需要对国际环境有充分的了解及策略。

5.经济全球化的挑战。通过国际分工,在世界范围内提高辽宁资源配置效率,尽快融入世界经济体系,是辽宁振兴的必然选择。在此背景下,面临不断加剧的国际贸易摩擦,还不具备很强国际竞争力的辽宁产业面临的压力加大,如何提高辽宁产业国际竞争力,合理、有效地运用贸易救济措施,继续保持辽宁振兴的持续、快速、稳定发展,是摆在我们面前而又亟需解决的重大问题。

6.辽宁省外经贸厅职能的转变和完善。外经贸厅是负责反倾销、反补贴、保障措施等贸易救济相关事务的专职机构,在新形势下,需要在不违背国际规则的前提下,最大限度增强产业和企业的合法利益,最大可能地增强产业或经济的国际竞争力;调整传统的行政管理和调控手段,运用符合国际惯例的规则和手段来调控产业;建立进出口公平贸易预警机制,组织产业损害调查,等等。

(二)经济与社会效益

1.在辽宁老工业基地应对贸易救济壁垒方面进行全面一般性的探讨,提出具有针对性的观点和见解,对于保障辽宁省出口安全,有秩序、有策略、有目标地扩大出口市场提供指导和建议。

2.关于辽宁应对贸易救济壁垒的策略等观点和见解,对于促进辽宁乃至我国贸易救济制度与组织制度的完善和创新,推动辽宁振兴中的产业安全、加快辽宁振兴和各行业发展步伐具有重要的应用价值。

(三)研究概况

从辽宁省而言,辽宁省政府部门出台了一些诸如《辽宁适应中国加入WTO对策纲要的通知》(2001年)等文件,并继上海之后成立了全国第二个省级WTO研究咨询服务中心,该中心根据本省的实际情况,有针对性地进行了一些实用性较强的课题研究,如《关于辽宁省工业品国际市场细分情况的分析报告》《辽宁省企业国际营销体系和网络建设情况分析》《辽宁省企业海外投资战略分析》《我国加入世贸组织辽宁省工业企业及国企改革的机遇、挑战与对策分析》等。总的来说,当前我国学术界研究地方政府应对贸易救济措施的成果不多，而且针对性不强，难以为地方政府政策和措施制定提供科学、有效的依据。我国有些省份已经着手建产业损害预警机制，因此遭受贸易救济措施损害较为严重的辽宁省亟待加强相关的调查和理论研究工作。

二、辽宁省进出口面临的贸易救济

入世以来我国面临反倾销、反补贴、保障措施、"337 调查"等一系列贸易救济措施，作为我国工农服务业产品生产大省，例如草莓、皮革、钢、水泥、软件、钛白粉、汽车及零部件等，辽宁遭遇贸易救济措施损害的情形也很严重。仅 2005 年，对华的调查、初裁和终裁的案件中，涉及辽宁的产品 30 种，涉案企业达数百家，涉及贸易额达百亿美元。如加拿大提起的热轧钢板反倾销案复审；美国提起的"石蜡蜡烛反规避"案、"维生素 C"反垄断诉讼案和复合地板"337 调查案"；韩国关于对华出口的瓷砖产品反倾销立案的调查；欧盟对华出口"草莓保障措施案"等。2005 年 9 月，美国商务部认定中国振兴东北老工业基地的"财政转移支付"政策就是补贴，并修改相关法律，并对装备制造业如鞍钢的新轧钢产品。此外，国际贸易中"绿色壁垒"也正在考验辽宁老工业基地出口。

表 9－1　近年来辽宁在我国出口贸易中的地位

产品	年份	排名	数量	备注
水产业	2002 年	3	—	其他为山东、广东、浙江、福建
加工贸易出口	2002 年以来	7	100 亿美元以上	前 6 名是广东、江苏、上海、山东、福建、天津
地区质量竞争力	2005 年	9	82.80	80 分以上地区有江苏 84.49、福建 84.39、上海 84.34、广东 83.82、北京 83.80、重庆 83.79、天津 83.76、浙江 82.86、山东 80.86 和四川 80.81
钢材出口	2006 年	1	580.19 万吨	江苏、上海、山东和河北分别出口 574.83 万吨、521;41 万吨、414.05 万吨和 294.63 万吨

续表

产品	年份	排名	数量	备注
软件出口	2006年1~10月	2	1.4亿美元	北京、上海分别出口软件2.4亿美元和1亿美元
农产品贸易	2007年1~4月	5	10.7亿美元	山东35.9亿美元、广东16.8亿美元、浙江13亿美元、福建11.5亿美元

资料来源:根据相关的公开数据整理。

(一)辽宁出口遭遇国外贸易救济的主要案件

由于辽宁是我国的出口大省,所以遭遇的贸易救济案件也非常多,2005年以来,辽宁每年财政拨款100万元支持中小企业反倾销诉讼。本书选择一些影响较大的案件来了解辽宁遭遇国外贸易救济的情况。

表9-2 辽宁出口遭遇国外贸易救济的主要案件

时间	国别	案件性质	辽宁涉案企业
1995年	美国	美国轴承反倾销案件	瓦房店轴承厂0.294 辽宁CMEC0.0972
2002年7月12日	美国	对原产于中国的锥形轴承的终裁结果作出调整	辽宁MECI公司,倾销幅度0.61
2002年8月21日	加拿大	加拿大Charles Tennant公司在申诉书中认为,中国出口产品对加拿大市场倾销幅度为4.4%~50.3%,平均倾销幅度为35.6%。加拿大国际贸易法庭初裁认定中国出口上述涉案产品对加拿大相关产业构成了实质性损害及实质性损害威胁	辽宁铁岭选矿药剂厂
2003年1月8日	美国	对原产于中国、俄罗斯和南非的定尺碳钢板作出反倾销快捷日落复审终裁	鞍山钢铁公司倾销幅度0.3068
2003年5月19日	韩国	取消对辽宁水泥出口反倾销措施	辽宁万恒进出口有限公司
2003年6月23日	美国	对原产于中国的重锻手工具反倾销行政复审案作出终裁	辽宁机械进出口公司撬棒/楔块倾销幅度0.2910

续表

时间	国别	案件性质	辽宁涉案企业
2003 年 12 月 11 日	美国	对“中国家具反倾销案”立案	有 5 家,全部为大连企业
2005 年 7 月 7 日	欧盟	对我国部分皮鞋进行反倾销立案调查,该案涉案金额高达 7.3 亿美元,是近 10 年来欧盟对华反倾销史上金额最大的一宗	辽宁一家制鞋企业为抽样企业
2004 年 11 月	韩国	设置了技术性贸易壁垒:以产品中混有辣椒叶和辣椒茎秆等为理由,对我国出口的冷冻辣椒进行退货处理	大连口岸出口企业
2005 年 2 月	美国	对美国倾销并被征收很高的反倾销税	辽宁中联倾销幅度 80.19%
2005 年 8 月 10 日	美国	对原产于中国的非合金环形焊缝钢管立案进行特别保障措施立案调查。有 50 多家中国企业对美国出口涉案产品,且分布较为分散。2005 年,出口额 100 万美元以上的企业有 21 家,主要集中在天津、上海、山东、辽宁、江苏、四川等地	—
2005 年 11 月	美国	指控中国五金矿产进出口总公司等 17 家中国企业合谋操纵镁砂和镁制品出口价格	被起诉 17 家公司中,辽宁有 14 家
2007 年 4 月 17 日	欧盟	对原产于中国的冷冻草莓作出反倾销终裁	东君澳食品有限公司 0.135
2007 年 7 月 25 日	美国	美国几家钢铁产业组织指责中国钢铁生产商近年来的大规模扩张和出口增加,源于政府提供了超过 3930 亿元的巨额补贴	鞍钢,本钢

资料来源:商务部贸易救济网。

（二）辽宁进口贸易救济

随着国际贸易救济数量激增,我国贸易救济申诉案件也在扩大。1997 年至 2006 年 10 月底我国反倾销申诉案中各省份/直辖市反倾销申诉立案情况如图 9－1 所示。从中可以看出,辽宁省申诉的贸易救济案件数量居于上游。

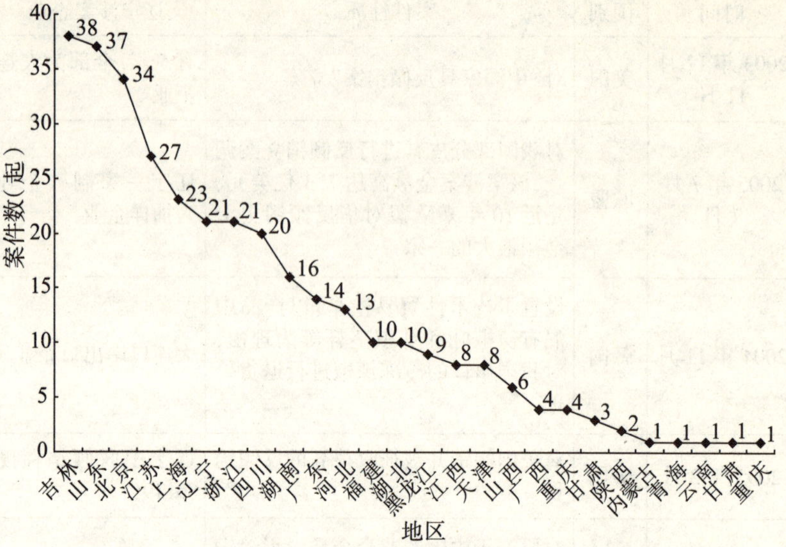

图 9-1　我国各地区贸易救济申诉情况

注:根据商务部贸易救济网数据绘制。

2002 年年初,锦化化工集团有限公司与国内五家大型化工企业于联合提出的聚氯乙烯反倾销案,5 月 12 日由国家商务部作为反倾销第一号案作出初裁,决定对进口聚氯乙烯执行反倾销措施。

2003 年 7 月 13 日,辽宁敢为天下之先,首次利用中国法律回应其不正当的商业竞争手段。此前欧盟对我国出口欧盟的钢铁生产重要耗材——耐火材料镁碳砖进行反倾销调查,被点名投诉的中国生产企业达 57 家。引发此次反倾销诉讼的是奥地利奥镁集团。1995 年起该集团在华投资,并与辽宁某公司合资成立了辽宁奥镁耐火材料公司。奥镁集团意在通过对中国同行反倾销封堵中国企业的出路,同时享受中国的优惠政策。2004 年 12 月 17 日,营口青花耐火材料股份有限公司等 5 家中国镁碳砖生产企业联合向辽宁省高院起诉,状告奥镁集团,要求奥镁集团停止利用反倾销进行不正当竞争的行为。于是,涉案有关中国企业于 2004 年 12 月 17 日向辽宁省高院提起了反奥镁集团不正当竞争诉讼。辽宁此次对滥用 WTO 规则的企业,利用中国法律回应其不正当的商业竞争手段，在我国企业应对反倾销案件中也是第一次。此举的精神得到各界的肯定，因为加入世贸组织以来，面对国外的反倾销措施，涉案的中国企业有的临阵退缩，有的被动应诉，向商务部提交申请，请求国家出面启动世贸组织争端解决程序的国内企业非常少；在其他国家使用反倾销规则对我国企业进行出口限制时，我们应该如何用法律手段进行应对，辽宁尽管最终没能阻止欧盟的反倾销裁决，但毕竟做了首次尝试。2005 年 4 月 11 日，欧盟公布初裁，选取美国作为替代国。本案中，中国有 8 家应诉企业提交了“市场经济待遇”的申请，欧盟根据有关法规最终认定其中 2 家公司符合“市场经济待遇”条件，这 2 家公司是营口三华矿产公司和辽宁省美顿耐火材料有限公司。

表 9－3　欧盟镁碳砖反倾销案初裁情况

生　产　企　业	反倾销税率(%)
辽宁省美顿耐火材料有限公司	11.2
营口 Kyushu 耐火材料有限公司	21.9
营口光阳耐材有限公司	21.9
营口三华矿产公司	34.1
营口青花集团有限公司	41.4
营口 Orind 耐火材料有限公司	66.1
大石桥三强耐火材料厂	66.1
奥镁耐火材料有限公司(辽宁)	66.1
大石桥镁矿耐火材料厂	66.1
其他中国公司	66.1

资料来源：商务部贸易救济网。

三、辽宁贸易救济存在的突出问题

(一)应诉消极,看法理想化

许多案件表明,国外的许多反倾销诉讼根本不是为了打赢官司,就是想拖延中国企业的出口时间。企业只要应诉,官司就能赢。但我们的企业家思想比较狭隘,不愿意应诉,让一些国外企业根本没有希望赢的官司,却因为我们的不应诉而赢了。反倾销针对民营企业,但辽宁的民营企业却一直在应对反倾销诉讼方面很不积极。例如,到2005年年初,沈阳市家具行业只有东兴木业涉及了反倾销诉讼,而服装企业没有出现应对反倾销诉讼的情况。在2005年欧盟耐火材料反倾销案件中,辽宁企业的生存都会成问题,才迫使主要企业积极反应。在南方,民营企业进行的反倾销诉讼,已经有许多官司打赢。辽宁的民营企业虽然出口还不发达,但如果不能适应国际规则,将很难在国际上立足。多数企业抱着观望的态度,特别是出口份额较小的企业应诉不积极,这种状况易给对方造成对我方的不利影响,认为我方软弱可欺。如此下去,问题的严重性在于极易诱发更多的国家(地区)对我反倾销案件发生。这是我们今后应倍加注意的。

许多企业抱有的"私了"幻想,正好落入外国企业的陷阱。如大连某家具生产企业在美国对华家具反倾销案第二次行政复审中,该企业用"赔一笔钱"给美国申诉方的形式进行"私了",向美国申诉方做出赔偿和解,而不走应诉的法律程序。家具企业如果倾向选择"私了",会丧失主动权,形成不好的示范效应,容易进一步助长美申诉方滥用反倾销"敲诈"中国企业的嚣张气焰。美申诉方只需将中国企业列上黑名单,就可坐等中国企业送和解费上门,何乐而不为?国内企业一致应诉才是解决问题的根本之计。美国《伯德修正案》规定,遭到国外产品倾销损害的美国国内申诉方,将从反倾销税中得到补偿。这在很大程度上鼓励了美国国内产业滥用反倾销。但该法案已被世贸组织裁定违法,将于2005年年底废止。此后,美申诉方将拿不到反倾销税的补偿,只有拿到"和解费"才有利可图。在这种情况下,国内部分家具企业的"私了"做法实在不明智。

(二)对国际贸易技术壁垒新发展不了解

例如,近年来,辽宁发展蔬菜生产的积极性最高,但目前蔬菜的出口受到国际上很多技术性壁垒和贸易保护政策的限制。2006 年 6 月,辽宁产保健品五加参精和五加参王浆被美国海关拒绝进境。全部产品被自动扣留退运回中国。退运的主要原因是在美国没有进行低酸罐头食品登记,即没有获得美国 FDA 签发 FCE 号和 SID 号。以前美国只是规定低酸罐头食品必须要获得美国 FDA 签发 FCE 号和 SID 号,现在对部分保健品(经过加热处理)也必须要求按照低酸罐头食品法规进行登记。2006 年 2 月中旬自欧盟启动对我国鞋类产品的限制措施后,短短 10 天时间,大连口岸已有 70 批出口鞋类产品滞港。此前,意大利实施了限制措施,但辽宁等地企业没有及时调整生产标准,因此无法达到欧盟新规定要求提供官方检测报告,对出口鞋中所含偶氮染料、五氯苯酚、有害重金属进行检测。

(三)缺乏法律意识

2004 年辽宁一家企业在遭遇到国外反倾销调查时虽然也聘请了国外律师,但结果却是律师在收取了高额的律师费后,竟然在裁决前不见了踪影。结果可想而知,高额律师费打了水漂不说,企业也败诉被判高惩罚性反倾销关税。由于企业内部没有对打反倾销官司过程中关键点明白的人,结果是国外律师说什么是什么,甚至连律师到底做了多少有效的工作、其所做的是否符合国外反倾销应诉的标准等,企业根本搞不清楚。如此情况一旦遇到没有职业道德的律师,就会出事。

(四)劣质产品扰乱外销市场

伪劣产品的生产集中在相对落后地区,主要原因是地方政府片面维护区域经济,而对国家产业政策贯彻不力。辽宁有部分以碎玻璃为原料的陶土玻纤冲击和扰乱着玻纤出口市场,每年有 1 千多吨的高碱劣质玻纤出口到东南亚地区及其他一些国家,不仅影响到上百万元出口额的含金量,还破坏了我国玻纤的产品声誉。因此,各地工商、质监部门应加大打击的执法力度,从生产源头上杜绝伪劣产品。

(五)产品转换升级缓慢

例如,2006 年 1 ~ 9 月,辽宁省纺织品出口贸易额为 3.93 亿美元,比

2005 年同期增长 9.7%，低于辽宁出口总体增速。纺织品出口放缓的原因除国际贸易壁垒的影响外，出口退税率的降低也是一个重要原因。因此，为改变出口放缓的不利局面，纺织品出口企业应在原材料创新上下功夫，重点开发高科技、高附加值产品，创造自己的纺织品品牌。再如，2006 年，装备制造业集中的辽宁省出口机床数量成倍增长，但贸易的额增幅仅为出口机床数量增幅的 50% 左右。机床，尤其是高附加值的数控机床缺乏"中国芯"是其主要原因。此外，辽宁出口钢材增速较快，但钢铁属于高耗能、高污染行业，钢铁出口不利因素将凸显。

(六)装备制造业面临较大风险

辽宁经济增长主要依赖制造业，制造业增加值占 GDP 比重 40% 以上；制造业还是辽宁商品出口的主体，近年来，制造业的出口一直维持在总出口的 80% 以上，创造近 75% 的外汇收入。未来辽宁的比较优势仍然在制造业，经济增长仍然靠制造业牵引。然而辽宁制造业出口也面临许多问题和挑战。主要是：(1)受到外国企业倾销损害，每年损失上百亿元的市场份额，其中，化工是受倾销损害最多的行业，涉及韩国、日本、美国等 22 个国家和地区；(2)遭遇国外反倾销、保障措施等贸易壁垒；(3)技术水平低。如辽宁国有企业出口金属加工机床品种主要有其他卧式车床、数控卧式车床、其他钻床和立式加工中心等；而外商独资企业的出口品种几乎均为数控卧式车床等。外商投资企业的机床出口平均价格为 20945 美元/台，大大高于国有企业 9252 美元/台的平均水平。

四、应对国外贸易救济措施的策略

(一)政府与行业协会应对策略

1. 支持中小企业应诉

对众多辽宁中小企业不愿应诉反倾销诉讼的现状，辽宁省政府已经提出由财政拨款 100 万元，以支持中小企业应诉越来越多的反倾销诉讼。国外提起反倾销诉讼的，全部都是针对国内中小企业而来。辽宁几个相关政府部门，应努力促使中小企业应诉，除了财政支持外，还可开设中小企业培训班，进行 WTO 相关规则的培训。行业协会应本着"谁应诉，谁受益"原则，动员应诉企业。

2. 召开行业反倾销工作会议，及时调整、改进反倾销预警工作

(1)为了切实加强行业对反倾销重点监控产品的预警信息资料的针对性，要求行业反倾销工作组核心成员单位，向行业反倾销工作组按季、半年、一年定期报送相关资料，重点是制品的出口品种、数量、出口国家和地区及FOB价格，并明确了制品出口监控的品种分类，工作组将承诺对其中进行保密。(2)制定制品出口最低警戒价格，作为目前国内出口单位的行业自律价格行为依据，行业协会通过的行规公约及对违反最低警戒价格的出口单位的制裁办法。并明确了本价格将视市场变化情况，不定期动态予以调整。(3)广泛收集相关预警资料，通过企业各自的海外渠道、中国海关、互联网上国外相关网站等渠道，搜集进口国的法律、法规、相关产品的市场信息，进行分析预测市场内不同国家(地区)同类产品的市场份额及价格等信息资料作为行业预警工作使用。(4)加强行业反倾销工作的组织建设，视国际市场的变化和企业出口业绩，适时调整行业反倾销工作组的核心组成员单位，充实行业反倾销工作领导班子，保证行业反倾销工作的顺利开展。(5)确定了出口量较大的制品作为行业重点监控产品，实行按季，定期重点监控。向出口企业通报该产品的出口国家(地区)、数量及金额，根据出口国家(地区)的数量、金额、单价等动态信息汇总，提出分析意见，并与出口价格偏低的企业及时个别沟通，使企业在第一时间得到信息，及时调整自己的出口策略，防止出现问题。(6)为保证辽宁出口产业持续发展，政府相关部门应加强宏观指导和舆论宣传，严防出现相互压价、无序竞争的局面。近年来，出口企业抬价争夺原料、压价出口的现象时有发生，国家、企业均深受其害，都在积极寻找从无序竞争中解脱出来的方式。因此，行业协会的作用要不断加强。

3. 振兴辽宁老工业基地更多依赖私人投资并减少政府干预，减少反补贴风险

振兴辽宁应更多地依赖私人投资，并减少政府对经济的干预。政府应将主要注意力集中在基础设施建设、教育、社会保障和为社会服务提供支持上。政府将继续在东北地区的发展中发挥重要的作用。但采取直接干预或政府提供投资资金的方式已经越来越不适宜新的经济增长方式。随着中国向创新型经济迈进，政府的作用应该转向促进私人投资和创新，

为改善教育和城市生活质量提供广泛的支持。

4. 调整产品结构,优化产业布局

辽宁产品出口品种大致可分为原料型、半成品型、成品型及特产型。其中,原料型出口比例正趋减少,半成品、成品型出口呈上升趋势,特产型产品出口稳中求发展。针对劣质产品出口的扰乱影响出口效益,损害市场信誉,辽宁可配合国家发改委、商务部、国家海关、质监等政府部门针对重点地区的出口发货予以严格的监管,整顿和规范市场流通秩序,严厉打击伪劣制品出口,维护产品的国际声誉。

5. 保护受到进口冲击的国内行业

应当利用我国的反倾销法律规定,为了维护公平竞争的市场环境,坚持不懈,就能达到维护国内生产企业利益的目的。同时应积极对反倾销调查结果进行监控,防止出口商规避反倾销措施,真正起到反倾销调查预期的目的和作用。

(二)企业应对策略

1. 化挑战为机遇

反倾销调查过程仅仅是反倾销应对系统工程中的一个过程,企业在遇到反倾销措施时,如何熟练运用该措施达到自己的目的;怎样抓住可以利用的机会,是这些企业应当积极研究的课题,也是企业在国际贸易过程中必然面临的问题,解决得好,可以获得超额利润。

2. 在企业建立健全预警机制和应对机制

应当根据主要国家的反倾销法律规定,建立健全完善的反倾销预警机制和应对机制,维护出口企业的利益,这是企业或协会必须认真考虑的问题。日本大型出口企业往往设立专门的反倾销应诉部门,全力应对企业出口过程中遇到的反倾销等有关国际贸易问题。在反倾销应诉全过程中,不同的企业应诉地位不同,企业只要积极把握好每次机会,是可以有所作为的。

3. 提高质量安全水平和抗风险能力

辽宁产品国际市场需求广泛,但对产品质量要求也越来越高,提高产品质量安全水平,是促进产品国际贸易的关键。对于食品行业而言,发达国家(地区)对食品卫生、安全要求很高,食品出口的国外认证、注册已成为国际惯例,因此,相对不发达地区的中、小型产出口企业要参与国际市场竞争,首先必须提高安全卫生管理水平、完善加工设施,从而取得其产品进入国际市场的通行证。另外,国际贸易中的技术性贸易壁垒还在不断地加高,有些条款可以说已到了苛刻的地步。因此,即使已经领取产品通行证的大、中型企业,仍须研究应对国外技术壁垒,努力提高加工水平。针对前一时期出现的出口产品的药物残留问题要实行专项整治。

4. 积极开拓市场,实施品牌战略

目前,我国相当一部分产品出口企业没有品牌意识,即使有也没有形成品牌效应。经过这些年的发展,我国产品出口企业利用品牌效应扩大产品出口的时机已经来到。同时,要提倡消费引导,政府营销。

5. 借助律师

2007 年 2 月,大连迪利食品有限公司应诉欧盟冷冻草莓的反倾销调查,迪利不但聘请了国外律师,也聘请了国内律师与之配合,但从长远来看,应对国际反倾销,企业最好能聘请一个此方面的法律顾问,有条件的可以成立一个相关的法律部门,发展企业自身的法律人才。这样做的目的就是保证企业内部同样有应对反倾销官司的明白人。我国加入 WTO 后,国内企业遇到的反倾销调查越来越多,所以,目前国内一些有实力的大企业内部都设有法律部。而对于经济实力不是十分雄厚的中小民营企业来说,则可以考虑聘用反倾销方面的国内专家、业内人士做法律顾问,为企业在反倾销方面提供帮助和咨询。法律顾问在关键的应诉时刻,也可以起到及时与应诉律师沟通以及相应的监督作用。

6. 最大限度地组织国外“统一战线”

国外起诉方并非“铁板一块”,其内部的种种原因,包括不同利益占有状况,而可能同情中方立场,特别是用户的利益与起诉方不同,如果经过努力工作,他们很可能站到中方一边与中方一起施加一定影响。

参考文献

一、专著

(一)国际贸易理论与政策

Brock, William A., and Magee, Stephen P., *The Econcomics of Special Enterest Politics*: *The Case of The Tariff. American Economy Review*, Papers and Proc. 68, 1978, pp. 246 – 250.

Bryan A. Garner, *Black's Law Dictionary*, Eighth Edition, West Publishing Co., 2004, p. 1320.

E. – U. Petersmann, *International Trade Law And the GATT/WTO Dispute Settlement*, System [M]. New York, Kluwer Law International, 1997.

Findlay, Ronald J., and Wellisz, Stanislaw. Endogenous Tariffs, *The Political Economy of Trade Restr-ictions*, *And Welfare. In Import Competition And Response*, edited by Jagdish N. Bhagwati. Chicago press (for NBER), 1983.

M. Hilf, The Role of National Courts in International Trade Relations, New York, Kluwer Law International, 1997.

Zhu huidi, Judicial Review in International Trade Remedies under WTO Framework, Presentation in Yale

Center of International and Area Studies, 2001, 3.

［美］大卫·格林纳韦:《国际贸易前沿问题》,中国税务出版社 2000 年版。

［美］科依勒·贝格威尔、罗伯特·W. 思泰格尔:《世界贸易体系经济学》,中国人民大学出版社 2005 年版。

［美］保罗·克鲁格曼:《国际贸易新理论》,中国社会科学出版社 2001 年版。

［美］G. M. 格罗斯曼、E. 赫尔普曼:《利益集团与贸易政策》,中国人民大学出版社 2005 年版。

［美］拉尔夫·戈莫里、威廉·鲍莫尔:《全球贸易和国家利益冲突》,中信出版社 2003 年版。

［美］伯纳德·霍克曼、迈克尔·考斯泰基:《世界贸易体制的政治经济学》,法律出版社 1999 年版。

［美］艾尔·L. 希尔曼:《贸易保护的政治经济学》,北京大学出版社 2005 年版。

［美］贾格迪什·巴格瓦蒂:《现代自由贸易》,中信出版社 2003 年版。

［美］迈克尔·J. 希斯考克斯:《国际贸易与政治冲突》,中国人民大学出版社 2005 年版。

［美］戴维·B. 约菲、本杰明·戈梅斯·卡斯:《国际贸易与竞争》,东北财经大学出版社 2000 年版。

［美］保罗·克鲁格曼:《国际经济译丛——战略性贸易政策与新国际经济学》,中国人民大学出版社 2000 年版。

［美］罗伯茨、刘琳娜、栾晔:《抉择——关于自由贸易与贸易保护主义的寓言》,中国人民大学出版社 2002 年版。

［捷］雅各布·瓦伊纳:《倾销:国际贸易中的一个问题》,商务印书馆 2003 年版。

王厚双:《直面贸易摩擦——对外贸易摩擦预警机制的构建》,辽海出版社 2004 年版。

朱彤:《发展中国家在 WTO 中的地位和利益》,经济科学出版社 2001

年版。

张玉卿、李成钢:《WTO与保障措施争端》,上海人民出版社2001年版。

杨圣明:《中国对外经贸理论前沿》,社会科学文献出版社2006年版。

周林彬、郑远远:《WTO规则例外和例外规则》,广东人民出版社2001年版。

屠新泉:《中国在WTO中的定位、作用和策略》,对外经济经贸大学出版社2005年版。

吴清津:《WTO反倾销规则》,广东人民出版社2001年版。

鲁丹萍:《公平贸易战略与案例研究》,人民出版社2005年版。

陈泰锋:《中美贸易摩擦》,社会科学文献出版社2005年版。

徐复:《保障措施与中国经济发展的攻防方略》,南开大学出版社2004年版。

王晓明:《新国际贸易的全方位分析》,中国人民大学出版社2000年版。

高永富:《WTO与反倾销、反补贴争端》,上海人民出版社2001年版。

张二震:《国际贸易政策的研究与比较》,南京大学出版社1993年版。

陈家勤:《当代国际贸易新理论》,经济科学出版社2000年版。

王中美:《竞争规则的国际协调》,人民出版社2005年版。

罗丙志:《国际贸易政府管理——一般理论分析及对中国对外贸易政府管理的现实研究》,立信会计图书用品社1999年版。

薛荣久、刘东升:《国际贸易竞争学——世界贸易新体制下的国际贸易竞争》,对外经济贸易大学出版社2005年版。

徐兆宏:《世界贸易组织机制运行论》,上海财经大学出版社1999年版。

张东江:《WTO竞争政策谈判与发展中国家的选择》,中国社会科学出版社2005年版。

莫世健:《贸易保障措施研究》,北京大学出版社2005版。

李毅、李晓峰:《国际贸易救济措施:反倾销、反补贴、保障措施与特保措施》,对外经济贸易大学出版社2005年版。

任烈:《贸易保护理论与政策》,立信会计出版社 1997 年版。

蒋德恩:《世界贸易组织中的争端解决》,对外经济贸易大学出版社 1999 年版。

上海市经委课题组著:《美国贸易救济措施对上海工业出口的影响研究》,学林出版社 2004 年版。

周汉民:《中国外贸救济与外贸调查制度》,上海交通大学出版社 2005 年版。

戴肇洋:《贸易救济论坛:机制与实务运作》,台港图书阅览室。

黄智辉:《贸易救济防火墙进口救济与世界贸易组织》,台港图书阅览室。

王琴华主编:《补贴与反补贴问题研究》,中国经济出版社 2002 年版。

崔红:《论保障措施制度》,中国人民大学出版社 2003 年版。

回沪明、赵松岭:《世贸组织国际著名专家谈——世界贸易组织(WTO)及其争端解决经验》,中国方正出版社 2002 年版。

张汉林、王晓川:《知识产权贸易争端案例》,经济日报出版社 2003 年版。

商务部世界贸易组织司、中国政府世贸组织通报咨询局编:《美国贸易政策:世界贸易组织对美国贸易政策审议》(2002 ~ 2003 年),中国商务出版社 2005 年版。

张向晨:《WTO 与中国贸易政策分析》,中国商务出版社 2003 年版。

佟家栋:《贸易自由化、贸易保护与经济利益》(面向 21 世纪国际经济前沿问题论丛),经济科学出版社 2003 年版。

冯宗宪、柯大钢:《开放经济下的国际贸易壁垒——变动效应、影响分析、政策研究》,经济科学出版社 2001 年版。

吕春成:《战略性贸易政策研究》,中国财政经济出版社 2002 年版。

张汉林:《WTO 与农产品贸易争端》,上海人民出版社 2001 年版。

李小年、唐小波:《WTO 与工业品贸易争端》,上海人民出版社 2001 年版。

王允贵:《WTO 与中国贸易发展战略:中技术产业优先发展的实证分析》,经济管理出版社 2002 年版。

佟家栋:《发展中大国的贸易自由化与中国》,天津教育出版社 2005 年版。

(二)国际贸易法

Bryan A. Garner, Black's Law Dictionary, Eighth Edition, West Publishing Co., 2004, p. 1320.

Zhu huidi, Judicial Review in International Trade Remedies under WTO Framework, Presentation in Yale Center of International and Area Studies.

Carr, Indira. International Trade Law: With Contributions On Private International Law by Peter Stone. London: Cavendish, 2005.

中华人民共和国商务部条约法律司:《中华人民共和国对外贸易法释义》(第 1 版),中国商务出版社 2004 年版,第 115 页。

黄东黎:《国际贸易法:经济理论、法律、案例》,法律出版社 2003 年版。

黄东黎:《国际贸易法学》,法律出版社 2004 年版。

黄东黎、王振民:《中华人民共和国对外贸易法:条文精释及国际规则》,法律出版社 2004 年版。

左海聪:《国际贸易法》,法律出版社 2004 年版。

张丽英:《国际贸易法专题研究》,法律出版社 2004 年版。

沈木珠:《国际贸易法研究》,法律出版社 2002 年版。

赵秀文:《外国法律文库 2——国际贸易法文选》,中国大百科全书出版社 1993 年版。

[德]施托尔、朔尔科普夫、南京大学中德法学研究所:《WTO——世界贸易制度和世界贸易法》,法律出版社 2004 年版。

朱榄叶:《世界贸易组织国际贸易纠纷案例评析》(1995 ~ 2002 年上、下册),法律出版社 2004 年版。

《世界贸易组织丛书——发展中国家与 WTO 的政治经济关系》(修订本),法律出版社 2002 年版。

张燕:《应战美国反倾销——美国国际贸易法院涉华反倾销案例介评》(1999 ~ 2002 年),法律出版社 2004 年版。

甘瑛:《国际货物贸易中的补贴与反补贴法律问题研究》,法律出版社

2005 年版。

《中国进口产品反倾销案件公告集》(第 2 集),法律出版社 2003 年版。

刘恒:《行政救济制度研究》,法律出版社 1998 年版。

郭寿康:《世纪法学系列教材——国际贸易法》,中国人民大学出版社 2000 年版。

刘德标:《加入 WTO 后中国涉外经济贸易法律实施体系与规则》,中国方正出版社 2002 年版。

《加入世界贸易组织有关法律法规丛书——与贸易有关的知识产权》,中国法制出版社 2002 年版。

赵相林、李广辉:《世界贸易组织法总论》,中国法制出版社 2004 年版。

陈家宏:《世界贸易组织(WTO)法律制度》,西南交通大学出版社 2003 年版。

韩立余:《攻克出口贸易中的九大法律障碍》,国家知识产权局知识产权出版社 2005 年版。

刘浩宇:《中国海关事务通 13——法律救济》,中国海关出版社 2005 年版。

毕可志:《法学论丛——宪法行政法系列——论行政救济》,北京大学出版社 2005 年版。

徐昕:《法律文化研究文丛——论私力救济》,中国政法大学出版社 2005 年版。

袁明圣:《行政救济法原理》,中国政法大学出版社 2004 年版。

林莉红:《中国行政救济理论与实务》,武汉大学出版社 2000 年版。

[美]道格拉斯·莱科克:《案例教程影印系列——现代美国法律救济——案例与资料》(第 3 版),中信出版社 2003 年版。

王黎嘉:《案例举要(影印系列)——法律救济》,中信出版社 2003 年版。

王素娟:《合同常见失误:风险与法律救济》,团结出版社 2002 年版。

王琴华:《补贴与反补贴问题研究——世纪贸易组织重要法律问题研

究丛书》,中国经济出版社 2002 年版。

商务部进出口公平贸易局编:《国外对中国产品反倾销、反补贴、保障措施案例集·美国卷·第二册:1990~1992》,中国对外经济贸易出版社 2003 年版。

外经贸部进出口公平贸易局编:《进出口公平贸易法规汇编》,中国对外经济贸易出版社 2002 年版。

宋雅芳:《行政救济法学》,郑州大学出版社 2004 年版。

张燕:《应战美国反倾销——美国国际贸易法院涉华反倾销案例介评(1999~2002)》,法律出版社 2004 年版。

二、学术论文

Anderson, J. E., "Domino Dumping Ⅱ, Antidumping", *Journal of International Economics*, 1993, pp. 35, 133 – 150.

Finger, J. M., H. K. Hall, and D. Nelson, The Political Economy of Administered Protection, *American Economic Review*, 72, No. 3 (June), 1982.

Marco J. Bronekers, *Rehabilitating Anti – Dumping and Other Trade Remedies* through Cost – Benefit Analyses, Journal of World Trade,. 1996, pp. 12 – 16.

P. Lichtenbaum, Procedural Issuesin WTO Dispute Resolution, *Journal of International Law* 3, 1998.

R. S. J. Martha World Trade Disputes Settlement and Exhaustion of Local Remedies Rules *Journal of World Trade*(4), 1996.

[美]朱迪思·H. 贝拉等:"反规避措施——美国反倾销反补贴法律机制的新发展",载《中外法学》1991 年第 6 期。

王云飞:"国际贸易救济措施应用的对比性分析",载《世界经济研究》2006 年第 5 期。

李怀政:"我国三大贸易伙伴对华实施贸易救济的比较与思考",载《国际贸易问题》2004 年第 4 期。

何添锦:"欧美对华实施贸易救济的思考",载《国际贸易问题》2005

年第 5 期。

涂菲、李明刚:“美国贸易救济环境分析”,载《成都行政学院学报》2005 年第 2 期。

高永富:“我国贸易救济措施实施情况评估”,载《世界贸易组织动态与研究》2006 年第 6 期。

简·赛波斯金·茹赫、王雅楠、麦涛:“应对贸易救济——ITC 给企业的建议”,载《黑龙江对外经贸》2003 年第 7 期。

于永达、张珂:“贸易救济新构想:建立国家反倾销委员会”,载《WTO 经济导刊》2004 年第 9 期。

张伯伟:“贸易救济措施与我国商品出口预警机制分析”,载《南开学报》(哲学社会科学版)2005 年第 3 期。

刘向丽、张弛:“健全我国进口贸易救济体制的若干思考”,载《国际贸易》2006 年第 7 期。

张福生:“贸易救济措施及其应对策略——政府在帮助企业应对贸易救济措施方面的作用”,载《海南师范学院学报》(社会科学版)2005 年第 2 期。

徐莉:“地方政府应对贸易壁垒的对策分析”,载《时代经贸》2004 年第 12 期。

梅新育:“挑起摩擦的美国语境:从‘自由贸易’到‘公平贸易’”,载《21 世纪经济报道》2003 年 12 月 8 日。

宋和平:“有效运用贸易救济措施化解国际贸易摩擦”,载《中国检验检疫》2005 年第 4 期。

李洁:“建立符合国际惯例的贸易救济体系——从中美贸易摩擦谈起”,载《港口经济》2004 年第 3 期。

王文君:“对我国入世后贸易救济制度构建的思考”,载《昆明大学学报》(综合版)2002 年第 2 期。

杭宇:“WTO 中的贸易救济规则及企业的应诉对策”,载《对外贸易实务》2004 年第 1 期。

贾怀勤:“中美两国贸易政策对双边贸易平衡影响之辨析”,载《国际贸易问题》2004 年第 4 期。

张威:“中美贸易不平衡原因及相关问题”,载《北方经贸》2004 年第 10 期。

苗迎春:“对中美贸易不平衡问题的重新审视”,载《同济大学学报》(社会科学版)第 15 卷第 4 期。

宗毅君:“中美贸易不平衡原因与未来对策”,载《上海经济研究》2004 年第 5 期。

王雪峰:“中美贸易不平衡问题研究”,载《现代财经》2004 年第 12 期。

马亚华、刘光卫:“论中美关于贸易不平衡规模的争议”,载《世界经济研究》2002 年第 6 期。

时少媛:“论中美贸易争端”,载《黑龙江对外经贸》2005 年第 1 期。

刘晓则:“‘入世’后中美经贸关系的现状及前景”,载《引进与咨询》2004 年第 4 期。

三、学位论文

赵生祥:“贸易救济制度研究”,西南政法大学 2005 年博士学位论文。

朱淑娣:“WTO 体制下国际贸易救济审查制度研究”,华东政法大学 2005 年博士学位论文。

伍先斌:“中国贸易政策研究”,中共中央党校 2002 年博士学位论文。

李秀香:“幼稚产业开放式保护问题研究”,江西财经大学 2004 年博士学位论文。

许铭:“中国产业安全问题分析”,复旦大学 2005 年博士学位论文。

谭黎华:“论国际贸易中的保障措施”,中国政法大学 2004 年博士学位论文。

张群:“中外贸易措施比较研究”,东北林业大学 2003 年博士学位论文。

李文锋:“贸易政策形成研究”,中国社会科学院研究生院 2001 年博士学位论文。

何帆:“全球化时代的对外政策”,中国社会科学院研究生院 2000 年博士学位论文。

卓骏:“管理贸易体制下的贸易保护政策研究”,浙江大学 2002 年博士学位论文。

陈明聪:“经济全球化趋势下反倾销的法律问题研究”,华东政法大学 2004 年博士学位论文。

罗津:“自由贸易协定中贸易救济问题研究”,对外经济贸易大学 2006 年硕士学位论文。

魏南枝:“美国贸易保障措施研究”,清华大学 2003 年硕士学位论文。

傅沂:“国际区域经济合作的国际政治经济学分析:以‘欧洲——地中海自由贸易区’为例”,华中师范大学 2003 年硕士学位论文。

朱志伟:“经济全球化趋势与改革进程中的开放战略”,武汉理工大学 2002 年硕士学位论文。

李秀娟:“中外贸易摩擦与中国对外经贸战略调整”,南京理工大学 2003 年硕士学位论文。

倪晓菁:“WTO 后过渡期我国对外贸易政策调整研究”,华东师范大学 2006 年硕士学位论文。

李晓霞:“美国对外贸易政策分析”,吉林大学 2005 年硕士学位论文。

杨小勋:“开放条件下的适度贸易保护政策”,西北工业大学 2003 年硕士学位论文。

宋凯军:“美国‘二战’后的贸易政策研究”,吉林大学 2004 年硕士学位论文。

谢红梅:“国际自由贸易体系与环境保护规则的冲突和协调研究”,中国政法大学 2004 年硕士学位论文。

陈刚:“WTO 框架下中国的贸易保护研究”,武汉大学 2005 年硕士学位论文。

吴宇凌:“国际贸易中的反倾销及对我国正确运用反倾销措施的研究”,天津财经大学 2004 年硕士学位论文。

郑洁群:“WTO 与我国对外贸易壁垒调查制度”,对外经济贸易大学 2005 年硕士学位论文。

王健:“战略性贸易政策与外贸竞争力”,对外经济贸易大学 2004 年硕士学位论文。

王弟海:“贸易动态理论:论幼稚产业的最优发展”,浙江大学 2001 年硕士学位论文。

李文莲:“新战略贸易观与中国贸易发展战略之重构”,中国海洋大学 2003 年硕士学位论文。

陈文波:“337 条款研究”,西南财经大学 2005 年硕士学位论文。

易艳:“美国贸易法‘337 条款’研究”,西南政法大学 2005 年硕士学位论文。

屠新泉:“入世与中国货物进口管理体制的调整与创新”,对外经济贸易大学 2001 年硕士学位论文。

王霖:“‘入世’后中国政府对外贸易职能转变研究”,江西财经大学 2003 年硕士学位论文。

刘慧敏:“美国贸易法‘201 条款’研究”,西南政法大学 2005 年硕士学位论文。

王俊:“美国贸易法 201 条款研究:兼评中美保障措施第一案”,苏州大学 2003 年硕士学位论文。

张茎:“与投资有关的贸易措施研究”,首都经济贸易大学 2004 年硕士学位论文。

李艳:“论国际贸易理论的体系与发展”,黑龙江大学 2005 年硕士学位论文。

连忱蔚:“论国家利益原则与我国外贸政策”,北京工业大学 2003 年硕士学位论文。

李晓黎:“加入 WTO 与中国对外贸易政策的调整”,湖南大学 2002 年硕士学位论文。

刘金花:“国际服务贸易壁垒的法律问题研究”,华东政法学院 2004 年硕士学位论文。

娄一林:“国际反倾销法律制度缺陷研究及改革设想”,中央民族大学 2004 年硕士学位论文。

谭素芳:“对外贸易调查制度研究”,西南政法大学 2005 年硕士学位论文。

张华平:“WTO 体制下贸易自由原则与环境保护的协调”,中国政法大学 2004 年硕士学位论文。

张箭:“贸易保护主义与技术性贸易壁垒:兼论技术性贸易壁垒的影响及我国对策”,安徽大学 2003 年硕士学位论文。

吴群:“中国进口贸易救济问题研究”,对外经贸大学 2003 年硕士学位论文。

苟大凯:“贸易壁垒调查制度比较研究”,苏州大学 2004 年硕士学位论文。

王晶:“世界贸易组织贸易救济措施与战略性贸易政策”,对外经济贸易大学 2005 年硕士学位论文。

潘长河:“论美国关税法 337 条款制度的特殊贸易救济性”,中国政法大学 2005 年硕士学位论文。

四、机构与网站

联合国国际贸易法委员会

中国产业损害调查局

中国贸易救济信息网:http://www.cas.gov.cn。

中国人民共和国商务部网站:http://www.mofcom.gov.cn。

WTO 中文网:http://www.chinesewto.net。

美国国际贸易委员会

后　记

本书是在我2007年的博士学位论文基础上修改而成的。2007年,我30岁。古语云"三十而立",2007年注定是我生命历程中浓墨重彩的一年——拙作收笔,小女诞生。

从1996年年初踏入大学的那个金秋起,如梭时光,经历了本科、硕士和博士阶段的专业学习,至今已11个年头。是东北财经大学给我提供了深造的机会和成长的舞台,当我从懵懂迈向成熟之际,东北财经大学校园也处处风情别致、意境迥异。

我大学本科的专业是商务英语,毕业后考到法学院攻读法学研究生,2012年取得律师从业资格,2003年毕业后留法学院任教。同年,在硕士导师贵立义教授的推荐下,我幸得师从何剑教授从事国际贸易学的博士研究。何老师治学严谨、为人谦逊和蔼,虽然疾病缠身,在4年授课特别是论文写作断断续续长达1年的修改过程中,先生耳提面命,字字珠玑。先生为学、为人、为事的哲学态度将深深影响我以后的工作和生活。虽深知自身能力有限,但仍期待有所突破,唯求不愧对师门。师恩深如海,我一直祈祷先生身体安康。2011年,病魔夺走了先生的生命,留给我们沉痛的悲伤,我把博士论文整理出版,也是表达对先生的深深思念之情。

回想十几载寒窗,终得今日万字文。此时,最能恰如其分地表达我心情的词语是——感恩。

感谢授课予我的何宝善老师、金凤德老师、刘昌黎老师和郭连成老师。遗憾学术造诣不深，于老师处所学无法在论文中精辟论述。

感谢法学院的各位领导、老师，他们给我的不仅是工作上的支持，更在精神上予以我鼓励，让我更兢兢业业地耕耘在三尺讲台。

感谢师兄师姐的同窗情谊，让我体会到了与他们在一起学习的快乐。所有支持和帮助我的同学和好友，更多的感谢无法在此一一赘述，请相信你们一直都会在我心中。

感谢法律出版社的易明群老师，在书稿长时间的编辑、出版过程中，易老师付出了很多精力。

谨以本书献给我的父母双亲，你们无私的付出才使得我的人生如此幸福，30 年的养育之恩，无以回报，但愿我这一点点的成就能对得起二老多年的含辛茹苦。

行笔至此，感叹“书到用时方恨少”。关注贸易救济的研究问题已久，但在本书写作和近年的持续研究过程中由于才疏学浅，颇为艰难，书中难免有很多遗憾，希望在今后的教学研究中持续加以弥补。

心中万千感慨，下笔却寥寥数语，“红颜弹指老，刹那芳华”。感谢一直陪伴我左右的亲人、师长和朋友，带着你们的关爱和期许，我将继续披荆前行。

褚　霞

2014 年 9 月 5 日于北京寓所

图书在版编目(CIP)数据

贸易救济性质研究 / 褚霞著. —北京:法律出版社,2015.1
ISBN 978-7-5118-7243-2

Ⅰ.①贸… Ⅱ.①褚… Ⅲ.①保护贸易—研究 Ⅳ.①F741.2

中国版本图书馆 CIP 数据核字(2014)第 274797 号

贸易救济性质研究	褚 霞 著	责任编辑 易明群 李峰沄 装帧设计 李 瞻

开本 720 毫米×960 毫米 1/16
印张 14.75 **字数** 202 千
版本 2015 年 1 月第 1 版
印次 2015 年 1 月第 1 次印刷
出版 法律出版社
编辑统筹 学术·对外出版分社
总发行 中国法律图书有限公司
经销 新华书店
印刷 三河市龙大印装有限公司
责任印制 陶 松

法律出版社/北京市丰台区莲花池西里 7 号(100073)
电子邮件/info@lawpress.com.cn
销售热线/010-63939792/9779
网址/www.lawpress.com.cn
咨询电话/010-63939796

中国法律图书有限公司/北京市丰台区莲花池西里 7 号(100073)
全国各地中法图分、子公司电话:
第一法律书店/010-63939781/9782
西安分公司/029-85388843
重庆公司/023-65382816/2908
上海公司/021-62071010/1636
北京分公司/010-62534456
深圳公司/0755-83072995

书号:ISBN 978-7-5118-7243-2
定价:39.00 元
(如有缺页或倒装,中国法律图书有限公司负责退换)